语料库研究前沿译丛

语言学统计方法
R语言应用教程

Statistics for Linguists
An Introduction Using R

博多·温特 (Bodo Winter) 著

戴光荣 译

上海外语教育出版社
外教社 SHANGHAI FOREIGN LANGUAGE EDUCATION PRESS

图书在版编目（CIP）数据

语言学统计方法：R语言应用教程／博多·温特
（Bodo Winter）著；戴光荣译. -- 上海：上海
外语教育出版社，2024. --（语料库研究前沿译丛／
王克非主编）. -- ISBN 978-7-5446-8284-8

Ⅰ. H0-05

中国国家版本馆 CIP 数据核字第 20247NE163 号

© 2020 Taylor & Francis

All rights reserved.

Authorized translation from the English language edition published by Routledge, a member of the Taylor & Francis Group, LLC.

Licensed for sale in the People's Republic of China, excluding Hong Kong, Macao and Taiwan.

本书由泰勒弗朗西斯集团授权上海外语教育出版社有限公司出版。

仅供在中华人民共和国境内（香港、澳门、台湾除外）销售。

Copies of this book sold without a Taylor & Francis sticker on the cover are unauthorized and illegal.

本书贴有 Taylor & Francis 防伪标签，无标签者不得销售。

图字：09-2022-0780 号

出版发行：**上海外语教育出版社**

（上海外国语大学内）　邮编：200083

电　　话：021-65425300（总机）

电子邮箱：bookinfo@sflep.com.cn

网　　址：http://www.sflep.com

责任编辑：潘　敏

印　　刷：江苏扬中印刷有限公司

开　　本：635×965　1/16　印张 25.5　字数 353 千字

版　　次：2025 年 1 月第 1 版　2025 年 1 月第 1 次印刷

书　　号：ISBN 978-7-5446-8284-8

定　　价：82.00 元

本版图书如有印装质量问题，可向本社调换

质量服务热线：4008-213-263

语料库研究前沿译丛

主编　王克非

编委（以姓氏笔画为序）

卫乃兴　王克非　许家金　李文中

胡开宝　秦洪武　黄立波　梁茂成

译 丛 总 序

　　语言类研究历来重视语言材料的收集、整理和分析，在此基础上才能开展对语言现象，包括涉及语言的翻译现象的充分观察、描写和阐释。语料库（corpus）是现代技术的产物。它使人们对语言材料的收集、整理和分析变得更加方便、快捷、高效，使语言类研究更具广度和深度，从而发现许多新问题，提出许多新课题。近几十年里，语料库语言学和语料库翻译学在语言、翻译的研究领域中发挥着越来越重要的作用，提供了丰富的数据资源和新型的研究方法，有助于研究者深入理解语言的本质和结构、翻译的特质和过程，揭示其中尚未被人识得的现象和规律。我们完全可以说，语料库给我们打开了一片新的天地，有如俯察显微镜或仰观天文望远镜，现象因之清晰，视野因之开阔。

　　中国的语料库研究无疑是借鉴国际相关研究而开展起来的。单语语料库（即汉语语料库）从二十世纪八十年代开始研制，但基于语料库的研究开展更晚，也不大兴盛。双语语料库的研制与外语相关，与翻译相关，因此是外语界推动起来的。二十世纪九十年代，英国一批学者率先开启双语语料库、翻译语料库的研制，并在初步建成的这类语料库基础上开始新型语言和翻译研究。随后不久，中国学界也启动了紧追国际前沿的双语语料库的研制与应用。数十年下来，我们中国的语料库语言学和语料库翻译学都取得了巨大的进步，但是保持对国际语料库相关研究的追踪与学习，仍然十分必要。因此，在上海外语教育出版社的大力支持下，我们组织了这套"语料库研究前沿译丛"。译丛拟收书十二本,其中八本为语料库语言学著作,四本为语料库翻译学著作,都是国际上该领域学术价值较高的参考书。

例如,Tony McEnery 和 Andrew Hardie 合著的《语料库语言学:方法、理论与实践》(*Corpus Linguistics: Method, Theory and Practice*)是关于语料库语言学方法、理论和实践的著作,对语料库语言学的发展和现状做了很好的梳理。书中论及语料库的构建与整理、语料库数据的分析与解释、语言结构和用法的研究,以及语料库在实际研究中的应用等。作者还理论结合案例,讨论如何设计和实施语料库研究,即如何运用语料库技术解决语言学问题,此书因此可视为权威的引导性教材。

《实践中的语料库语言学》(*Corpus Linguistics at Work*),Elena Tognini-Bonelli 著,系统描述语料库语言学在实践中的应用,着重讲述了两种主要方法——"基于语料库法"和"语料库驱动法",并详细探讨了这两种方法的理论基础。该书以不少案例展示语料库在语言分析、研究和教学中的运用,探讨语料库语言学对语言学理论和实践的影响,显示了语料库在分析语言现象和解决语言问题中的潜在能力。

《语言学统计方法:R 语言应用教程》(*Statistics for Linguists: An Introduction Using R*)是 Bodo Winter 2019 年出版的关于语言学统计学的著作。该书有助于语言学家利用 R 语言进行统计分析,增强其语言研究中处理数据的能力。书中充满统计学知识、统计分析方法和运用 R 语言进行的数据可视化分析,是开展语料库研究的重要参考书。

《语料库语言学:考察语言结构和语言使用》(*Corpus Linguistics: Investigating Language Structure and Use*)由三位著名语料库语言学家——Douglas Biber、Susan Conrad 和 Randi Reppen 合著。该书论述语料库语言学的重要概念、方法和应用,包括语言形式和功能的关系、不同语体和文体之间的差异、语言变体及语言的使用情况等。作者运用语料库数据进行研究，强调语料库语言学方法对于理解语言结构和用法的重要性，并介绍了如何运用语料库技术进行定量和定性分析。该书已成为语料库语言学领域的经典之作。

Douglas Biber 所著《英语口语与书面语变异》(*Variation across Speech and Writing*) 探讨口语和书面语之间的变异现象。作者通过因子分析，在语言共现模式的基础上，确定变异的若干维度。书名虽未出现"语料库"一词，但该书运用大量的语料库数据进行实证研究，系统展示并分析口语和书面语在语言结构、语言使用和语言风格等方面的同与异，特别探讨了口语和书面语作为不同语言形式的特点，揭示了二者的使用规律和趋势，以及它们之间的互动关系，是运用和解释因子分析的典范。

Susan Hunston 与 Gill Francis 所著《型式语法：语料库驱动的英语词汇语法研究》(*Pattern Grammar: A Corpus-Driven Approach to the Lexical Grammar of English*) 是一部深入探讨英语词汇语法研究的语料库驱动方法的重要著作。作者引入"型式语法"这一概念，通过大量的语料库数据和实例分析，展示如何利用语料库驱动的方法来揭示英语的词汇语法规律和特点。书中系统介绍了型式语法的理论框架和方法论，探讨了词汇选择、搭配关系、语言习惯等方面的问题。通过对语料库数据的细致研究和分析，作者展示了如何发现和描述词汇之间的语法关系，如何发掘这些词汇之间的高频搭配和固定搭配的规律，从而揭示出英语词汇的潜在结构和语法特点。

《语料库翻译学：研究与应用》(*Corpus-Based Translation Studies: Research and Applications*) 是一本文集，由著名翻译学家 Alet Kruger、Kim Wallmach 和 Jeremy Munday 共同编著，汇集了多位专家的研究成果，探讨了语料库在翻译研究中的应用，如在翻译分析、语言对比、译员行为、翻译评估和教学等方面的应用。作者系统性地分析和比较不同语言对的语料库数据,呈现翻译过程中的各种现象和模式,为研究者提供了一种全新的研究方法。

Sofia Malamatidou 所著《语料库翻译研究中的数据与方法多元互证》(*Corpus Triangulation: Combining Data and Methods in Corpus-Based Translation Studies*)是语料库翻译研究领域的重要著作。该书探讨语料库研究如何运用多元互证模式,实现语料库不同数据、不同方法的融合,既有同一研究范式内不同方法的互证,又有不同研究范式间不同方法的互证,有助于更准确地识别、分析和解释翻译过程中的种种现象,使研究结果更为可靠,更有说服力。

另外几本也同样是语料库语言学和语料库翻译学领域很有学术价值的著作,都是知名学者的论述,值得在新的数字时代到来时去了解和熟悉。如今我们已处于大语言模型时代,语料库语言学和语料库翻译学都迎来了新的严峻挑战和发展机遇。

语料库语言学方面,首先是数据的规模和质量。大语言模型提供了海量的文本数据,这其实是为语料库语言学提供了更丰富的语料资源。研究者可以基于海量数据挖掘语言的特点,找寻深层次规律,开展更广泛、更深入的研究。其次,大语言模型中含有多种语言和多种文本类型,有利于开展更具多样性的、跨语言的研究,使研究者更容易比较不同语言、不同文化间的语言数据,揭示它们的共性和差异,扩大语言学研究的视角。其三,大语言模型不断改进和优化,可以提高模型在语言理解和生成方面的性能,为语料库语言学研究提供更强大的工具和支持。而且,大语言模型推动了自然语言处理技术的发展,使我们可以更方便地运用这些技术进行语料库的数据处理和分析,取得更为准确的语言研究成果。其四,多模态语料库的研究与互联网和数字化技术进一步结合,促成更大量的数据生成和获得。通过深度学习技术,我们便能更精准地匹配语言的含义和语境,提高语料库数据的处理效率。

语料库翻译学方面，首先，随着人工智能和机器学习技术的快速发展，使用大规模语料库资源可提高机器翻译系统的性能和质量。其次，通过分析大规模语料库数据，研究者可以更全面、准确地了解不同语言的特点和规律，有助于评估和改善翻译质量，提高翻译效率。其三，通过深度学习等技术手段，研究者还可实现翻译模型的构建和优化。语料库翻译学为机器翻译系统提供了更多的数据资源和理论支持，推动机器翻译技术不断进步、其应用范围不断扩大。此外，通过分析和比较多语语料库数据，研究者可以揭示不同语言之间的共性和差异，更好地探讨语言之间的互译规律和跨文化传播问题。

我们这套"语料库研究前沿译丛"既是为有兴趣于语料库研究的读者准备的，也是为迎接新的数字化时代而准备的。人们常说，他山之石，可以攻玉。翻译正是不断地开采他山之石，为我所用，使学术成为天下之公器，造福人类社会。

本译丛的编选得到学界同仁的高度关注，语料库研究领域的不少学者还积极认真地承担了翻译工作。感谢译丛编委会各位专家的通力合作，特别是卫乃兴、许家金教授在组稿过程中提供了不少有益的信息。感谢北京外国语大学中国外语与教育研究中心团队的鼎力支持。期待本译丛能成为读者，特别是语料库、语言学和翻译学研究者及爱好者开卷受益的读本。

王克非

于北京外国语大学国际大厦
1121研究室

译 者 序

在当今学术研究中，无论是自然科学还是社会科学，数据分析和统计方法都占据了至关重要的地位。对于语言学研究而言，统计学同样是一个不可或缺的工具。它不仅能够帮助我们更深入地理解语言的内在规律，还可以为语言现象的实证研究提供科学依据。随着现代语言科学研究方法论的进步，语言现象的量化研究也已成为语言学各领域的关注焦点。语言研究者要想正确理解语言现象，并从纷繁复杂的语言表象中总结出相关规律，那么正确处理和科学分析语言数据至关重要。正因为如此，统计作为数据处理和分析的工具，在语言学界也受到了前所未有的关注。

近年来出现了许多适用于语言学问题的前沿统计方法，能够对不同类型的数据展开有针对性的分析。然而，这些方法往往具有较高的技术性，要求研究者具备一定的统计学基础，使用门槛较高。由于语言学的人文学科属性，许多研究者缺乏基本的统计学知识与训练，更不用说应用高级统计方法开展语言学研究了。而现实研究中，很多语言学研究者都能够收集到不少高质量的数据，但由于统计知识水平的限制，往往难以有效地挖掘数据中所反映的语言现象，导致数据的浪费。此外，由于对基本统计逻辑的理解不足，许多研究中存在统计方法的滥用和误用问题，这使得结论的信度和效度备受质疑（李倩，2022）。因此，提高研究者的统计学水平已成为当务之急。

幸运的是，国内外语言学界因时而动，出版了一些运用统计方法开展语言研究的著作，代表性著作包括《语言研究中的统计学》(李绍山，2001)、《定量句法分析》(Köhler, 2012)、《认知语言学：定量研究转向》(Janda, 2013)、《语言学中的定量研究导论》(Rasinger, 2013)、《应用语言学中定量研究的写作》(Woodrow, 2014)、《语言概貌：通过统计从形式走向意义》(Kuznetsova, 2015)、《诗歌文本的定量分析》(Popescu et al., 2015)、《计量语言学的最新进展》(Tuzz et al., 2015)、《计量语言学导论》(刘海涛，2017)、《依存结构的量化分析》(Jiang & Liu, 2018)、《语料库语言学研究中的统计学：一种新方法》(Wallis, 2021)和《语言共性和个性的定量研究途径》(Yamazaki et al., 2023)。这之中也不乏借助语料库统计手段开展语言与翻译研究的著作，如《语料库翻译研究中的定量方法》(Oakes & Ji, 2012)。另外值得关注的是，以 R 语言为手段开展语言定量研究的著作也开始多起来了，其中的代表性著作包括《基于 R 的语料库语言学与统计学：语言学定量方法导论》(Desagulier, 2017)、《语言研究中的统计学：R 软件使用入门》(Gries, 2009, 2017, 2021)、《基于 R 的语言可视化研究：量化互动语言学实践教程》(Rühlemann, 2020)、《R 在语言科学研究中的应用》(吴诗玉，2021)等。

《语言学统计方法：R 语言应用教程》(Winter, 2020)是一本为语言学研究者介绍统计学基础知识的书籍，使用 R 语言作为实践工具。这本书的目标是帮助研究者理解和应用统计学方法，以便更好地分析语言数据和解决语言学问题。

该书在介绍统计学原理时，没有过多涉及复杂的数学计算和推导，即使对数学不太熟悉甚至望而生畏的语言学背景读者也能够轻松理解。作者在撰写过程中尽量使用通俗易懂的语言，并由浅入深地组织章节内容。除了前两章简要介绍 R 语言的基本功能外，后续的每一章都结合了具体的语言研究案例，详细展示了相关的代码并逐条解释。从描述性统计到推论性统计，从参数估计到假设检验，本书涵盖了语言学研究中常用的统计学方法。通过实际案例和数据分析，温特博士展示了R语言统计模型在多个研究领域中的应用，如语言学习者对于高频词与低频词的反应效应研究（见第4.1节）、动词的感官经验和象似性之间的关系探讨（见第8.2节）等。更为难得的是，作者公开了书中所有示例的数据，读者可以亲自输入代码，实践书中的建模和检验方法，体验"所见即所得"的快感，从而更深入地理解统计学原理和操作。

语言学与统计学是两个不同的学科领域，但它们之间存在着密切的联系和相互影响。R语言是一种开源的统计计算和数据可视化软件，已成为统计学和数据分析领域的主流工具之一。希望《语言学统计方法：R语言应用教程》一书的翻译与推广能提高中国语言学界对R语言的认知和应用水平，为他们提供方便实用的统计学工具，助推语言学研究的跨学科交流和发展，从而帮助提升国内语言学研究的质量和水平，加速中国语言学研究的国际化进程。

本中文译本是团队合作的成果。我和我的研究生团队（他们是孔蓬琳、刘思圻、徐偲妤、郑桑焙、林永康、谢运佳、付豪、韩劲涛、石涵雨）在翻译过程中秉持严谨的学术态度，力求准确传达原著的精神。学术著作的翻译涉及面广、要求高。因此，我们对原文进行了仔细的研读和探讨，对其中众多的专业术语展开深入分析和核对，务求术语翻译的精确与统一。在翻译过程中，我们也及时与原书作者温特博士保持沟通，修正了原书中的纰漏。

当然，由于时间和水平的限制，我们的译本肯定还存在不少可改进之处。我们诚挚地希望读者能够提出宝贵的意见和建议，以便后续不断改进和完善。R语言更新迭代快，我们建议读者在使用本书时结合自身研究需求，进一步拓展和应用本书所介绍的统计知识与方法。我们相信,随着统计学在国内的普及和推广,语言学研究将取得更加丰硕的成果。

最后,感谢温特博士在我们翻译过程中给予的信任和支持,感谢上海外语教育出版社提供宝贵的学习机会,感谢北京外国语大学王克非教授的信任和指导,感谢责任编辑潘敏老师的辛勤付出与专业建议。你们的帮助都是本书顺利出版的有效助力。

戴光荣

于广东外语外贸大学白云山校区

参考文献

Desagulier, G. (2017). *Corpus linguistics and statistics with R: Introduction to quantitative methods in linguistics*. Cham, Switzerland: Springer.

Gries, S.T. (2009). *Quantitative corpus linguistics with R: A practical introduction*. New York & London: Routledge.

Gries, S.T. (2017). *Quantitative corpus linguistics with R: A practical introduction* (2nd ed.). New York & London: Routledge.

Gries, S.T. (2021). *Statistics for linguistics with R: A practical introduction* (3rd revised ed.). Berlin & Boston: Walter de Gruyter GmbH.

Janda, L.A. (Ed.) (2013). *Cognitive linguistics: The quantitative turn*. Berlin & Boston: De Gruyter Mouton.

Jiang, J., & Liu, H. (Eds.) (2018). *Quantitative analysis of dependency structures*. Berlin & Boston: Walter de Gruyter GmbH.

Köhler, R. (2012). *Quantitative syntax analysis*. Berlin & Boston: De Gruyter Mouton.

Kuznetsova, J. (2015). *Linguistic profiles: Going from form to meaning via statistics.* Berlin & Boston: Walter de Gruyter GmbH.

Oakes, M.P., & Ji, M. (Eds.) (2012). *Quantitative methods in corpus-based translation studies: A practical guide to descriptive translation research.* Amsterdam & Philadelphia: John Benjamins Publishing Company.

Popescu, I.-I., Lupea, M., Tatar, D., & Altmann, G. (2015). *Quantitative analysis of poetic texts.* Berlin & Boston: Walter de Gruyter GmbH.

Rasinger, S.M. (2013). *Quantitative research in linguistics: An introduction* (2nd ed.). London & New York: Bloomsbury Academic.

Rühlemann, C. (2020). *Visual linguistics with R: A practical introduction to quantitative interactional linguistics.* Amsterdam & Philadelphia: John Benjamins Publishing Company.

Tuzz, A., Benešová, M., & Mačutek, J. (Eds.) (2015). *Recent contributions to quantitative linguistics.* Berlin & Boston: Walter de Gruyter GmbH.

Wallis, S. (2021). *Statistics in corpus linguistics research: A new approach.* New York: Routledge.

Winter, Bodo. (2020). *Statistics for linguistics: An introduction using R.* New York: Routledge.

Woodrow, L. (2014). *Writing about quantitative research in applied linguistics.* New York: Palgrave Macmillan.

Yamazaki, M., Sanada, H., Köhler, R., Embleton, S., Vulanović, R., & Wheeler, E.S. (Eds.) (2023). *Quantitative approaches to universality and individuality in Language.* Berlin & Boston: Walter de Gruyter GmbH.

李倩.(2022).语言学研究中的常见统计误区:《语言学统计方法:从R语言入门》评介.当代语言学,24(1):140–147.

李绍山.(2001).语言研究中的统计学.西安:西安交通大学出版社.

刘海涛.(2017).计量语言学导论.北京:商务印书馆.

吴诗玉.(2021).R在语言科学研究中的应用.北京:科学出版社.

目　录

致　谢

　　请允许我用简短的几段话,向那些为本书的编写与出版提供帮助的人表达谢意。多年来,我有幸浸润在优秀的统计学教学环境中。首先,我想感谢本杰明·伯根及艾米·舍费尔老师。当我还是夏威夷大学马诺阿主校校区(University of Hawai'i at Mānoa)的一名研究生时,你们教我掌握了统计知识。其次,我想感谢莎拉·达宝利和杰克·魏威亚老师在加州大学默塞德分校(University of California, Merced)教授的优质研究生统计学课程。最后,尤其感谢罗杰·蒙德里,永远不会忘记你的工作坊和我们的"披萨之夜"!

　　同时,由衷感谢提莫·勒特格和马丁·斯库蒂,感谢你们帮忙编写伯明翰语言统计学暑期班的教学材料;尤其是提莫,作为多年的好友和合作伙伴,感谢你不断给我带来的挑战。希望有朝一日,我能成为一名符合你心目中理想标准的科学工作者。

　　感谢布鲁诺·尼辛博伊姆,此书的诸多改动都得益于你的认真审阅;也感谢卡米尔·卡兹米尔斯基和基思·威尔逊提出的一些建议。我的学生格雷·伍丁通读了本书所有章节,你的反馈使这本书有了质的飞跃。另一个在幕后默默提供帮助的人是我父亲克莱夫·温特,您花了大量时间校对每一章的初稿。

　　还要感谢劳特利奇(Routledge)出版团队的耐心付出以及你们在本书编辑方面所做的宝贵工作(尤其感谢尼基·特维曼为初稿的辛勤付出)。很抱歉在本书撰写过程中时有拖延,没能按出版社要求提交书稿。

　　也要感谢马丁尼·格赖斯、安妮·赫尔莫斯、多丽丝·米克和斯特凡·鲍曼,没有你们,就不会有这本书。给语言研究所的语音小组上课是我第一次教授R语言和混合模型(mixed model)。

我教过的工作坊数量众多，在此感谢所有那些参加过工作坊的学员们。如果你曾是我工作坊的学员之一，请相信，正是你的热情和提问让我能够不断改进阐述某些概念的方式；尤其感谢那些参加过2018年伦敦大学学院聋人认知与语言研究中心（Deafness Cognition and Language Research Centre at UCL）统计学工作坊的学员和首届伯明翰语言统计学暑期班的学员。

还要感谢许多主动给我发感谢信的人，你们用谢意回应我免费提供的混合模型教程。我想说，感谢你们愿意花时间联系我！

最后，我想感谢在写书过程中让我的生活充实而有意义的人，感谢那些用各种方式支持我的人，其中包括我的父母、马克、路易斯、文森索、马切克、马库斯、布莱妮、珍妮特、马泰奥、艾米丽、苏甘蒂、汤米、丹、雅各布、洛根、布兰登、吉姆以及巴里。同时还要感谢米德兰兹·奥特羽毛球小组、瑜伽老师安娜·罗伯顿和理查德·乔治，还有亨丽埃塔街健身房的团队成员，是你们让我精力充沛。

前　言

语言科学正在经历一场量化革新：数据前所未有的庞大，统计分析工具也越来越多，将更多实证研究纳入语言学理论的趋势也愈发明显。本书旨在为语言科学和相关学科的研究人员提供入门指导，帮助他们领略逐渐兴起的数据分析新潮流。本书计划将读者从R语言的第一步带入更高级的技术，如线性混合效应模型（linear mixed effects model）。自始至终，本书都旨在促进可重复的研究实践。

尽管本书聚焦语言学数据分析，但所选例子对于其他领域的研究人员而言也是很好理解的。

0.1　本书的策略

本书致力于系统讲授基本的线性模型（linear model）课程，会涉及描述统计学（descriptive statistics）、回归（regression）、多元回归（multiple regression）、逻辑回归（logistic regression）、泊松回归（Poisson regression）和混合模型。其他书介绍的统计学方法更为传统，如 t 检验（t-test）、卡方检验（chi-square test）、方差分析（analysis of variance, ANOVA）等，我认为这些显著性检验（significance test）并不适合初学者。学生学习这些"检验框架"时，会花大量时间思考要选择哪一种检验方法，而忽略了如何在统计模型（statistical model）中实现对某一现象的理论解释。本书注重培养基于模型的思维，而非基于检验的思维。

个人经验表明，借助线性模型框架向学生介绍统计学，比讲授一系列显著性检验更有吸引力。用传统方法开启学生的统计学旅程，统计学就好似冗长的词汇表，无法让学生对统计学有全面的认识，而且通过显著性检验来学习统计学会让学生误入歧途。t 检验、卡方检验、方差分析等显著性检验的确能够提供快速解决方案，驱使研究人员将 p 值作为判断正误的最终标准。然而就学生而言，应鼓励他们深入学习理论，多花时间扎扎实实地理解他们的模型。

本书并不重点介绍统计学相关的数学知识，这类知识已有大量更高阶的书展开介绍。本书特意使用轻松语调，让统计学更平易近人。书中内容以实操为主，让研究人员和学生能够用统计数据建立模型，解决研究问题。有人可能认为，不深度剖析背后的数学知识，直接教授线性模型及相关扩展知识十分不妥。事实上，本书每一章所涉及的数学知识都有专门的书籍做了详尽的介绍，因此在撰写过程中我不得不有所取舍。我无意反对详细了解统计学的思想，但相信简单易懂、实用性强的统计学入门课程也是大家需要的，对统计学特别感兴趣、数学能力更强的读者可自行阅读更为系统的书籍。

统计学方法在语言科学中的应用存在许多问题。例如，大家使用显著性检验和 p 值却不知道它们的意思，误解交互作用的主效应（main effect），在拟合（fit）模型的过程中忽略了收敛（convergence）问题。根据我在不同研究机构为语言学研究者开展统计教学的经验，本书在写作过程中特别留意上述各类问题。我发现，与混合模型相关的多数错误都是对回归框架认识不充分造成的。这也是本书如此重视线性模型的另一原因。

我认为语言学研究者在统计学上之所以遇到这类问题，部分原因在于过早接触高阶统计方法。Baayen（2008）里程碑式的教科书《语言数据分析》，推动语言学进入了一个新的定量分析时代。然而，许多人最终实践的仅仅是该书或其他书中很小的一部分，因为通俗易懂的统计学材料过少，无法为高级学习打好基础。因此我认为，如果学界继续只从精通数学的读者角度出发编写教材，统计学发展会受到很大的阻碍。

这本书用语简单，直接与读者（"你"）对话，向读者详细解释每个公式和 R 函数。书中分析的数据集有很多来自我的日常工作，这些材料帮助我指导学生，让他们体会到深层次的推演过程。总之，我希望这是一本能够引起共鸣又通俗易懂的 R 语言统计入门书。

最后，本书试图促进可重复的研究实践。例如，本书建议使用共享数据和可重复的代码。此外，我要强调的是，除非有充足理由，否则没能同时公布数据和代码的出版物是不完整的。实现可重复的研究需要时间和精力，需要培训。本书希望在这些问题上能给你指明正确的方向。

0.2　为何要学 R 语言？

本书完全基于 R 编程语言展开。可以说，R 是如今语言科学研究中的标配。如果你正在阅读本书，接下来这些介绍 R 语言重要性的段落可能会让你觉得多余，因为你已经知道其重要性才选择阅读这本书。然而，很多语言学系和心理学系仍在教学生一些专门软件，尤其是商业化软件 SPSS，因此随后两点就值得特别强调：为什么现在很多研究都没办法绕开 R？为什么这本书要围绕 R 展开？

首先必须指出：如果你正在教学生使用 SPSS，而不是类似 R 这样的编程语言，那你就是在误导他们的职业生涯，扼杀他们成为一名成功科学家的机会。掌握 R 不仅比掌握 SPSS 更令学生具有就业优势，而且有利于协助开展开放性和可重复性研究，这是越来越多的学术期刊和资助机构所要求的。在不久的将来，学生如果不提供自己的数据和代码，发表文章就会有一定的困难，而这个要求是 SPSS 无法满足的。我甚至要说，这时候教授学生 SPSS 是不道德的，有悖于科学的开放精神和学术共同体互学互进的本质。

有人会说，R 对学生来说太难了，尤其是本科生。恰恰相反，我发现，只要教授方式通俗易懂，任何背景的学生（即使没有任何编程知识）都能很快学会 R。另外，学生可直接在自己电脑上安装 R，无须任何授权许可。到目前为止，有关 R 的在线帮助比 SPSS 要多得多，而且 R 的交互性及绘图的便利性，对学生来说非常具有吸引力。

最后一点，R 将"数据整理"功能整合到了数据分析过程中。数据预处理和统计建模是相互联系的，应该在同一个软件环境下进行，R 在这一点上的表现优于其他软件。

0.3 为何要学 tidyverse？

如今 R 语言有两种编程的"方言"或"风格"。一种主要使用"基础 R"函数，即 R 内置函数（base R' function），由原始 R 发行版本自带，另一种就是使用 tidyverse 包（tidyverse package）。tidyverse 包是 Hadley Wickham 和同事开发的一系列包的集合，其中包括十分著名的 dplyr 包和 ggplot2 包。你应该学哪一种呢？

本质上来说，这两种你都要了解。尽管许多 tidyverse 函数使用起来更方便，但掌握基本的 R 内置函数还是至关重要的。许多网络教程或线上帮助论坛（如 StackOverflow 网站）都有大量的基础 R 代码，但在学习过程中大家也会遇到 tidyverse 风格的代码。鉴于此，我觉得很有必要两种"风格"都讲。

尽管如此，"tidy"风格（tidyverse 包）更容易阅读，我发现学生掌握起来也快得多。所以本书决定在第一章介绍 R 内置函数，在第二章介绍 tidyverse。第二章以后，本书都使用 tidyverse 风格的代码。只有 R 内置函数用起来更方便时才使用基础 R 代码。

0.4 本书所需的 R 包

你需要安装 R 和 RStudio，它们都可以在线下载。需安装以下 R 包才能运行全书的代码，其中每章都需要加载 tidyverse 和 broom 包，因为整本书都会用到：

```
install.packages('tidyverse')
install.packages('broom')
install.packages('gridExtra')
install.packages('car')
install.packages('MASS')
install.packages('pscl')
install.packages('effsize')
```

```
install.packages('lme4')
install.packages('afex')
install.packages('brms')
install.packages('MuMin')
install.packages('swirl')
install.packages('languageR')
install.packages('emmeans')
```

0.5　非本书内容

为不让读者失望，我要对本书不涉及的内容做以下说明：

本书不涉及对回归或混合模型背后的理论或数学知识介绍。关于这类知识有更高阶的资料可供参考。需注意的是，任何介绍性教材都会针对某些特定主题切入，从而省略一些内容，本书也不例外。

本书不介绍探索性数据分析技巧，如探索性因素分析、聚类分析（cluster analysis）、分类、回归树（regression tree）等。

本书不是教你各种数据处理方法的"菜谱"，而是重点介绍回归建模。附录A展示了一些基本的显著性检验（如t检验）是如何在本书所谈到的技巧中得以体现的。本书最后一章，即第十六章，也进一步探讨了统计检验"菜谱"法给学生带来的限制，以及为什么要尽量避免这种方法。

0.6　如何使用本书

本书内容体系完整：每章都会介绍统计学相关概念，也会有实操部分。实操非常重要，只有把每一章代码都运行一遍，你才能取得最佳学习效果。通过键盘输入每条命令，你才能发展相关肌肉记忆，从而提高编程语言学习水平。

本书用到的所有数据可在OSF（Open Science Framework）网站获取，网址为：https://osf.io/34mq9/。

　　该网站提供了本书所有章节的脚本文件,但不建议在阅读本书过程中查看这些文件,只有在搞不懂的时候再去参考。

　　实操需要用到的数据也可以从该网站下载。你可以在一个连续R会话窗口一口气学完本书,也可以按章节创建R会话进行学习。

　　强烈建议在自己电脑上专门设置一个文件夹来保存所需材料,并在同一文件夹内创建每章代码脚本。你可以用个性化方式为代码做注释(comment)。

　　每章最后附有练习。练习的答案也包含在上述网站提供的资料里。

0.7　教师必读

　　学习本书的最好办法就是通览全书,不过附录A(关于显著性检验部分)、第九章和第十章可以根据特定课程的需要适当调整。同样,第十六章也可以独立于其他章节阅读。本书适用于本科生和研究生课程。第八章有关交互作用,对本科生而言有一定难度。在讲解第八章之前,我可能会花更多时间讨论推断统计学(inferential statistics)(第九至十一章)的一些内容。

　　如果教过统计学课程,你可能习惯于聚焦显著性检验来授课。如果是这样的话,我希望你能考虑采取本书所用到的方法。相信我,很管用!

　　如果你还是想继续教显著性检验,那么本书仍然是一本好的教程,因为书里讨论的问题也适用于显著性检验,而且所有章节谈及的方法都和显著性检验有直接的对应关系,这些对应关系在附录A中都有说明。

　　总之,我希望本书既能做到通俗易懂,又能满足高阶学习者的需求,希望各层次的读者都能有所收获。

第一章　R 概　述

1.1　引言

广义的统计指"从数据中获取意义"[1]的过程。我们对数据集进行统计分析,是为了加深我们的理解。因此,统计本质上是一种人类认知活动,它帮助人们透过复杂数据集提取能为人类理解的数据结果。

有人认为统计是实证研究的最后一步:先设计研究,再收集数据,最后统计分析。这种看法比较片面。

本书持更加全面的观点,特别是,我将获取数据的过程看作实际数据分析中的一部分。人们所说的"预处理"或"数据整理"都是统计的重要组成部分。事实上,实际数据分析中,数据处理占用绝大部分时间。本书前两章将介绍如何进行数据处理。本书还将介绍如何实现高效工作流程,如何以可重复的方式进行数据处理。

只要你学会R语言,这一切都信手拈来。要想高效处理数据,编程工具必不可少。你需要学会利用编程命令,而不是通过一些图形用户界面来处理数据。在Excel这类工具上敲敲点点只会降低效率,也容易出错;更重要的是,其他人难以重复你的分析过程。利用这类工具还意味着,其他研究者无法追溯你的研究流程,所以你需要以编程代码的形式记录你的分析过程。

至于数据处理中会出现的问题,"财政紧缩表格错误案"就是一个典型的例子,该案件也曾被媒体广泛报道。Reinhart和Rogoff(2010)是一篇有影响力的文章,其中指出,平均来看,一国的债务超过某个特定值后,经济增长就会减缓。许多政策制定者以此为由,实行

---

① 引自 Michael Starbird 在 The Great Courses 上的课程"统计学导论"。

经济紧缩政策。但是，麻省理工学院研究生Thomas Herndon发现，该结论是因电子表格错误得出的：分析中的某些数据行被意外遗漏了。如果将这些数据行也纳入分析，会得出截然不同的结论，对政策制定者的参考意义也大不相同。欧洲电子表格风险利益小组列举了一系列电子表格曾犯下的"惊人错误"，这一系列证据证明，Excel这类软件出错在所难免。

因此，学习R语言知识十分必要。学习R语言就意味着要输入命令，这可不是在某个图形界面上轻点鼠标就能完成的。这或许会让人望而却步，但别担心，本书将成为你的学习指南。学过R语言的读者可以快速阅读随后两章，也可以直接跳过。

1.2　入门阶段：R语言与简单数学运算

到这一步，R和RStudio应该已经在你的设备上安装好了。在学习本书的整个过程中，R是你实际运用的编程语言。RStudio能够为你的学习提供便利，提高你的效率。但是，只有将R与RStudio结合使用，它们才能够真正助力你的数据分析。

打开RStudio后，首先看到的是控制台（console），这是你进入R世界的窗口。控制台是输入命令的区域，随后R会执行命令。控制台中，命令行以符号"＞"开始，接着是闪烁的光标"|"，这表示你可以输入命令了。

我们可以把R看作加强版计算器。试着输入2 + 2按回车键：

```
2 + 2
```

```
[1] 4
```

这是加法，那么减法呢？

```
3 - 2
```

```
[1] 1
```

如果输入不完整的命令，会发生什么呢？试试看输入 3　－，然后按下回车键，这时候控制台会显示一个加号，每按一次回车键都会新增一个加号。

```
3 -

    +
    +
    +
    +
```

这表示命令进入了循环。在这里，加号与加法无关，而是表示上一条命令是不完整的。有两种办法可以解决这个问题：一是在减号后加上数字，二是按下 ESC 键退出当前命令。当我们看到控制台中出现加号而不是" ＞ "时，可以使用这两个办法。

控制台光标闪烁时，我们可以按向上和向下键来浏览已执行的命令，无须重复输入命令，节省时间。

接下来做除法、乘法和幂运算：

```
3 / 2 # 除法
```

```
[1] 1.5
```

```
3 * 2 # 乘法
```

```
[1] 6
```

```
2 ^ 2 # 2的平方
```

```
[1] 4
```

```
2 ^ 3 # 2的3次幂
```

```
[1] 8
```

我们也可以叠加算式，用括号改变默认的运算顺序。试比较以下两个命令的结果有何不同：

```
(2 + 3) * 3
```

[1] 15

```
2 + (3 * 3)
```

[1] 11

　　第一个命令: $2 + 3 = 5, 5 * 3 = 15$。第二个命令: $3 * 3 = 9, 9 + 2 = 11$。在R中,简单数学运算的结构是"A 运算符号 B",但绝大多数"函数"的结构都与此不同。一般而言,R的函数结构是:

函数(参数1,参数2,……)

　　函数可以看作一个动词或者一个动作,参数(argument)是括号内的成分,也就是函数作用的对象。大多数函数都有至少一个参数。如果一个函数含有多个参数,每个参数之间由逗号分隔。一些参数是必选的(如果没有这些参数,函数无法运作),而一些参数是可选的。

　　这听起来很抽象,我们用开方函数sqrt()来试试看:

```
sqrt(4)
```

[1] 2

　　开方函数需要一个用于开方的数字作为必选参数(obligatory argument),如果必选参数缺失,R会反馈错误信息。

```
sqrt()
```

```
Error in sqrt() : 0 arguments passed to 'sqrt' which
requires 1
(sqrt()函数错误:该函数需要一个参数)
```

再来试试另一个简单函数——绝对值函数abs()。绝对值函数会将负值变为正值,而正值不变,下面是两个例子:

```
abs(-2)
```

[1] 2

```
abs(2)
```

[1] 2

1.3 创建R脚本

在上面的学习中,你都是将命令输入控制台中,但是在实际的数据分析中,你一般不会这么做。你要做的是创建R脚本,将所有的内容保存在里面,以便后续重复数据分析。脚本文件的后缀名是".R",创建方法如下:在RStudio菜单栏点击"File"(文件),在下滑菜单中选择"New File"(新建文件),再点击"RScript"(R脚本)即可。

创建好脚本文件后,RStudio会分为上下两个区域:上半部分是R脚本框,下半部分是控制台。我们可以把R脚本想象成食谱,把控制台想象成根据食谱进行烹饪的厨房;也可以把R脚本看作方向盘,把控制台想象成发动机。

将以下命令输入R脚本框(注意不是输入控制台),按下回车键。

```
2 * 3
```

这一命令没有输出结果,因为该命令只存在于R脚本中,并没有被控制台执行。要想执行这条命令,我们需要将光标移动到该命令行,按下R脚本窗口右上角的绿色箭头。随后,这条命令会从R脚本传送到控制台,随后被执行。这里强烈建议你用键盘快捷键完成这个操作,而不是用鼠标点击绿色箭头:苹果系统是COMMAND + ENTER, Windows系统是CTRL + ENTER。

使用R时,尽可能将命令输入脚本中,这么做可以把所有内容都保存下来,以便重复分析。在脚本中,我们还可以用"#"号为命令做注释,"#"号右边的所有内容都不会被R执行。比如,我们可以给刚刚的指令注释如下:

```
# 用2乘以3:
2 * 3
```

你也可以将注释和命令写在同一行,"#"号左边的内容会被执行,右边的内容不会被执行。

```
2 * 3   # 用2乘以3
```

注释非常重要。想象一下,两年后你再回头看从前的数据分析,这种事会经常发生。对于特别复杂的数据分析,你可能要花好几个小时才能理清前因后果。未来的你会感谢自己写下这些注释,它们将派上大用场。更重要的是,其他研究者阅读你的代码时会更省事,代码的可重复性也更高。

不同的人编程时会采取不同的注释方法,我个人习惯先用简洁的语言写注释,然后再写代码,比如"#导入数据:"。这样我的R脚本从头到尾都有注释,每一条注释都清楚地解释了代码的目的,有助于我思考。

如果你不想这么做也没关系,编程风格是很个性化的,多花点时间才能找到适合自己的编程习惯。但无论你怎么编写代码,都要把未来可能会阅读你代码的读者放在心上。

1.4　变量赋值

接下来尝试用R脚本为变量赋值,将下列代码写入R脚本中(注意不是写入控制台)。

```
x <- 2 * 3
```

如果将此命令发送到控制台（记住快捷键：COMMAND + ENTER 或 CTRL + ENTER），R 不会输出结果。左箭头"< −"是赋值符号（assign operator），它会将箭头右侧的内容赋值给箭头左侧的对象，对象名由自己决定。在这里，对象名为"x"，对象值为"2 * 3"的结果。我会把赋值符号形象地看作把某件东西放进容器中，想象一个写着"x"的容器，里面装着数字 6。输入容器名后，你就可以得到其内容。

```
x
```

```
[1] 6
```

还有其他的赋值符号，比如等号"="。

```
x = 2 * 3
```

```
[1] 6
```

等号和左箭头之间有细微的区别，但在此我不会赘述。目前，我建议你使用"< −"作为赋值符号，这也是绝大多数 R 语言指南的建议。在接下来的学习中，我们会不断用到这个符号，所以要学会使用快捷键：ALT + −（减号）。

对象 x 可以作为数字进行数学运算。

```
x / 2
```

```
[1] 3
```

注意，R 对大小写很敏感。输入大写"X"后，R 会反馈错误信息，因为大写 X 这个对象并不存在于当前"工作环境"（working environment）。

```
X
```

```
Error: object 'X' not found（错误：对象X不存在）
```

我们可以输入ls()（ls表示list），来检索当前工作环境的所有对象。

```
ls()
```

```
[1] "x"
```

因为你刚启动了一个新的会话，并且只定义了一个对象，所以工作环境中只有一个对象x。注意，ls()是R中少数几个不需要参数的函数之一，这也是为什么即使我们没有输入参数，R也没有反馈错误信息。

1.5　数值向量

到目前为止，对象x仅含有一个数字。我们可以利用串接函数c()来快捷生成含多个数字的对象。以下代码利用串接函数，将数字2.3、1、5放入同一个对象中。如前所述，输入对象名可以得到对象内容。通过下面的代码，我们可以替换对象x此前的内容。

```
x <- c(2.3, 1, 5)
x
```

```
[1] 2.3 1.0 5.0
```

此处的对象x就是我们所说的向量。简单来说，R中的向量指的就是一串数字。我们可以利用length()函数来检查向量的长度。

```
length(x)
```

```
[1] 3
```

在后面的内容中，我们还将学习不同类型的向量。向量x包含数字，因此是一个数值向量（numeric vector）。mode()和class()可用于获取向量类型[1]，也就是人们常说的向量"原子模式"（atomic mode）或"原子类型"（atomic class）。

```
mode(x)
```

```
[1] "numeric"
```

```
class(x)
```

```
[1] "numeric"
```

了解所处理的向量类型非常重要，因为部分数学运算只适用于数值向量。

接下来我们将利用冒号，生成从10到1的整数序列。在R中，冒号可以用于生成从冒号左侧数字到冒号右侧数字的整数序列。

```
mynums <- 10:1
mynums
```

```
[1] 10 9 8 7 6 5 4 3 2 1
```

由于mysums是一个数值向量，因此我们可以用它进行各种数学运算。下面的代码展示了几个有用的数学汇总性函数。

```
sum(mynums)  # 总和
```

```
[1] 55
```

```
min(mynums)  # 最小值
```

```
[1] 1
```

```
max(mynums)  # 最大值
```

```
[1] 10
```

---

① 这些函数适用于简单向量，而在复杂向量中的用法有所不同（此处不涉及）。

```
range(mynums)   # 范围：最小值与最大值之共现
```

```
[1] 1 10
```

```
diff(range(mynums))   # 范围：最小值与最大值之差
```

```
[1] 9
```

```
mean(mynums) # 算术平均数：参阅第三章
```

```
[1] 5.5
```

```
sd(mynums)   # 标准差：参阅第三章
```

```
[1] 3.02765
```

```
median(mynums)        # 中位数：参阅第三章
```

```
[1] 5.5
```

如果对数值向量使用减法或除法函数，向量中的每一个元素（entry）都会分别被运算。

```
mynums - 5   # 从每个数字中减去5
```

```
[1] 5 4 3 2 1 0 -1 -2 -3 -4
```

```
mynums / 2   # 把每个数字除以2
```

```
[1] 5.0 4.5 4.0 3.5 3.0 2.5 2.0 1.5 1.0 0.5
```

1.6 索引

有时你要在特定的数据子集上进行操作，这就需要对向量进行索引。从概念上讲，R的每个向量都是有序的，我们要将向量的位置与该位置上的值区分开，利用索引来获取第一个、第二个位置上的值，以此类推。

```
mynums[1]     # 获取第一个位置的值
```

```
[1] 10
```

```
mynums[2]     # 获取第二个位置的值
```

```
[1] 9
```

```
mynums[1:4] # 获取第一到第四个位置的值
```

```
[1] 10 9 8 7
```

在索引值前加减号,可以获得该位置元素以外的所有元素。

```
mynums[-2]    # 获取除第二个位置以外的所有内容
```

```
[1] 10 8 7 6 5 4 3 2 1
```

现在你已经知道了索引的基本知识,也理解了为什么R输出结果的每一行开头都会有一个"[1]"。我们可以创建一个更长的整数序列来进一步理解索引。

```
1:100
```

```
 [1]   1   2   3   4   5   6   7   8   9  10  11  12  13  14
[15]  15  16  17  18  19  20  21  22  23  24  25  26  27  28
[29]  29  30  31  32  33  34  35  36  37  38  39  40  41  42
[43]  43  44  45  46  47  48  49  50  51  52  53  54  55  56
[57]  57  58  59  60  61  62  63  64  65  66  67  68  69  70
[71]  71  72  73  74  75  76  77  78  79  80  81  82  83  84
[85]  85  86  87  88  89  90  91  92  93  94  95  96  97  98
[99]  99 100
```

"[1]"代表的就是序列中的"第一个位置"。每一行结束后,R都会显示新起始行第一个值的位置。你屏幕上左边方括号中的数字可能与本书不同,这取决于你的屏幕分辨率以及控制台中字体的分辨率。

1.7　逻辑向量

在大型数据集中, 利用位置来索引数据并不可取。比如, 在一个有 10,000 行的数据集中, 我们不一定事先知道第 7,384 个位置上的值是多少。你需要能够查询具体的值, 而不必事先知道其所处的位置, 在这一点上, 逻辑语句命令就很有帮助。

```
mynums > 3    # 哪些值大于 3 ?

[1] TRUE TRUE TRUE TRUE TRUE TRUE
[7] TRUE FALSE FALSE FALSE
```

命令 mynums > 3 使用了大于号, 就像是在问 "mynums 是否大于 3 ?"。向量 mynums 含有多个元素, 所以每一个元素都会单独与 3 比较。R 反馈为 TRUE (真) 时, 表示该数字确实大于 3; 反馈为 FALSE (假) 时, 说明该数字小于 3。

逻辑运算符号 "＞＝" 表示 "大于或等于", "＜" 表示 "小于", "＜＝" 表示 "小于或等于"。观察以下命令, 同时记住向量 mynums 是一个从 10 到 1 的整数序列。

```
mynums >= 3    # 哪些值大于或等于 3?

[1] TRUE TRUE TRUE TRUE TRUE TRUE
[7] TRUE TRUE FALSE FALSE
```

```
mynums < 4    # 哪些值小于 4?

[1] FALSE FALSE FALSE FALSE FALSE FALSE
[7] FALSE TRUE TRUE TRUE
```

```
mynums <= 4    # 哪些值小于或等于 4?

[1] FALSE FALSE FALSE FALSE FALSE FALSE
[7] TRUE TRUE TRUE TRUE
```

```
mynums == 4    # 哪些值等于 4?
```

```
[1] FALSE FALSE FALSE FALSE FALSE FALSE
[7] TRUE FALSE FALSE FALSE
```

```
mynums != 4   # 哪些值不等于4?
```

```
[1] TRUE TRUE TRUE TRUE TRUE TRUE
[7] FALSE TRUE TRUE TRUE
```

执行逻辑操作的结果实际上是向量本身。为了说明这一点，下面的代码将逻辑操作 mynums >= 3 的结果储存在对象 mylog 中，函数 class() 显示 mylog 是一个逻辑向量。

```
mylog <- mynums >= 3

class(mylog)
```

```
[1] "logical"
```

逻辑向量也可用于索引，以下代码只会返回那些大于或等于 3 的值。

```
mynums[mylog]
```

```
[1] 10 9 8 7 6 5 4 3
```

与把向量分开定义相比，把所有内容都放入一行代码可能更清晰。

```
mynums[mynums >= 3]
```

```
[1] 10 9 8 7 6 5 4 3
```

将这条命令解释为直接与 R 对话可能会有所帮助："请将 mynums 向量中大于或等于 3 的值检索出来。"

1.8　字符向量

几乎所有分析项目都涉及一些带文本的向量，比如受试者的年龄、性别、方言等信息。这样的向量就是字符向量（character vector）。

以下代码用引号来告诉R, "F"和"M"是字符串,而不是对象名或数字。双引号和单引号都适用,但是二者不能混用[①]。

```
gender <- c('F', 'M', 'M', 'F', 'F')
```

向控制台输入gender(性别)向量,结果中含有引号,说明这是一个字符向量。

```
gender
```

```
[1] "F" "M" "M" "F" "F"
```

如前所述,也可以用class( )函数来检查向量类型。

```
class(gender)
```

```
[1] "character"
```

同样,你可以利用位置或逻辑命令语句对此字符向量进行索引。

```
gender[2]
```

```
[1] "M"
```

```
gender[gender == 'F']
```

```
[1] "F" "F" "F"
```

但是,不能对字符向量执行数学函数,否则R会反馈错误信息。

```
mean(gender)
```

```
[1] NA
Warning message:
```

---

① 我用单引号是因为它比双引号更简洁,也不需要我多按一次键盘,节省时间。

```
In mean.default(gender) : argument is not numeric or logi-
cal: returning NA (警告信息：函数mean()的参数不是数值或逻辑值，因
此函数返回NA值)
```

1.9　因子向量

第四种常见的向量是因子向量（factor vector）。下面的代码会覆盖此前的字符向量gender，利用as.factor()[①]函数将其转变为因子向量。

```
gender <- as.factor(gender)

gender
```

```
[1] F M M F F
Levels: F M
```

该代码的结果中有文本，但不同于字符向量的是，这些文本没有引号。下方的"levels"（层次）表示该因子向量含有的类别。此处，gender向量含有五个字符，均为字符"F"或"M"，因此层次为F和M。向量的层次可以用以下函数获取：

```
levels(gender)
```

```
[1] "F" "M"
```

因子向量的层次是固定的。如果在gender向量的第三个位置插入新值'not_declared'，看看会发生什么。

```
gender[3] <- 'not_declared'
```

```
Warning message:
In '[<-.factor'('*tmp*', 3, value = "not_declared") :
 invalid factor level, NA generated (因子层次有错，产生了NA)
```

---

① 也有as.numeric()、as.logical()和as.character()函数，可以每个都尝试一下，将一种向量转换成另一种向量，看看有什么结果，或者出现什么问题。比如，将as.numeric()用于逻辑向量会发生什么呢？（这在一些情况下其实很有帮助。）

```
gender
```

```
[1] F  M  <NA> F  F
Levels: F M
```

第三个位置现在是一个缺失值（NA），因为gender向量中只有F和M两个有效层次。要想插入新值'not_declared'，首先要改变层次。

```
levels(gender) <- c('F', 'M', 'not_declared')
```

现在重新执行插入命令看看。

```
gender[3] <- 'not_declared'
```

这一次，R程序没有反馈错误信息，因为not_declared现在是gender向量中的有效层次。我们检查一下赋值操作是否达到预期的结果：

```
gender
```

```
[1] M           F            not_declared M           M
Levels: M F not_declared
```

1.10 数据框

数据框（data frame）是R语言的二维电子表格，含有行和列，每一列都含有一个向量。

接下来试着构建一个数据框，下面的命令将三个名字串联成一个向量。

```
participant <- c('louis', 'paula', 'vincenzo')
```

下面，我们会使用data.frame()函数来生成一个数据框，函数中的每一个参数都会分别形成一列。在该代码中，participant(受试者)向量会形成第一列，score(分数)向量形成第二列，score向量包含三个数字。

```
mydf <- data.frame(participant, score = c(67, 85, 32))

mydf
```

```
participant score
1    louis      67
2    paula      85
3 vincenzo      32
```

每个数据框都是二维的，我们可以利用函数获取行数或列数。

```
nrow(mydf)
```

```
[1] 3
```

```
ncol(mydf)
```

```
[1] 2
```

列名可以用以下函数获取：

```
colnames(mydf)
```

```
[1] "participant" "score"
```

我们可以用美元符号"$"通过列的名称对数据框进行索引。

```
mydf$score
```

```
[1] 67 85 32
```

该代码的结果是一个数值向量，因此可以对该向量应用汇总函数，比如计算平均值。

```
mean(mydf$score)
```

```
[1] 61.33333
```

你也可以利用str()函数获取数据框结构。

```
str(mydf)
```

```
'data.frame': 3 obs. of 2 variables:
 $ participant: Factor w/ 3 levels "louis","paula",..: 1 2 3
 $ resp       : num 67 85 32
```

这个函数列出了所有的列和它们的向量类型。注意，participant列被指示为一个因子向量，尽管你只提供了一个字符向量！这是因为，data.frame()函数会默认将字符向量转为因子向量。

summary()函数列出每个受试者对应的数据数量，提供分数的最小值、第一四分位数（quartile）、中位数（median）、第三四分位数、最大值（即五数概括法，详见第三章）。

```
summary(mydf)
```

```
 participant   score
louis    :1  Min.    :32.00
paula    :1  1st Qu.:49.50
vincenzo:1  Median :67.00
             Mean    :61.33
             3rd Qu.:76.00
             Max.    :85.00
```

我们可以利用方括号来索引行或索引列。数据框是二维的，因此你需要用标识符（identifier）表示行和列，行列之间由逗号隔开，行在前，列在后。

```
mydf[1,]  # 第一行
```

```
 participant score
1      louis    67
```

```
mydf[, 2]   # 第二列
```

```
[1] 67 85 32
```

```
mydf[1:2,]   # 前两行
```

```
  participant score
1      louis     67
2      paula     85
```

这些操作还可以叠加,比如:

```
mydf[, 1][2] # 第一列的第二条
```

```
[1] paula
Levels: louis paula vincenzo
```

最后一个命令可以拆分为如下:第一个索引提取出第一列,这是一个一维向量,然后可以对其应用另一个索引操作。

如果想提取出受试者 Vincenzo 所在的行,我们可以使用逻辑命令。

```
mydf[mydf$participant == 'vincenzo',]
```

```
  participant score
3    vincenzo    32
```

让我用通俗易懂的话解释这个命令:选择数据框 mydf,仅提取命令 mydf$participant == 'vincenzo' 返回结果为 TRUE(真)时所在的行。注意,该命令的结果是个只有一行的数据框,所以你可以利用 "$" 符号来索引特定的列,如:

```
mydf[mydf$participant == 'vincenzo',] $score
```

```
[1] 32
```

1.11　载入文件

将文件载入当前工作环境时,R需要知道文件所在文件夹,即工作目录(working directory),使用getwd()可获取当前的工作目录。

```
getwd() # 根据各电脑存储文件夹的位置显示不同的结果
```

```
[1] "/Users/bodo"
```

这就是R当前的工作目录,也是R获取文件的地方。通过list.files()函数,你可以从R中查看工作目录中的文件。这可能会让你想起ls()函数,但二者有所区别。ls()仅展示R内部的对象,而list.files()会展示R外部的文件。

```
list.files() # 结果不在此展示(因各电脑的情况而异)
```

如果想将当前的工作目录改变至你保存文件的位置,可以利用setwd()。重要的是,这一命令因个人电脑而异,而且在Mac、Linux和Windows系统之间有所不同。但我并不会在此赘述它们之间的差异,只建议你在RStudio中进行工作目录设置。在菜单栏点击"Session"(会话),在下拉菜单中点击"Set Working Directory"(设置工作目录),随后定位到本书所需文件所在的文件夹。如果你还没下载这些文件,现在就行动起来!如果文件夹中的文件并未显示或变灰了,没有关系,继续点击"Open"(打开),因为你的目的不是选择文件,而是选择文件所在的文件夹。工作目录设置好后,用read.csv()导入文件"nettle_1999_climate.csv"。后缀名".csv"表示该文件的各列由逗号分隔。该数据库来自Nettle(1999)的《语言多样性》,在后面的章节中还会详细介绍。

```
nettle <- read.csv('nettle_1999_climate.csv')
```

如果R没有反馈错误信息,那么说明你已经成功载入了文件。如果出现错误信息,请检查文件名是否输入正确。如果输入无误,用 list.files() 检查文件是否存放在工作目录中。如果不在,你可能没有成功设置工作目录,可以用getwd()来检查。

任何时候当你载入文件后,下一步都应该是查看文件内容。head()函数会展示nettle数据框的前六行。

```
head(nettle)
```

	Country	Population	Area	MGS	Langs
1	Algeria	4.41	6.38	6.60	18
2	Angola	4.01	6.10	6.22	42
3	Australia	4.24	6.89	6.00	234
4	Bangladesh	5.07	5.16	7.40	37
5	Benin	3.69	5.05	7.14	52
6	Bolivia	3.88	6.04	6.92	38

反之,tail()函数会展示数据框的后六行。

```
tail(nettle)
```

	Country	Population	Area	MGS	Langs
69	Venezuela	4.31	5.96	7.98	40
70	Vietnam	4.83	5.52	8.80	88
71	Yemen	4.09	5.72	0.00	6
72	Zaire	4.56	6.37	9.44	219
73	Zambia	3.94	5.88	5.43	38
74	Zimbabwe	4.00	5.59	5.29	18

我还要再谈谈数据分析项目中的文件管理,这一点很重要。首先,退出RStudio时,会弹出问题询问你是否要保存当前内容,请点击"No"(否)。每次打开R或RStudio后,R会话都会打开新的工作环境,再导入所需文件。你肯定不想上一次分析的对象还留在这次分析中,这会降低工作效率并导致命名冲突(两个对象取有相同名称)。相反,你应该将所有数据保留在R之外。

在同一会话中,如果你无意间覆盖了之前的对象,或者弄混了对象,比如将Langs列替换为NA(缺失值),这很好解决。

```
nettle$Langs <- NA
```

　　只需要将错误发生前的全部命令重新执行，所有内容都将恢复。对于大多数简易的数据分析，完全没有必要备份R对象[①]。

　　围绕.csv文件展开分析是一个好点子，因为.csv文件在R中很好处理。当然，R也支持其他类型文件。比如，本书文件夹中的"example_file.txt"就是一个各列由制表符分隔的文件（使用电脑键盘的Tab键，制表符显示为'\t'）。你可以用read.table()导入该文件（忽略警告信息[②]）：

```
mydf <- read.table('example_file.txt',
                   sep = '\t', header = TRUE)
Warning message:
In read.table("example_file.txt", sep = "\t", header = TRUE):
 incomplete final line found by readTableHeader on
'example_file.txt'
```

```
mydf
```

```
  amanda jeannette gerardo
1      3         1       2
2      4         5       6
```

　　read.table()函数要求你在sep参数上确定分隔符，在该命令中，分隔符是'\t'。如果表格的第一行是列名，则需要输入参数header = TRUE。有时候列名储存在其他文件中，这时候输入参数header = FALSE。

　　本书无法涵盖所有的文件类型，你可以自行上网搜索学习，也可以利用Excel打开文件，再以R能够轻松读取的格式保存，比

[①] 如此处的对象mydf所示，save()函数能够将R对象储存在.RData格式文件中。你也可以用load()将.RData文件导入当前工作会话。如果需要进行长时间的计算，这个方法很便捷：
　　save(mydf, file = 'mydataframe.RData')
[②] 警告信息与错误信息不同。警告信息指命令执行后函数提醒你的事，而错误信息指的是命令中止了。

如.csv格式。如果遇到了内部结构不清楚的文件类型,你可以利用 readLines(),将文件以文本的形式导入R。

```
x <- readLines('example_file.txt', n = 2)

x
```

[1] "amanda\tjeannette\tgerardo" "3\t1\t2"

参数n指定了读取的行数,大多数时候只需两行就可以了解表格的结构。在这个表格中,第一行包含了列名,所以header = TRUE很有必要。另外,第二行包含分隔符'\t',因此sep = '\t'很有必要。利用以上信息,我们就可以为read.table()函数提供正确的参数。

如果想导入.xls、.xlsx等Excel文件,可利用的R包很多。一些包可用于导入SPSS或STATA文件。但是,包括Excel文件在内的这些文件都是专属的,为其他公司所有。我们要尽可能避开这类专属文件,建议使用简单的逗号或制表符分隔的文件来管理项目。

关于如何使用本书数据的说明:每章的学习都需导入新数据。当然,让R全程都处于启动状态,在同一个会话中学习,这也没问题。你也可选择在学完一章后关闭R(不要忘记保存你的工作数据)。全书可以在同一R会话中完成,但在实际数据分析中,我们更倾向于每次创建新的R会话,让数据保持整洁。

1.12 绘图

首先,我们来创建数据统计中最有用的图形之一——直方图(histogram)。图1.1是一个表示各国语言数量的直方图,每个矩形(称为"bin")的高度表示该矩形覆盖范围内所含数据点的数量,也就是所谓的"组距"(binwidth)。在图1.1中,有0至100种语言的国家超过50个,有100至200种语言的国家约10个,仅少数国家有超过700种语言。

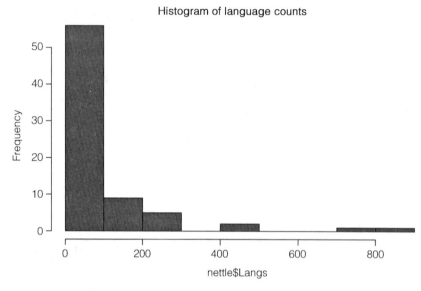

图1.1　各国语言数量直方图，数据来自Nettle（1999）

以下命令利用Nettle（1999）数据集^①中的Langs列绘制直方图。

```
hist(nettle$Langs)
```

重新执行绘图命令，给直方图添加颜色，比如浅橙色（salmon）。

```
hist(nettle$Langs, col = 'salmon')
```

参数col是hist()函数的可选参数（optional argument），表示颜色。你可将颜色改为铁青色（steelblue）看看会发生什么变化。在控制台中输入colors()，可获取R预设好的各种颜色。与ls()、list.files()和getwd()等函数一样，colors()函数也不需要参数。以下代码展示了R预设的前六种颜色。

---

① 这些语言数量实际上非常抽象，一种语言变体究竟是方言还是独立的语言，二者的界限并不清晰。

```
head(colors())
```

```
[1] "white"         "aliceblue"     "antiquewhite"
[4] "antiquewhite1" "antiquewhite2" "antiquewhite3"
```

这些都是 R 预设好的颜色,我们也可以利用十六进制颜色码来设置颜色。试试看在 col 参数处输入 '#DD4433'。

1.13　安装、加载与引用包

R 是一个开源的社区项目,活跃的用户群体提供了大量的可用资源。新的函数会整合进包(package)中,利用 install.packages() 函数即可安装包。通过下面的代码,我们可以安装 car 包(Fox & Weisberg, 2011)。

```
install.packages('car')
```

包安装好后[①],我们可以用以下代码加载包:

```
library(car)
```

如此一来,当前 R 会话就可以使用 car 包了。如果关闭 R 后再次启动,则需重新加载包。也就是说,包加载后只适用于当前会话。

为实现可重复性并向开发者所做的重要贡献表示感谢,我们有必要在引用各个包时说明它们的版本信息。此处以 car 包为例:

```
citation('car')$textVersion
```

```
[1] "John Fox and Sanford Weisberg (2011). An {R} Compan-
ion to Applied Regression, Second Edition. Thousand Oaks
CA: Sage. URL: http://socserv.socsci.mcmaster.ca/jfox/
Books/Companion"
```

---

① 安装失败的原因有很多,通常在网上搜索一下就能够解决。很多时候,安装失败是因为 R 版本过旧,或 R 已更新版本,但包开发者还未更新包。

```
packageVersion('car')
```

```
[1] '3.0.0'
```

　　提到引用,你也可以利用以上命令引用R或获取R版本信息,这些信息同样值得说明。下面的命令通过索引语句'$textVersion'和'$version.string',让输出结果更精简。你也可以只使用citation()和R.Version()函数,返回的结果更多。

```
citation()$textVersion
```

```
[1] "R Core Team (2018). R: A language and environment for
statistical computing. R Foundation for Statistical Com-
puting, Vienna, Austria. URL https://www.R-project.org/."
```

```
R.Version()$version.string
```

```
[1] "R version 3.5.0 (2018-04-23)"
```

1.14　寻求帮助

　　R为每一个函数提供了帮助文档(help file),只需在函数名前输入问号即可获取。以 seq() 函数为例,该函数可用于生成数字序列。

```
?seq
```

　　本书还未介绍这个函数,但是帮助文档末尾会提供例子。通过阅读例子,你就可了解该函数的用法,后面章节中你也会使用这个函数。
　　如果忘记了函数名,想在R中找到这个函数,你可以使用便捷的apropos()函数。比如,执行apropos('test'),R会显示名字中含有字符串 'test' 的所有函数,结果显示了前六个相关函数:

```
head(apropos('test'))
```

```
[1] ".valueClassTest" "ansari.test"
[3] "bartlett.test"   "binom.test"
[5] "Box.test"        "chisq.test"
```

通常,将控制台的警告信息或错误信息粘贴到搜索引擎中,你就能很快找到问题的解决办法。如果这没派上用场,你可以通过stackoverflow.com等渠道向他人寻求帮助。但是,问对问题可不容易,重要的是要做足够多的搜索。如果还是不能解决问题,再向他人求助。

最重要的是,遇到警告信息或错误信息时,千万不要认为自己太笨了。R是个很复杂的程序,想要学会可不是一件简单事儿。请放心,你遇到的问题,其他许多人也都遇到过。你要知道,即便是资深的R用户,也常常会遇到错误信息和警告信息。比如,资深R编程师Wickham和Grolemund(2017:7)写道:"我写了这么多年的代码,可每天还是会写出根本不起作用的代码!"所以,遇到问题时绝不要认为自己太笨了。

1.15　键盘快捷键

我强烈建议你花点时间学习R和RStudio的键盘快捷键。鼠标可是个效率杀手,不利于高效处理数据,未来的你会再一次感谢现在的你用快捷键省下了无数时间。下面是我常用的一些快捷键:

快捷键	操作
Ctrl/Command + N	创建新脚本
Ctrl/Command + Enter	执行当前命令行
	(将当前命令从脚本输送至控制台)
Alt/Option + 减号	输入赋值符号
Ctrl/Command + Alt/Option + I	插入代码块(见第二章R markdown)
Ctrl/Command + Shift + M	插入管道(见第二章tidyverse包)

这些都是R和RStudio特有的快捷键。除此之外,我希望你已经掌握了一些通用的文本编辑快捷键。如果还没掌握,就学习一些非常有用的快捷键:

快捷键	操作
Shift + 左键/右键	高亮选中文本
Alt/Option + 左键/右键 (Mac)	将光标移动一个单词
Ctrl + 左键/右键 (Windows)	将光标移动一个单词
Command + 左键/右键 (Mac)	将光标移动到本行初始/结束位置
Home/End (Windows & Linux)	将光标移动到本行初始/结束位置
Ctrl + K	删除光标后行
Ctrl/Command + C	复制
Ctrl/Command + X	剪切
Ctrl/Command + V	粘贴
Ctrl/Command + Z	撤销
Ctrl/Command + A	全选

工作中利用这些快捷键,可为你节省宝贵的时间和精力。长期下去,编写代码会更加得心应手。

1.16　R 语言学习: 未来之旅

目前你已经学习了 R 的基本知识。如果将学习 R 看作学习一门外语,显然你不可能仅通过一个章节就学习到一门语言的全部知识,而且在未来,你肯定会忘记一些知识,但没有关系。重要的是,即便遇到错误,你也要坚持学习。如果遇到困难,那就休息一会,接着再学。下面列举你会遇到的最常见的一些问题:

- 在脚本中写下代码,但是没有执行。也就是说,代码没有发送到控制台中。
- 如果错误信息显示 "object not found"(对象不存在),你有可能是输错了对象名,或者忘记执行赋值命令。
- 如果错误信息显示 "function not found"(函数不存在),一是可能输错函数名,二是没有加载相关包。
- 如果 R 不了解当前对象的类型,常常会反馈警告信息:对象的维

度是什么(行或列)？向量的类型是什么(字符向量、因子向量、
数值向量还是逻辑向量)？

- 有时你会犯句法错误,比如忘记在两个函数参数间输入逗号,或
  者忘记补全括号。
- 大部分错误由输入错误造成,多使用复制粘贴快捷键可以有效
  避免。

从经验来看,永远不要相信R会如你设想的那样运作(Burns,
2011)。要时时检查工作环境中的对象,多问问自己"刚刚的函数得到
我想要的结果了吗?",或者"当前的对象包含了什么内容?"。

从现在开始,你需要不断练习,不断试错。下一章我还会介绍R
的其他知识,然后我们会将重点放在统计知识上。学习外语时要不断
背诵词汇,学习R语言时也要大量使用"词汇",最后才能使之为我们
所用。同样,和学习外语一样,学习R语言离不开不断的练习。在学
习过程中,我将随时随地为你提供帮助。

1.17 练习

1.17.1 练习1：熟悉基本绘图操作

在脚本中输入以下命令并执行：

```
plot(x = 1, y = 1, type = 'n',
    xlim = c(-2, 2), ylim = c(-2, 2))
points(x = -1, y = 1)
segments(x0 = -0.5, y0 = -1, x1 = 0.5, y1 = -1)
```

第一行命令新建了一个空白图表,在 $x = 1$ 和 $y = 1$ 的位置绘制一
个点。参数type = 'n'表示,这个点并没有实际显示出来。参数
xlim和ylim界定了图表的范围。

points()函数用于在指定坐标处绘制单个点。segments()函

数用于绘制线段,参数 x0 和 y0 定位线段的起始位置,x1 和 y1 定位线段的结束位置。

绘图窗口中显示的其实是只有一只眼睛的笑脸。试试看利用 points() 和 segments() 函数添加点和线段,能否绘制出更加生动的笑脸呢? 通过这个练习,你将更好地掌握坐标系。

1.17.2　练习 2: swirl 包

swirl 是一种交互式的包。利用 swirl 包,我们就可以在 R 里学习 R 的使用。

请学习 swirl 中 R 编程课程的前四章。如有空余时间,可以学习探索性数据分析课程的前五章。在 R 语言的学习之旅中,你可以随时回到 swirl,完成后续课程。

```
install.packages('swirl')
library(swirl)
swirl()
```

1.17.3　练习 3: 找出错误 1

将以下两行代码逐字输入脚本,不做更改,然后执行,R 会反馈两条错误信息。

```
x_values <- c(1, 2 3, 4, 5, 6, 7, 8, 9)
mean_x <- mean(X_values)
```

每一行代码都含有一个错误,你能否发现并修正它们[1]?

---

[1] 感谢 Márton Sóskuthy 为本练习提供灵感。

1.17.4　练习4：找出错误2

为何以下命令返回缺失值？

```
x <- c(2, 3, 4, '4')
mean(x)
```

能否利用 as.numeric() 函数解决这个问题？

1.17.5　练习5：找出错误3

以下代码试图从 nettle 数据框中提取也门（Yemen）所在的行，为何 R 反馈错误信息？你能否解决问题？

```
nettle[nettle$Country = 'Yemen', ]
```

1.17.6　练习6：索引数据框

Gillespie 和 Lovelace（2017：4）认为，"R 的问题在于，解决问题的方式太多样"。本节中，你将学习从同一数据框提取信息的不同方法。虽然其中一些方法是多余的，但是学会同一问题的不同解决方式，你在处理数据分析问题时会更灵活。本练习将教你如何递归式、叠加式地索引数据框。

```
head(nettle)   # 显示前六行
    Country Population Area  MGS Langs
1   Algeria       4.41 6.38 6.60    18
2    Angola       4.01 6.10 6.22    42
3 Australia       4.24 6.89 6.00   234
4 Bangladesh      5.07 5.16 7.40    37
5     Benin       3.69 5.05 7.14    52
6   Bolivia       3.88 6.04 6.92    38
```

下面的命令将从该数据框中提取信息。其中一些索引方法你还没有学习过,但尝试去理解各个命令的结果,我相信你一定可以。

重要的是,先弄明白要提取的对象是什么,接着再输入命令,看看与你的预期是否一致。

```
nettle[2, 5]

nettle[1:4, ]

nettle[1:4, 1:2]

nettle[nettle$Country == 'Bangladesh', ]

nettle[nettle$Country == 'Bangladesh', 5]

nettle[nettle$Country == 'Bangladesh', ] [, 5]

nettle[nettle$Country == 'Bangladesh', ] $Langs

nettle[nettle$Country == 'Bangladesh', 'Langs']

nettle[1:4, ] $Langs[2]

nettle[1:4, c('Country', 'Langs')]

head(nettle[,])
```

第二章 tidyverse 和可重复的 R工作流程

2.1 引言

本章目的有二：第一，介绍 tidyverse，一种处理 R 语言的新型运用方式；第二，介绍可重复的研究实践。为此，我将探讨在数据分析项目中的高效工作流程。需要声明一点，本章专业知识较多，如果在学习过程中感到无所适从，没有关系，本章讨论的概念会在后面章节中反复提及。

tidyverse 包是由 Hadley Wickham 及其同事开发的用于数据分析的 R 包。他们的开发理念是，与对应的基本 R 函数相比，tidyverse 更为直观、简洁，能有效促进交互式数据分析。首先，安装并加载 tidyverse 包（Wickham, 2017）。

```
install.packages('tidyverse')

library(tidyverse)
```

实际上，tidyverse 包内有许多其他的包，安装加载 tidyverse 包就是同时安装加载了这些包①，非常便捷。我会介绍其中重要的包和最有用的函数，但不会涉及全部。在本章，你将学习到 tibble（Müller & Wickham, 2018）、readr（Wickham, Hester, & François, 2017）、dplyr（Wickham, François, Henry, & Müller, 2018）、magrittr（Milton Bache & Wickham, 2014）和 ggplot2（Wickham, 2016）等包。

---

① 你也可以安装加载 tidyverse 中的独立包，以下是本章会提及的包：library（tibble）、library（readr）、library（dplyr）、library（magrittr）、library（ggplot2）。

2.2　tibble包和readr包

tibble包（Müller & Wickham, 2018）中的tibble是一种新型的数据框，与基础R数据框类似，但更胜一筹。具体而言，tibble有以下四大优势：

- 对于文本，tibble默认为字符向量而非因子向量。这能派上大用场，因为字符向量更好操作。
- 在操作台输入tibble名，仅显示前十行数据，省去大量调用`head()`函数。
- tibble还显示行和列的数量，省去大量调用`nrow()`和`ncol()`函数。
- tibble会显示各列的向量类型，如字符向量、数值向量等。

这些看起来只是小变化，但最后可节省不少时间，免去不少输入麻烦。接下来导入一个数据框，利用`as_tibble()`将数据框转为tibble，看看tibble究竟是怎样的：

```
# 加载数据:

nettle <- read.csv('nettle_1999_climate.csv')

# 将数据框转化为 tibble:

nettle <- as_tibble(nettle)
```

输入tibble名：

```
nettle

# A tibble: 74 x 5
  Country   Population  Area   MGS Langs
  <fct>          <dbl> <dbl> <dbl> <int>
1 Algeria         4.41  6.38  6.6     18
2 Angola          4.01  6.1   6.22    42
```

```
 3 Australia       4.24 6.89  6       234
 4 Bangladesh      5.07 5.16  7.4      37
 5 Benin           3.69 5.05  7.14     52
 6 Bolivia         3.88 6.04  6.92     38
 7 Botswana        3.13 5.76  4.6      27
 8 Brazil          5.19 6.93  9.71    209
 9 Burkina Faso    3.97 5.44  5.17     75
10 CAR             3.5  5.79  8.08     94
# ... with 64 more rows
```

　　注意，tibble 除了显示前十行数据，还会显示行和列的数量，以及各列的向量类型。<dbl>即 double，是计算机科学表示一类特定数值向量的方式，将其看作数值向量即可。<int>代表整数，<fct>代表因子。但注意，刚刚我提到，tibble 将文本默认为字符向量，可为何此处的 Country 列却是因子向量呢？原因在于，R 基础函数 read.csv() 会自动将所有导入的文本列都转为因子。因此，在我们将数据框转换为 tibble 之前，字符向量就已经转为因子向量了。

　　我们可以使用 readr 包（Wickham et al., 2017）的 read_csv() 函数（注意函数名中的下划线），省去转换的麻烦。

```
nettle <- read_csv('nettle_1999_climate.csv')

Parsed with column specification:
cols(
  Country = col_character(),
  Population = col_double(),
  Area = col_double(),
  MGS = col_double(),
  Langs = col_integer()
)
```

　　read_csv() 函数会显示，文件中的特定列是如何转换为特定向量类型的。另外，该函数也会默认生成 tibble，来求证一下：

```
nettle

# A tibble: 74 x 5
   Country     Population Area   MGS Langs
   <chr>            <dbl> <dbl> <dbl> <int>
```

```
 1 Algeria        4.41 6.38    6.6      18
 2 Angola         4.01 6.1     6.22     42
 3 Australia      4.24 6.89    6       234
 4 Bangladesh     5.07 5.16    7.4      37
 5 Benin          3.69 5.05    7.14     52
 6 Bolivia        3.88 6.04    6.92     38
 7 Botswana       3.13 5.76    4.6      27
 8 Brazil         5.19 6.93    9.71    209
 9 Burkina Faso   3.97 5.44    5.17     75
10 CAR            3.5  5.79    8.08     94
# ... with 64 more rows
```

Country列现在就已经转换为字符向量了，不再是因子向量。

另外，read_csv()函数比read.csv()运行得更快，处理大型数据集时还会显示进度条。如果文件不是.csv格式，用read_delim()更好，因为delim参数可以识别分隔符类型。下面的代码载入了以制表符为分隔符的文件"example_file.txt"：

```
x <- read_delim('example_file.txt', delim = '\t')

Parsed with column specification:
cols(
  amanda = col_integer(),
  jeannette = col_integer(),
  gerardo = col_integer()
)
```

```
x

# A tibble: 2 x 3
  amanda jeannette gerardo
   <int>     <int>   <int>
1      3         1       2
2      4         5       6
```

2.3　dplyr 包

dplyr包（Wickham et al., 2018）是tidyverse中处理tibble的利器，其中的filter()函数会筛选行。例如，以下命令仅筛选出语言数量超过500种的国家的所在行：

```
filter(nettle, Langs > 500)
```

```
# A tibble: 2 x 5
  Country           Population    Area   MGS Langs
  <chr>                  <dbl>   <dbl> <dbl> <int>
1 Indonesia               5.27    6.28  10.7   701
2 Papua New Guinea        3.58    5.67  10.9   862
```

或者，你可能对特定国家，比如尼泊尔（Nepal）的数据感兴趣：

```
filter(nettle, Country == 'Nepal')
```

```
# A tibble: 1 x 5
  Country Population    Area   MGS Langs
  <chr>        <dbl>   <dbl> <dbl> <int>
1 Nepal         4.29    5.15  6.39   102
```

filter() 函数的第一个参数是输入的 tibble，第二个参数是一个逻辑语句，用于筛选 tibble 的条件，函数会根据条件将结果限定在特定行。

select() 函数用于筛选列。只需要在参数内输入我们需要的列，用逗号隔开即可。注意，原 tibble 的列顺序无须在意；换言之，select() 函数可以改变 tibble 的列顺序。

```
select(nettle, Langs, Country)
```

```
# A tibble: 74 x 2
    Langs Country
    <int> <chr>
 1     18 Algeria
 2     42 Angola
 3    234 Australia
 4     37 Bangladesh
 5     52 Benin
 6     38 Bolivia
 7     27 Botswana
 8    209 Brazil
 9     75 Burkina Faso
10     94 CAR
# ... with 64 more rows
```

在列名前加减号可以排除特定列：

```
select(nettle, -Country)
```

```
# A tibble: 74 x 4
   Population    Area    MGS Langs
        <dbl>   <dbl>  <dbl> <int>
 1       4.41    6.38    6.6    18
 2       4.01    6.1    6.22    42
 3       4.24    6.89    6     234
 4       5.07    5.16    7.4    37
 5       3.69    5.05    7.14   52
 6       3.88    6.04    6.92   38
 7       3.13    5.76    4.6    27
 8       5.19    6.93    9.71  209
 9       3.97    5.44    5.17   75
10       3.5     5.79    8.08   94
# ... with 64 more rows
```

冒号可用于选择连续列，比如从 Area 列到 Langs 列的所有列：

```
select(nettle, Area:Langs)
```

```
# A tibble: 74 x 3
    Area   MGS Langs
   <dbl> <dbl> <int>
 1  6.38  6.6    18
 2  6.1   6.22   42
 3  6.89  6     234
 4  5.16  7.4    37
 5  5.05  7.14   52
 6  6.04  6.92   38
 7  5.76  4.6    27
 8  6.93  9.71  209
 9  5.44  5.17   75
10  5.79  8.08   94
# ... with 64 more rows
```

总结一下到目前为止介绍的两个 dplyr 函数：filter() 函数用于筛选行，select() 函数用于筛选列。

rename() 可用于更改列名，参数结构为：新列名 = 原列名。比如，下面的代码将列名 Population 简化为 Pop：

```
nettle <- rename(nettle, Pop = Population)
```

```
nettle
# A tibble: 74 x 5
   Country        Pop  Area   MGS  Langs
   <chr>        <dbl> <dbl> <dbl>  <int>
 1 Algeria       4.41  6.38   6.6     18
 2 Angola        4.01  6.1    6.22    42
 3 Australia     4.24  6.89   6      234
 4 Bangladesh    5.07  5.16   7.4     37
 5 Benin         3.69  5.05   7.14    52
 6 Bolivia       3.88  6.04   6.92    38
 7 Botswana      3.13  5.76   4.6     27
 8 Brazil        5.19  6.93   9.71   209
 9 Burkina Faso  3.97  5.44   5.17    75
10 CAR           3.5   5.79   8.08    94
# ... with 64 more rows
```

mutate() 用于更改 tibble 的内容。比如，以下命令在 tibble 中新增了 Lang100 列，数值为原 Langs 列数据除以 100 的结果：

```
nettle <- mutate(nettle, Lang100 = Langs / 100)

nettle
# A tibble: 74 x 6
   Country     Population  Area   MGS Langs Lang100
   <chr>            <dbl> <dbl> <dbl> <int>   <dbl>
 1 Algeria           4.41  6.38  6.6     18    0.18
 2 Angola            4.01  6.1   6.22    42    0.42
 3 Australia         4.24  6.89  6      234    2.34
 4 Bangladesh        5.07  5.16  7.4     37    0.37
 5 Benin             3.69  5.05  7.14    52    0.52
 6 Bolivia           3.88  6.04  6.92    38    0.38
 7 Botswana          3.13  5.76  4.6     27    0.27
 8 Brazil            5.19  6.93  9.71   209    2.09
 9 Burkina Faso      3.97  5.44  5.17    75    0.75
10 CAR               3.5   5.79  8.08    94    0.94
# ... with 64 more rows
```

arrange() 用于为 tibble 排序，可升序或降序排列。我们可以用这个函数来看看，哪个国家语言数量最多，哪个国家语言数量最少：

```
arrange(nettle, Langs)   # 升序
```

```
# A tibble: 74 x 6
   Country          Population   Area    MGS  Langs Lang100
   <chr>                 <dbl>  <dbl>  <dbl>  <int>   <dbl>
 1 Cuba                   4.03   5.04   7.46      1    0.01
 2 Madagascar             4.06   5.77   7.33      4    0.04
 3 Yemen                  4.09   5.72   0         6    0.06
 4 Nicaragua              3.6    5.11   8.13      7    0.07
 5 Sri Lanka              4.24   4.82   9.59      7    0.07
 6 Mauritania             3.31   6.01   0.75      8    0.08
 7 Oman                   3.19   5.33   0         8    0.08
 8 Saudi Arabia           4.17   6.33   0.4       8    0.08
 9 Honduras               3.72   5.05   8.54      9    0.09
10 UAE                    3.21   4.92   0.83      9    0.09
# ... with 64 more rows
```

```
arrange(nettle, desc(Langs))   # 降序
```

```
# A tibble: 74 x 6
   Country            Population  Area   MGS  Langs Lang100
   <chr>                   <dbl> <dbl> <dbl>  <int>   <dbl>
 1 Papua New Guinea         3.58  5.67  10.9    862    8.62
 2 Indonesia                5.27  6.28  10.7    701    7.01
 3 Nigeria                  5.05  5.97   7      427    4.27
 4 India                    5.93  6.52   5.32   405    4.05
 5 Cameroon                 4.09  5.68   9.17   275    2.75
 6 Mexico                   4.94  6.29   5.84   243    2.43
 7 Australia                4.24  6.89   6      234    2.34
 8 Zaire                    4.56  6.37   9.44   219    2.19
 9 Brazil                   5.19  6.93   9.71   209    2.09
10 Philippines              4.8   5.48  10.3    168    1.68
# ... with 64 more rows
```

2.4　ggplot2 包

ggplot2 包（Wickham, 2016）是一款深受大家喜爱的 R 语言绘图包。我们要花点时间才能熟悉它，但一旦掌握，我们就能在短时间内绘制出精美的图形。

接下来，我们用 ggplot2 来探索气候与语言多样性之间的关系。Nettle（1999）曾提出一个有趣的观点，即语言多样性和气候因素之间存在关联。他认为，生态风险较低的国家，其语言丰富度高，而生态风险较高的国家语言丰富度较低。巴布亚新几内亚（Papua New Guinea）

的高原土地肥沃,四季皆可种植作物,农民自给自足,无须四处奔波。语言使用者在当地定居,只需与近邻沟通。天长日久,语言的差异会渐渐积累起来,否则这些语言差异会通过语言接触而减少。

Nettle(1999)以"平均生长季"(mean growing season,见 MGS 列)衡量一国的生态风险,即一年中有多少个月可以种植作物。

接下来,以 Langs(语言数量)为 y 轴,以 MGS(平均生长季)为 x 轴,绘制图形。输入以下命令并观察结果,如图 2.1(左)所示,随后会详细解释。

```
ggplot(nettle) +
  geom_point(mapping = aes(x = MGS, y = Langs))
```

和大多数 tidyverse 函数一样,ggplot() 函数以 tibble 为第一个参数。但是,剩下的参数需要花点时间理解,尤其需要换个方式想象图形,把它看作一个有层级的对象,数据在下,形状、颜色等视觉呈现形式在上。

在这里,数据来自 nettle 中的 MGS 列和 Langs 列,但同一个数据可以多种方式呈现,具体的呈现方式由 geom(几何对象)决定。研究论文中经常看见的图形,如直方图、散点图(scatterplot)和柱状图(barplot)都有各自的几何对象。例如,在散点图中,数据在二维平面上以点的形式呈现(如图 2.1),而在柱状图中,数据以柱状的高度呈现。在

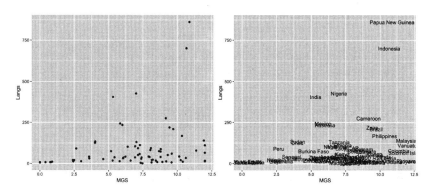

图 2.1　(左)MGS 与 Langs 散点图;(右)散点图:每个数据点由国家名称表示

接下来的学习中，你还将遇到其他几何对象，比如geom_boxplot（数据以箱的形式呈现）、geom_text（数据以文本的形式呈现）。

因此，几何对象表示的是图形的主要形状，用于可视化tibble中的数据。上面的代码利用geom_point()函数在图形中绘制点。在二维平面上绘制点时，需要输入x和y值，这由aes()函数实现。"aes"即美学映射（aesthetic mapping），它将特定数据映射到图形对象的特定方面。这里，MGS（平均生长季）反映在x值上，Langs（语言数量）反映在y值上。我们可以这么想：几何对象悬空于数据底层之上，但是它需要知道对应哪一个数据，这一点就是由美学映射实现的。

你目前或许还不太清楚ggplot2的逻辑。我第一次学习ggplot2时也很困惑。但随着不断深入学习，输入不同的绘图命令，你就会渐渐掌握它的使用。

接下来再深入了解一下美学映射。你既可以在几何对象中设置美学映射，也可以在ggplot()函数中设置。如果是后者，我们可在相同美学映射的基础上使用不同的几何对象，这在后文中会派上用场。另外，后面我会在指令参数里省略"mapping"一词，只写"aes"。

```
ggplot(nettle, aes(x = MGS, y = Langs)) +
  geom_point()
```

下面，我们用geom_text()代替geom_point()，用x和y坐标来表示相应的国名，看看结果如何。

```
ggplot(nettle, aes(x = MGS, y = Langs)) +
  geom_text()
```

```
Error: geom_text requires the following missing aesthet-
ics: label（错误信息：geom_text()缺少参数label）
```

这里的问题在于，geom_text()需要另外的映射参数。特别是，它需要知道哪一列映射到图形呈现的实际文本（参数label），在这里文本由Country列提供。

```
ggplot(nettle, aes(x = MGS, y = Langs, label = Country)) +
  geom_text()
```

结果如图2.1（右）所示。利用ggplot2绘图后，可用ggsave()函数保存图形。例如，以下命令将图形保存在nettle.png文件中，宽高比为8:6（单位默认为英寸）。

```
ggsave('nettle.png', width = 8, height = 6)
```

如要创建如图2.1所示的两图并排，可使用gridExtra包（Auguie, 2017）。

```
# 创建两图并排,分别存储为plot1和plot2:

plot1 <- ggplot(nettle) +
  geom_point(mapping = aes(x = MGS, y = Langs))

plot2 <- ggplot(nettle,
        aes(x = MGS, y = Langs, label = Country)) +
  geom_text()

# 双图绘制:

library(gridExtra)
grid.arrange(plot1, plot2, ncol = 2)
```

两个图形分别保存在plot1和plot2两个对象中，随后作为grid.arrange()函数的参数。附加参数ncol = 2表示该界面中含有两个图形。

2.5　用 magrittr 包设计管道

与本书相关的tidyverse最后一个组件是"管道"（pipe），用符号"% > %"表示，由magrittr包（Milton Bache & Wickham, 2014）实现。

可以将管道想象成一个传送带，把一个函数的输出结果"传送"

为另一个函数的输入数据。下面的代码就体现了这样的管道。先将
nettle数据框输入filter()函数，仅筛选出每年种植季度在八个
月以上的国家（即MGS > 8），再将filter()的结果通过管道传送到
ggplot()，就能得到截断版本的图2.1。

```
# 用%>%制作管道：

nettle %>%
  filter(MGS > 8) %>%
  ggplot(aes(x = MGS, y = Langs, label = Country)) +
    geom_text()
```

注意，含有数据的tibble只需在管道代码开头输入一次，后续无须
再输入，这样就节省了很多输入代码的麻烦。在后面的学习中，我们
将更真切地感受到管道的用处。

2.6　更全面的例子：象似性与感官

本节将带你探索Winter、Perlman、Perry和Lupyan（2017）研究中
数据分析的第一步。该研究探讨了象似性（iconicity），即符号的形式
与意义之间的相似度。比如，"squealing"（长而尖的叫声）、"banging"
（突然的巨响）和"beeping"（哔哔声）等单词都模仿了它们所代表的声
音，被称作"拟声词"，是一种特定的象似性。研究认为，相比于视觉、
触觉、嗅觉和味觉，听觉概念更易于通过形象的方法来表达。这或许
是因为，言语是一种听觉媒介，听觉概念更容易通过言语的模仿得到
表达。

我们可以利用Lynott和Connell（2009）提出的感官经验评分，结合
象似性评分（Perry, Perlman, Winter, Massaro, & Lupyan, 2017; Winter
et al., 2017）来验证这一观点。现在载入两个数据集，看看有何发现。

```
icon <- read_csv('perry_winter_2017_iconicity.csv')
mod <- read_csv('lynott_connell_2009_modality.csv')
```

接下来看看两个文件的内容，首先是 icon 数据框。R 呈现的列数可能会有所不同，这取决于你控制台的宽度。另外，一些数据可能与书上显示的不同。比如，冠词 a 的原始频数 1,041,179 可能会以科学计数法（base-10 scientific notation）的形式表现为 1.04e6（这一概念会在第十一章的第一条脚注中解释）。

```
icon
# A tibble: 3,001 x 8
    Word       POS           SER  CorteseImag  Conc  Syst    Freq
    <chr>      <chr>        <dbl>        <dbl> <dbl> <dbl>   <int>
 1  a          Grammati… NA               NA   1.46   NA  1.04e6
 2  abide      Verb      NA               NA   1.68   NA  1.38e2
 3  able       Adjective 1.73             NA   2.38   NA  8.15e3
 4  about      Grammati… 1.2              NA   1.77   NA  1.85e5
 5  above      Grammati… 2.91             NA   3.33   NA  2.49e3
 6  abrasive   Adjective NA               NA   3.03   NA  2.30e1
 7  absorbe…   Adjective NA               NA   3.1    NA  8.00e0
 8  academy    Noun      NA               NA   4.29   NA  6.33e2
 9  accident   Noun      NA               NA   3.26   NA  4.15e3
10  accordi…   Noun      NA               NA   4.86   NA  6.70e1
# ... with 2,991 more rows, and 1 more variable:
#   Iconicity <dbl>
```

目前我们仅需要 Word、POS 和 Iconicity 三列，可以用 select() 函数简化数据框。

```
icon <- select(icon, Word, POS, Iconicity)

icon
# A tibble: 3,001 x 3
    Word       POS          Iconicity
    <chr>      <chr>            <dbl>
 1  a          Grammatical      0.462
 2  abide      Verb             0.25
 3  able       Adjective        0.467
 4  about      Grammatical     -0.1
 5  above      Grammatical      1.06
 6  abrasive   Adjective        1.31
 7  absorbent  Adjective        0.923
 8  academy    Noun             0.692
```

```
 9 accident   Noun                1.36
10 accordion   Noun               -0.455
# ... with 2,991 more rows
```

该数据集含有3,001个单词及各词的象似性评分。POS列表示词性，以英语字幕语料库SUBTLEX为依据（Brysbaert, New, & Keuleers, 2012）。Iconicity列又代表了什么呢？在评分过程中，我们邀请受试者在−5（单词的发音和意义完全相反）到 + 5（单词的发音和意义完全一致）的范围内为单词评分。每个单词的象似性评分是多个母语受试者评分的均值，下面来看看象似性值的范围是多少。

```
range(icon$Iconicity)
```

```
[1] -2.800000 4.466667
```

由此看出，象似性评分最低为−2.8，最高为 + 4.5（四舍五入）。这或许表明，总体象似性评分倾向正值一方。为更全面了解象似性评分，我们可以绘制一个直方图（如图2.2所示）。执行以下ggplot2代码片段，随后会解释其含义。

```
ggplot(icon, aes(x = Iconicity)) +
  geom_histogram(fill = 'peachpuff3') +
  geom_vline(aes(xintercept = 0), linetype = 2) +
  theme_minimal()
```

```
'stat_bin()' using 'bins = 30'. Pick better value with
'binwidth'.
```

有关组距的警告信息可以直接忽略。该代码将icon数据框输入ggplot()函数中，我们只需要设置一个映射，将数据与相关的x值对应，即可绘制直方图。参数fill制定了直方图的颜色为"peachpuff3"（桃红色3）。geom_vline()函数会在图中0点处绘制一条垂直的线，位置由参数xintercept决定。linetype是一个可选参数，linetype = 2表示将刚才那条垂线绘制为虚线。最后，theme_minimal()能够让图形更加美观。themes（主题）是高级绘图命令，会改变整个图表的不同方面，比如背景颜色（灰色的方格变成了白色）、表格框线。想要了解不同主题命令的效果，我们可以换成 theme_linedraw() 或 theme_light() 后重新执行绘图命令。主题命令免去了很多输入的功夫，因为你不需要单独设置每个图形参数。

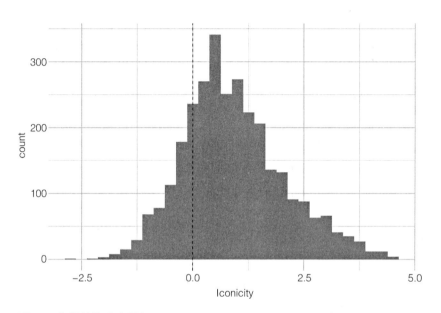

图2.2　象似性值直方图（Winter et al., 2017; Perry et al., 2017）

接下来看看 mod 数据框，其中涵盖了 Lynott 和 Connell(2009) 提出的感官分类。

```
mod
# A tibble: 423 x 9
   PropertyBritish Word     DominantModality Sight Touch
   <chr>           <chr>    <chr>            <dbl> <dbl>
 1 abrasive        abrasive Haptic            2.89 3.68
 2 absorbent       absorbent Visual           4.14 3.14
 3 aching          aching   Haptic            2.05 3.67
 4 acidic          acidic   Gustatory         2.19 1.14
 5 acrid           acrid    Olfactory         1.12 0.625
 6 adhesive        adhesive Haptic            3.67 4.33
 7 alcoholic       alcoholic Gustatory        2.85 0.35
```

```
 8 alive          alive     Visual            4.57 3.81
 9 amber          amber     Visual            4.48 0.524
10 angular        angular   Visual            4.29 4.10
# ... with 413 more rows, and 4 more variables:
#   Sound <dbl>, Taste <dbl>, Smell <dbl>,
#   ModalityExclusivity <dbl>
```

　　tibble的一个特点是，它所呈现的列数取决于控制台的大小。若想呈现所有的列，可以输入以下代码（本书没有展示该代码的结果）：

```
mod %>% print(width = Inf)   # 结果不在此展示
```

　　width参数决定了呈现的列数量，以此来改变tibble的宽度。将width设置为Inf（无限）时，所有的列都将呈现在控制台中。

　　我们还可以用以下代码呈现所有行：

```
mod %>% print(n = Inf)   # 结果不在此展示
```

　　按照统计学惯例，字母N用于表示数据的数量，这里我们用参数n来设置行的数量。

　　在目前阶段，我们只需要Word和DominantModality两列。Sight（视觉）、Touch（触觉）、Sound（听觉）、Taste（味觉）和Smell（嗅觉）等列表示各感官的感官模态评分，范围从0到5。与象似性评分一样，感官模态评分也取的是均值。DominantModality的内容由评分决定，比如，"abrasive"（粗糙的）一词被分类为触觉词，因为该词的触觉评分高于其他感官评分。接下来，我们用select()筛选列[①]。

```
mod <- select(mod, Word, DominantModality:Smell)
mod
```

---

① 花点时间简化数据框很有用。磨刀不误砍柴工，现在花时间处理好数据框，后面才不会遇到太多问题。

```
# A tibble: 423 x 7
   Word       Dominant      Sight Touch Sound  Taste   Smell
              Modality
   <chr>      <chr>         <dbl> <dbl> <dbl>  <dbl>   <dbl>
 1 abrasive   Haptic        2.89  3.68  1.68   0.579   0.579
 2 absorbent  Visual        4.14  3.14  0.714  0.476   0.476
 3 aching     Haptic        2.05  3.67  0.667  0.0476  0.0952
 4 acidic     Gustatory     2.19  1.14  0.476  4.19    2.90
 5 acrid      Olfactory     1.12  0.625 0.375  3       3.5
 6 adhesive   Haptic        3.67  4.33  1.19   0.905   1.76
 7 alcoholic  Gustatory     2.85  0.35  0.75   4.35    4.3
 8 alive      Visual        4.57  3.81  4.10   1.57    2.38
 9 amber      Visual        4.48  0.524 0.143  0.571   0.857
10 angular    Visual        4.29  4.10  0.25   0.0476  0.0476
# ... with 413 more rows
```

我们可以用 rename() 函数简化 DominantModality 的列名，节省输入工作。

```
mod <- rename(mod, Modality = DominantModality)
```

当然，你可在载入数据框之前就更改列名。但是，很多时候你所处理的大型数据集都是由其他软件生成的，比如用于心理语言学研究的 E-Prime、用于网页调查的 Qaultrics。在这种情况下，尽量不要更改原始数据，尽可能在 R 中进行数据处理。即便是重命名这样的简单操作也属于数据处理的一种，也应该保留在脚本中，以便实现可重复性（相关内容后文还会进一步介绍）。

使用新数据集时，可以花点时间熟悉数据集的内容。对于大型数据集，可以用 dplyr 中的 sample_n() 函数来随机检查个别行。

```
sample_n(mod, 4)    # 随机展示4行, 可多次执行此代码
# A tibble: 4 x 7
   Word         Modality  Sight Touch Sound Taste Smell
   <chr>        <chr>     <dbl> <dbl> <dbl> <dbl> <dbl>
 1 thumping     Auditory  2.62  2.52  3.90  0.143 0.190
 2 transparent  Visual    4.81  0.619 0.25  0.143 0.143
 3 empty        Visual    4.75  3.6   1.65  0.25  0.15
 4 spicy        Gustato…  1.67  0.429 0.333 5     4.24
```

为探究各感官模态的象似性有何不同,有必要将两个tibble合并在一起。left_join()函数以两个tibble为参数,将第二个参数(右侧)上的数据框合并进第一个参数(左侧)上的数据框。

```
both <- left_join(icon, mod)
```
```
Joining, by = "Word"
```

left_join()非常智能,可以识别两个tibble中的word列,会以word列为根据匹配各数据。如果用于匹配数据的列命名不统一,可以先重命名列,或者使用by参数(输入?left_join(),详见帮助文档)。

现在,筛选出数据框中的形容词、动词和名词(副词和语法词占比较少),可使用便捷的%in%函数,它会比较两个向量,并检查后一个向量的内容与前一个向量的内容是否匹配[①]。

```
both <- filter(both,
          POS %in% c('Adjective', 'Verb', 'Noun'))
```

用简单的话说,这段命令指: 仅筛选出两个tibble中POS(词性)为形容词、动词和名词集合所在的那些行。

我们主要的研究问题是,象似性评分是否会因感官类型的不同而不同。一个选择是将象似性评分和感官类型之间的关系绘制为箱须图(box-and-whisker plot)(第三章会详细介绍箱须图)。箱须图根据x轴上的分类变量展示y轴上的分布,如图2.3(左)所示。下面的命令以Modality(感官类型)为x轴,Iconicity(象似性评分)为y轴,绘制箱须图。另外,命令还添加了一个映射,将感官类型输入fill参数中,如此一来,每个感官类型在图表中都会有单独的颜色。

---

① 为了更好理解%in%函数,输入以下命令,看看会得出什么结果:
c('A', 'B', 'C') %in% c('A', 'A', 'C', 'C')
接下来反着输入试试看: c('A', 'A', 'C', 'C') %in% c('A', 'B', 'C')
大致说来,当想要表示“==”的关系时,我们就可以使用%in%函数,但是等式的右边有两个成分。现阶段,你可以把%in%简单看作“==”。

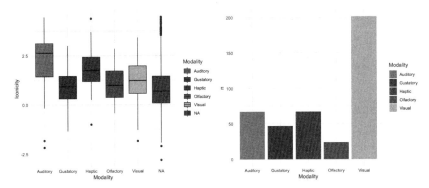

图2.3　（左）按感官模态进行象似性评分的箱须图；（右）英语词汇感官模态柱
　　　　状图，其中视觉词汇的使用明显过多

```
ggplot(both,
    aes(x = Modality, y = Iconicity, fill = Modality)) +
  geom_boxplot() + theme_minimal()
```

　　从箱须图可以看出，与其他感官相比，听觉词的象似性评分普遍更高。触觉词的象似性评分也较高，具体分析可参照Winter等（2017）的研究。

　　最右侧的箱指一些没有匹配到感官模态词的象似性评分，因为这部分词没有被纳入Lynott和Connell（2009）的研究。filter()函数可以用于排除一些缺失值①。若数据为缺失值，filter()命令中的is.na()函数会返回TRUE；若数据完整，则返回FALSE。在该函数前添加感叹号"!"表示否定，即!is.na()，来保证获取的数据都是完整的②。下面的代码同样利用了管道，两个tibble被输入filter()函数，筛选的结果再输入ggplot()中。

```
both %>% filter(!is.na(Modality)) %>%
  ggplot(aes(x = Modality, y = Iconicity,
             fill = Modality)) +
  geom_boxplot() + theme_minimal()
```

---

① 我们需要关注缺失值，尤其要理解为何出现了缺失值。
② 你也可以使用complete.cases()函数，数据为缺失值时，返回FALSE，数据完整时，返回TRUE。尽管如此，我更倾向于用!is.na()，因为输入的量更少。

接下来让我们一起探索该数据的另一方面,它在 Lievers 和 Winter
(2018)及 Winter、Perlman 和 Majid(2018)的研究中有详细介绍。有人
特别指出,一些感官模态较其他模态更易于传达(Levinson & Majid,
2014),且英语中视觉词汇的数量要多于其他感官词汇(Majid &
Burenhult, 2014)。为探讨英文的这一特点,可以利用 count() 函数计
算每种感官模态的单词数量。

```
both %>% count(Modality)
```
```
# A tibble: 6 x 2
  Modality      n
  <chr>      <int>
1 Auditory      67
2 Gustatory     47
3 Haptic        67
4 Olfactory     24
5 Visual       202
6 <NA>        2389
```

这里的缺失值可以暂时忽视。该 tibble 表明,视觉单词的数量要高
于其他感官词汇,Lynott 和 Connell(2009)的研究已经注意到这一点。

下面根据这些数据绘制一个柱状图。如前所述,filter() 函数可
用于去除缺失值,柱状图的几何对象是 geom_bar()。我们还需要设置
额外的参数,即 stat = 'identity'。这是因为,geom_bar() 函数会
默认执行统计计算,比如计算总和。设置了 stat = 'identity' 参
数后,我们可以让该函数保留原始数据。图 2.3(右)就是该代码输出
的柱状图。

```
both %>% count(Modality) %>%
  filter(!is.na(Modality)) %>%
  ggplot(aes(x = Modality, y = n, fill = Modality)) +
  geom_bar(stat = 'identity') + theme_minimal()
```

为了验证为何需要设置 stat = 'identity' 参数,我们可以输
入以下代码,呈现的柱状图与图 2.3 有所不同。

```
both %>% filter(!is.na(Modality)) %>%
  ggplot(aes(Modality, fill = Modality)) +
  geom_bar(stat = 'count') + theme_minimal()
```

在这个代码中，`geom_bar()` 会计算总和。这个代码也更加简洁，因为不需要插入运算函数。

2.7　R markdown 标记语言

第一章介绍了 R 脚本文件。本节你将学习以 ".Rmd" 为后缀的 R markdown 文件。与传统的 R 脚本文件相比，R markdown 的表达能力更强，也有利于提高代码的可重复性。大致来说，在 R markdown 中，我们既能写 R 代码，也可以写简洁的文字。另外，利用 knitr 包（Xie，2015, 2018），你可轻松地将分析过程保存在 html 文件中，其中包含了文本、代码和结果，所有内容整合为一体，很有帮助。比如，写完代码后，你可以直接在集成式的 R markdown 文件中读取数据，而不需要重新在控制台中输入代码，后者很容易出错。另外，R markdown 文件可以轻松地分享给他人。在合作中，这点非常有帮助：如果你的合作伙伴也使用 R，那么他们不仅可以看到研究结果，还可以看到你的研究过程。同时，R markdown 还是 GitHub、OSF 等公开学术平台的标准格式。

若想在 RStudio 中创建 R Markdown 文件，首先点击 "File"（文件），然后点击 "New File"（新建文件），再选择 "R Markdown"。创建后先保留原格式。点击 "knit" 按钮看看会发生什么（会要求你先保存文件）。R markdown 会生成一个 html 报告，其中包括代码和标记的内容。

下面指导你学习一些 R markdown 功能。首先，可以像在文本编辑器中那样在 R markdown 中编写纯文本，该纯文本可用于描述你的数据分析。另外，R markdown 中还包含代码块，往往是以三个反勾号或三个重音符号('")开始，R 代码写在代码块中。集合 R markdown 后，只有代码块内的 R 代码会被执行，代码块外的所有内容都不会被执行。

```
'''{r}
# R代码写在这里
'''
```

你可以为每个代码块指定其他选项。比如,以下的代码会输出代码结果,但不会输出警告信息或加载包信息。这段代码还会缓存代码块的运行结果,也就是说,该代码块的计算结果还会保存在markdown脚本以外的储存文件中。如此一来,下一次整合 R markdown时无须再次执行计算代码。对于执行时间较长的代码块,cache = TRUE能派上大用场。

```
'''{r message = FALSE, cache = TRUE}
# R code goes in here
'''
```

以下的myplot代码块设置参数echo = FALSE,代码本身不会被输出。其他选项指定了html文件中图表的高度和宽度。

```
'''{r echo = FALSE, fig.width = 8, fig.height = 6}
# plotting commands go in here
'''
```

2.8　数据分析项目文件夹结构

R markdown的一大优势在于,在RStudio打开.Rmd文件后,工作目录会设置在文件所在位置。这么做能够提高可重复性,因为其他研究人员无须改变工作目录来适应他们设备的文件夹结构。setwd()在脚本文件中可不太讨喜,因为setwd()的设置仅限于单一设备。然而,如果其他研究者想要重复你的研究,他们只需要下载整个项目文件夹,而不需要使用setwd()函数。R markdown脚本让这一切成为现实。

通常,你最好以统一的方式管理数据分析项目的文件夹。如此一来，R markdown脚本就可以在不同设备间同样的文件夹结构中运行，而不只限于你设备上的文件夹结构。文件夹结构至少要有数据文件夹、脚本文件夹和图形文件夹（见图2.4）。

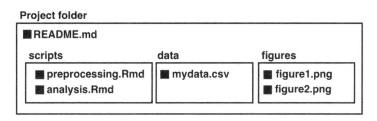

图2.4　数据分析项目文件夹结构，黑方块代表数据文件

假设我们正在处理"scripts"（脚本）文件夹中的"analysis.Rmd"文件，并且希望载入"data"（数据）文件夹中的"mydata.csv"文件，可以输入以下代码：

```
mydf <- read_csv('../data/mydata.csv')
```

符号".."会指引R markdown找到上一级文件夹，也就是"project"（项目）文件夹。随后，"/data/"会指引R markdown找到"data"文件夹。这和保存ggplot有相似之处，"scripts"文件夹中脚本所保存的ggplot文件位置是在"figures"（图形）文件夹中：

```
ggsave('../figures/figure1.png')
```

2.9　自述文件和其他 markdown 知识

所有数据分析项目的主要文件夹都应该包含一个自述文件（README.md），介绍数据分析的整体结构。在这方面，markdown文件（.md）很有帮助，因为GitHub和OSF等数据共享平台常常会介绍这些markdown文件。我们可以利用各类文本编辑器创建markdown文件，比如苹果电脑自带的Notes或微软电脑自带的Notepad。

　　接下来谈谈markdown的一些功能，这些功能在R markdown文件（.Rmd）中也能使用：在GitHub上，单个井号"#"表示主标题，两个井号"##"表示副标题。

```
# My major title
## My minor title
```

　　双星号"**"括起来的文本会以粗体显示，单星号"*"括起来的文本会以斜体显示。

```
**bold text**
*italic text*
```

　　以连字符"-"开始的行会以要点的形式显示。

```
- bullet point 1
- bullet point 2
```

　　下面的例子体现了自述文件起始位置的内容：

```
# Title of my statistical analysis

- **Study design & data collection:** My friend
- **Statistical Analysis:** Bodo Winter
- **Date:** 24/12/18

## Libraries required for this analysis:

- tidyverse
- lme4

## Script files contained in this analysis:

- preprocessing.Rmd : Getting the data into shape
- analysis.Rmd : Linear mixed effects model analysis
```

　　理想情况下，每个数据集都应该有一份码书（codebook），详细介绍每一列的内容。如果有对每列数据的详尽描述，会很有帮助，比如"dialect: categorical variable, assumes one of the three values Brummie, Geordie, Scouse"（方言：分类变量，标记伯明翰、纽卡斯尔、利物浦等三种方言中的一种）。

　　试着将本小节介绍的功能运用在 R markdown 文件中，让数据分析更具结构化。比如，我们可以用 "#" 和 "##" 来设置数据分析中的主标题和副标题[1]。下一小节中还将提到，代码简洁清晰不只是为了好看，它实际还与数据分析的可重复性息息相关。

2.10　开放、可重复的研究

　　科学进步是不断积累的，是建立在过去成就基础之上的。但是，只有当过去的成果既"可复现"又"可重复"，我们才能够不断积累成就。可复现性（replicability）和可重复性（reproducibility）之间有什么区别呢？简单来说，可复现性指的是复现一项研究的能力，也就是能用新的数据重新进行同样的研究。而可重复性更多指的是能在个人设备上就给定数据集（given dataset）重复前人的研究。

　　如果其他研究者可以理解一项研究中的研究方法，并且有足够的信息与新的受试者复现研究，那么可以说这项研究是可复现的。研究人员近来发现，许多著名的结论都无法复现，由此引发了一场"复现危机"（Open Science Collaboration, 2015; Nieuwland et al., 2018）。语言学研究目前还没有遭遇复现危机，但是危机随时都有。现在已经有一些重要的语言学结论难以复现，比如这一观点：有双语能力的人在某些认知加工任务中具有优势（Paap & Greenberg, 2013; de Bruin, Bak, & Della Sella, 2015）。句子处理（Nieuwland et al., 2018; Stack, James, & Watson, 2018）、语言具身认知（Papesh, 2015）等语言学方面的发现也未成功复现。

　　如果一项研究难以复现，其成因可能是多样的，但其中一个原因就与研究的可重复性不足有关。对任何研究而言，研究者使用同样的数据都应得到同样的结果，但问题在于，数据统计分析是一个极具主观性的过程（这或许会让你大吃一惊），这点在全书都会被反复

---

[1]　在代码块中，"#" 表示注释。在代码块之外，"#" 表示标题。

提及。比如，在数据相同的情况下，即便是专业的数据分析师也会得出不同的结论（Silberzahn et al., 2018）。研究者在数据分析过程中需要做大量的决策，即人们所说的"研究者自由度"（Simmons, Nelson, & Simonsohn, 2011），或"小径分岔的花园"（Gelman & Loken, 2014）。如果无法追溯研究者在数据分析中所做的事，那么他们所做的决策也无法为人所知。可重复性就要求这些内容都体现出来。

　　真正的可重复性研究会提供数据和代码。只要在自己的设备上运行代码，你可以获得完全相同的结果。但各研究的可重复性程度不同，一些研究的可重复性会高于另一些研究。接下来这几点可以帮助你提升研究的可重复性：

- 可重复性研究的最低要求是共享数据和脚本，实现"开放数据，开放代码"。包括语言学在内的科学界需要重新思考"发表"一项研究的意义究竟是什么。从长远来看，这种态度有助于引发变革并确保研究的可复现性和可重复性。如果不共享数据和代码，这样的发表是不完整的；只有当数据和代码都共享后，一项科研项目才能算是真正结束了。

- 软件的选择也会影响可重复性。与SPSS、STATA、SAS、Matlab等专有软件相比，R更具可重复性，因为它免费、开源、不依赖指定平台。所以，尽可能选择人人均可使用的软件。

- 在研究过程中完整记录代码，这样其他研究人员就能够快速回顾研究步骤。

- R markdown脚本能够提高可重复性，因为它兼容纯文本，让代码记录更加便捷。同时，R markdown还不需要设置工作目录（如前所述）。另外，R markdown能够整合最终的分析结果，让你和其他研究者能够快速看到代码和代码生成的结果。

- 使用OSF和GitHub等公开平台[①]，而不用期刊的在线补充资料。

---

① OSF和GitHub相辅相成。对于分析项目，我会用OSF来写整体的报告，然后链接到GitHub上保存有数据和代码的对应报告。随着越来越多研究者在OSF上预注册研究，OSF未来会变得更加重要（参见Nosek & Lakens, 2014）。

出版商并不会永远保留你的数据,且众所周知,出版商的网站时常更新,数据链接可能失效。

提到开放、可重复的研究时,人们或许会有所顾虑。下面是一些常见的反对意见,也值得我们探讨(Houtkoop, Chambers, Macleod, Bishop, Nichols, & Wagenmakers, 2018)。

- "我不希望别人剽窃我的研究结论。"这种顾虑很常见,但矛盾的是,从一开始就开放研究实际上反而能够降低剽窃的可能性。在公开平台上发表研究会给予你优先权,降低剽窃的可能性[①]。
- "要是别人挑出我研究的问题,或者得出了截然不同的结论,我可能会名声扫地。"这种顾虑也很常见,多数科学家在职业生涯中多多少少都有过这样的顾虑。但是,这样的顾虑不攻自破。如果你没有共享数据和代码,而他人却发现了问题,这种情况下你更有可能遭到他人批评。当你的研究数据公开时,他人或许就不会将一些错误怪罪于你。将数据遮掩起来只会徒增人们的猜疑,而将其公开才会让人们更加信任你和你的研究。
- "出于道德原因,我不能公开数据。"出于特定原因,一些数据不能公开。但实际上,数据分析的最后步骤往往可以公开,比如用于构建统计模型的汇总数据。总的来说,你有责任将数据匿名化,这样就可以毫无顾虑地共享数据。
- "我担心企业会利用我的数据做出不当行为。"这确实值得顾虑,一些大数据会被用于不当行为,尤其是涉及身份识别的数据。尽管如此,语言学研究中的绝大多数数据都是匿名的,即便不是,匿名化也很容易。而且,多数实验研究都局限于特定的、理论性高的假设,难以轻易商业化。如果数据不是匿名的,或者数据来自社交媒体,情况则有所不同。但是,总的来

---

① 另外,许多语言学研究者都在研究一些特别具体的话题,基本无须担心有人剽窃。但是,如果你的研究主题已经有其他学者正在研究,那你就应在公开平台上首先发表研究!

说，在可复现性危机面前，共享数据利大于弊，企业滥用的担忧不值一提。如果你实在担心企业数据侵权，你可以考虑授权数据。

- "我的代码写得太烂。"这样的顾虑是人之常情。别担心，人人都会经历这样的境况！几年前，我第一次把代码公开在网上，这些代码现在看来简直不堪入目。大家都理解每个人的代码习惯是不一样的，不同研究者的代码复杂程度也不一。没有人会看着你的代码，然后大肆嘲笑。相反，人们会感谢你分享材料，尽管它们看起来并不是很美观。

- "在我的研究领域，共享数据和代码可不常见。"我的观点是：未来可不一定罕见！现在的趋势很明显，越来越多期刊都要求共享数据，很多期刊已经这么做了！比如，*PLOS One* 等期刊和皇家学会（Royal Society）的期刊就是这方面的先驱。另外，如果共享数据和代码还不是你们领域的常态，为何不能让其成为一个常态？你可以成为这个先驱者。

抛开科学进步不谈，实现开放和可重复性的一个功利的原因是，有着开放数据和开放代码的研究引用率更高（Piwowar & Vision, 2013）。

最后，包括语言科学在内的各类学科都正在推动开放、可重复的研究方法，因此，你也应该尽早选择开放、可重复的方法。当这种方法成为常态时，你也不至于无所适从。与其做后起之人，不如引领潮流，推动科学进步！

2.11　练习

2.11.1　复习

tidyverse 风格指南：http://style.tidyverse.org/

RStudio 快捷键：https://support.rstudio.com/hc/en-us/articles/200711853-Keyboard-Shortcuts

想想你会采用哪些快捷键,试验一下! 掌握了一些快捷键后,再浏览一下快捷键清单,想想还可以用上哪些快捷键。

2.11.2　markdown 文件的创建与整合

创建一个标题为"语言多样性研究"的 markdown 文件。在第一个代码块中,载入 tidyverse 包和 Nettle(1999)数据集。用 sum() 函数计算整个数据集的语言总数。在代码块外,用纯文本解释每一个步骤,然后再整合为 html 文件,检查结果。

2.11.3　利用 tidyverse 函数筛选数据框

本练习利用 nettle 数据框,探讨 filter() 和 select() 的不同索引方式。首先,载入 nettle 数据:

```
nettle <- read.csv('nettle_1999_climate.csv')

head(nettle)  # display first 6 rows

  Country Population Area  MGS  Langs
1 Algeria       4.41 6.38 6.60     18
2 Angola        4.01 6.10 6.22     42
3 Australia     4.24 6.89 6.00    234
4 Bangladesh    5.07 5.16 7.40     37
5 Benin         3.69 5.05 7.14     52
6 Bolivia       3.88 6.04 6.92     38
```

接下来,试着去理解以下命令的作用,然后在 R 中执行这些命令,看看结果和你的预期是否一致。

```
filter(nettle, Country == 'Benin')

filter(nettle, Country %in% c('Benin', 'Zaire'))

select(nettle, Langs)

filter(nettle, Country == 'Benin') %>% select(Langs)
```

```
filter(nettle, Country == 'Benin') %>%
select(Population:MGS)

filter(nettle, Langs > 200)

filter(nettle, Langs > 200, Population < median(Population))
```

2.11.4　拓展练习：创建管道

在R中执行以下代码(你现在可忽略注释)，随后阅读下面的解释：

```
# 将nettle数据框缩减为人口规模小的国家的数据:

smallcountries <- filter(nettle, Population < 4)

# 创建分类MGS变量:

nettle_MGS <- mutate(smallcountries,
    MGS_cat = ifelse(MGS < 6, 'dry', 'fertile'))

# 对数据框分组,以便后续汇总:

nettle_MGS_grouped <- group_by(nettle_MGS, MGS_cat)

# 为分类MGS变量计算语言数量:

summarize(nettle_MGS_grouped, LangSum = sum(Langs))
```

```
# A tibble: 2 x 2
  MGS_cat LangSum
  <chr>     <int>
1 dry         447
2 fertile    1717
```

该段代码简化了nettle数据框，仅保留了Population值小于4的国家，命名为smallcountries数据框。随后，用ifelse()函数修改smallcountries数据框。ifelse()函数以六个月(MGS = 6)为基准，将国家分为高生态风险国家和低生态风险国家两类。如果MGS < 6返回TRUE，ifelse()函数会输出dry(贫瘠)；如果MGS < 6返回FALSE，ifelse()函数会输出fertile(肥沃)。再以分类变量

"生态风险"为依据,对输出的tibble进行分组,随后summarize()函数会根据这一分组变量执行,进行数据汇总。

　　这段代码相当烦琐,特别是中间插入了很多tibble(smallcountries、nettle_MGS、nettle_MGS_grouped),这些数据框在分析过程中都用不上。比如,分组的命令只是为了让summarize()知道对哪一个分组进行计算。这些tibble实际上是可以省略的。你可以将这段代码压缩成一个管道吗?先将nettle数据框载入filter()函数,接着用mutate()和group_by()函数,最后再用summarize()函数。试试看吧!

第三章　描述统计学、模型与分布

3.1　模型

本书教你如何构建统计模型。模型是系统的简化表示。例如，一张城市地图以简化的方式表示城市。地图不可能还原现实中城市的所有细节，还原出来也毫无意义。人们构建模型，如地图和统计模型，以便利自己的生活。

想象一下，在一项研究阅读时间的实验中有200名受试者，如果要向读者展示你的研究发现，你不可能把所有数据都一一展示出来；相反，你会进行汇总性汇报，如"这200个受试者阅读句子的平均时长为2.4秒"。这样才能节省读者宝贵的时间和精力。本章着重讨论汇总统计数据，尤其是均值、中位数、四分位数、极差和标准差（standard deviation）。均值是对分布的总结性描述，那么分布又是什么？

3.2　分布

想象一下连续掷一个骰子20次，一个骰子有六个可能的点数，每扔一次骰子这六个点数出现的概率都是一样的。我们开始掷骰子，并将每个点数出现的频率记录下来，重复20次。点数1出现两次，点数2可能出现5次，以此类推。最后我们将每个点数出现的总次数统计起来，得到的结果就叫作"频次分布"（frequency distribution），它将每一次可能出现的点数和特定频次值联系了起来。相应直方图如图3.1（a）所示（关于直方图的解释，见第1.12节）。

图3.1（a）中的分布是基于经验观察所得，因为这些数据是通过实际观察20次掷骰子得出的。图3.1（b）反映的则是理论分布，并未

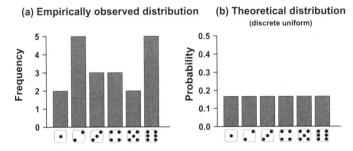

图3.1 （a）掷20次骰子的经验观察分布；（b）无限次掷骰子点数预期概率的理论分布

在任何具体数据集中得到证明，这就是为什么图3.1（b）的y轴表示概率，而非频率。概率取值范围为0—1，0代表某个事件不可能发生，1代表某个事件一定会发生。图3.1（b）中的理论概率分布回答了这样一个问题：掷到每个点数的可能性有多大？在这个案例中，每个点数出现的可能性都是一样的，即每个点数出现的概率均为$\frac{1}{6}$，约为0.17。换言之，每掷六次骰子，每个点数都可能出现一次，尽管不是每掷六次骰子都会符合这个理论预期，它会出现数据偏差。

常用的理论分布都有自己的名称。图3.1（b）所示的特定分布图叫"离散均匀分布"（discrete uniform distribution）。它之所以叫"均匀"分布，是因为所有可能结果的概率是一致的；它之所以被称为"离散"分布，是因为只有六个特定结果，在这六个结果之间没有中间值。

应用统计学（applied statistics）涉及经验分布（empirical distribution）和理论分布（theoretical distribution）。理论分布有利于根据实际观察到的数据建模，应用统计学中建立的大部分模型会假定数据是遵循一定分布特征的。为了给各类数据建模，你就要了解各种理论分布。本章会介绍正态分布（normal distribution），之后的章节会介绍伯努利分布（Bernoulli distribution）（第十二章）和泊松分布（Poisson distribution）（第十三章）。

3.3　正态分布

统计学中最常见的分布之一是正态分布，因其钟形特征，也被称为"钟形曲线"（bell curve）。它还有个更为正式的名字——"高斯分布"（Gaussian distribution），是以数学家Carl Friedrich Gauss的名字来命名的。正态分布是针对连续性数据而言的，这些数据以均值为中心，均匀地分布在均值两边，大部分数据集中于均值附近。

图3.2（a）显示了实际数据的三种近似正态分布。为了使这个例子更直观，你可以想象这些是来自三个不同班级的语言测试分数，这三种分布的均值都不一样。A班分数均值为10（这个班总体表现较差），B班均值为40，C班分数均值为80（这个班表现良好）。在这种情况下，你可以将均值看成分布图x轴上的一个具体位置；也就是说，均值能展示数据总体而言是大还是小[①]。

图3.2（a）中每组的离散程度也各不相同，尤其是B班的离散程度比另外两个要大，这说明该班有更多的学生分数离均值较远，也就是该班学生之间的差异比另外两个班要大。标准差（*SD*）是用来表示离散程度的。虽然真正的标准差公式有些费解[②]，但你可以将它理解成各数据离均值的平均距离。从图像的角度来说，标准差越大，对应直方图就越扁平，各数据离均值就越远。

任何数据都可以计算出均值和标准差，但这两个数据对于正态分布而言有更为特殊的含义：它们是正态分布的"参数"。参数是对分

---

① 我们常在*x*上加一根横线，表示一组数字*x*的均值$\bar{x}$（"x bar"）。均值计算公式为$\bar{x} = \frac{\sum x}{N}$。公式是计算过程的一种总结。分子中的$\sum x$表示对所有数字求和。求出来的和除以$N$，这个$N$代表了数据的个数，如收集了一项心理语言学实验有关反应时间的三个数据：300 ms、200 ms、400 ms。这三个数求和结果是900 ms，数据个数为3，所以这三个数据的均值为$\frac{900 \text{ ms}}{3} = 300$ ms。

② 计算标准差之前首先要计算均值，因为标准差是描述各数据相较于均值的离散程度的。标准差计算公式使用如下：首先算出各数据与均值的差，然后再平方，接着将得到的结果相加得到一个平方和；再用这个平方和除以N-1（如有100个数据，就要除以99）；接下来对其开方，这样求出了标准差。为什么要开方以及为什么要除以N-1，在此我就不再展开。对*x*数列求标准差公式如下：$SD = \sqrt{\frac{\sum(x-\bar{x})^2}{n-1}}$。下次再遇到这个公式时，我们要尽量理解每个部分代表了什么，可以首先关注那些你知道含义的符号。比如说，在这个公式中我们看到了$\bar{x}$，它代表均值，这里就是用均值和每一个数作差。数学家使用这些公式不是为了自找麻烦，而是为了方便计算，因为公式可以用非常简洁的形式总结非常丰富的信息。

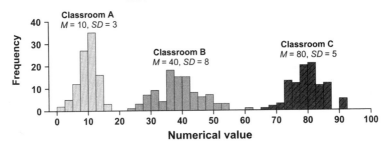

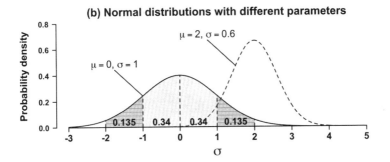

图3.2 （a）三组分布图中每组学生人数为100，数据是基于特定均值和标准差的潜在正态分布随机生成的；（b）两个不同参数的正态分布，参数 μ（"mu"）指定分布在数轴上的位置，σ（"sigma"）表示离散程度，曲线下方突出显示的区域表示68%和95%的间隔

布特性的一种描述，参数不同，分布的图形形状也会不同。均值改变会让正态分布的各数值也跟着改变，标准差改变会导致正态分布的范围变大或缩小。

　　图3.2（b）展示两组参数不同的正态分布图。y 轴表示"概率密度"（probability density），图形高度反映了特定值出现的概率。每个钟形曲线下的面积加起来为1。你可能发现了，图中某个点的标注方式有了改变。之前，我会用罗马字母代表均值（M 或 $\bar{x}$）和标准差（SD 或 s），但在图3.2（b）中，我用了希腊字母 μ（"mu"）和 σ（"sigma"）。在讨论理论分布的参数时，人们通常使用希腊字母，而在讨论经验观察到的数据时，通常用罗马字母表示。这并不是一个随随便便的惯例，之后你会领略到这种标记方法的重要性。

图3.2(b)还展示了正态分布的一个重要特性：用"0.34"突出显示区域的概率密度总和为0.34，其他区域也是同理。所以，中间两个"0.34"部分加起来就能得到概率总和$p = 0.68$。如果你随机从这个正态分布中抽取数字，有68%的可能，你会得到处于均值±1倍标准差范围内的数字；如果你再将两侧横纹区域加起来，它们在钟形曲线下的概率密度总面积之和为$p = 0.95$。所以，如果你随机从这个正态分布中抽取数字，有95%的可能，你会得到一个处于均值±2倍标准差范围内的数字。

只要这些数据基本符合正态分布，这个68%—95%法则就能够让你在脑海中根据均值和标准差，想象出数据基本分布情况。让我们以Warriner、Kuperman和Brysbaert（2013）的研究数据为基础来应用一下这个法则。他们在研究中让英语母语者给单词的积极情绪和消极情绪评分，这一评分就是所谓的"情绪效价"（emotional valence），分数从1到9。在论文中，他们报告了评分的均值为5.06，标准差为1.27。假定这些数据符合正态分布，那么你可以推断有68%的数据处于3.79到6.33之间（5.06−1.27，5.06 + 1.27），也可以进一步推断出有95%的数据处于2.52到7.6之间。95%的数据范围的计算方法则是：首先，求得标准差1.27的两倍为2.54，接下来用均值5.06加上和减去这个数（5.06−2.54，5.06 + 2.54）。

最后，值得一提的是，均值和标准差搭配使用会得到令人较为满意的结果，而且不说明离散程度的均值带来的信息非常有限，所以在研究报告中最好将均值和标准差都展示出来。

3.4　视均值为模型

现在，我希望你将均值视为一个数据集的模型。首先，均值在一定程度上反映了总体数据（模型就是系统的一种简化表示）。其次，均值反映了数据分布情况。

更重要的是，均值可以用于预测数据。举个例子，英语词汇很多，Warriner等（2013）的研究计算了14,000个英语词汇的情绪效价，但未计算 moribund 一词的情绪效价。在没有其他信息的情况下，我们能预测它的情绪效价吗？我们能利用的就是目前掌握的样本均值 5.06。从这个意义上说，均值可以预测新词的情绪效价。

统计学入门课程通常分为描述统计学和推断统计学。描述统计学可以理解为计算汇总统计数据并绘制图表，推断统计学则通常研究能让我们对研究总体做出推断的数据，比如说对所有说英语者这个总体，或对所有英语单词这个总体做出推断。但是描述统计学和推断统计学之间并没有完全明晰的界限，特别是，数据集的任何描述性数据都可以用来做出推断，而且所有的推断都是基于描述性数据推导出来的。

事实上，从某种意义来说，你已经在本章中进行了某种形式的推断统计。Warriner 等（2013）的数据集可以被视为词汇的样本，这个样本是从所有英语词汇这个总体中抽取出来的。在应用统计学中，人们通常研究数据样本，而非数据总体，因为数据总体往往难以获取。比如，要在心理语言学实验中测试所有的说英语者是不可能的，所以我们要通过抽样一部分说英语者来估计总体特征。

我们用样本情况来估计总体参数（population parameter）[1]。我们用不同的数学符号，对样本估计值（sample estimate）和总体参数进行不同的标记。正如上述所说，总体参数一般用希腊字母表示，样本估计值一般用罗马字母表示。所以我们可以说样本均值 $\bar{x}$ 估计总体参数 μ。同样，样本标准差 s 估计总体参数 σ。有的文章也会用插入符进行区分，即 $\hat{\mu}$ 估计 μ，$\hat{\sigma}$ 估计 σ。

从现在开始，每次你在发表的论文中看到均值和标准差的时候，问问自己以下几个问题：这个均值在估计什么？研究对象是什么？在之后的章节中你会接触到样本估计值在反映总体参数情况过程中的不确定性问题，也会学着如何量化表述这种不确定程度。

---

[1] 本书主要介绍统计学中的"参数统计"（parametric statistics）分支。也就是说，统计学中还有研究"非参数统计"的分支。顾名思义，"非参数统计"不涉及参数估计。

3.5 其他汇总统计数据：中位数和极差

均值和标准差只是概括数据的两种方式，其他的汇总统计数据还包括中位数（也称"中值"，是按顺序排列的一组数据中居于中间位置的数，即在这组数据中，有一半的数据比它大，有一半的数据比它小）。相比之下，均值就是一个"平衡点"，你可以把它想象成天平：极值会改变均值，就像重的物体会让天平倾斜一样。这一点在图3.3中有所展示[1]。

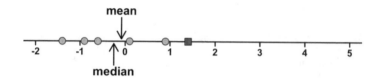

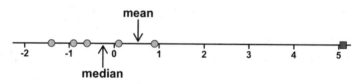

图3.3 数据轴上的6个数据点。两图中的方块处于不同位置，其他数据均相同，因此第二个图中的均值更大；中位数没有改变，因为中位数两边的数据个数没有随方块所代表的值改变而改变

图3.3中的中位数不随方块的位置而改变，这可以视为中位数的优势，但也是它不足的地方。均值能够比中位数涵盖更多信息，因为它能反映数据点的实际值大小，而中位数只关注有序数列中间位置的数据。

中位数有时也会被提到，因为相较于均值，它受极值影响更小。比如，大多数人可能收入较低，但有些人（如Bill Gates）收入极高，这

---

① 数据数为奇数个时，这组数据按从小到大顺序排列在中间的就是中位数，但当数据数为偶数个时，位于中间的数就有两个。这种情况下中位数怎么算呢？这个时候中位数就是这两个数的均值，如，1、2、3、4的中位数就是2.5。

些极其富裕的人会将均值往上拉,但对中位数的影响不会这么大。

另一个描述离散程度的汇总统计数据是极差,即最小值与最大值之间的差。以 Warriner 等(2013)的数据集为例,用最大值(8.53)减去最小值(1.26),最终得到极差7.27。作为一种常见的描述离散程度的数据,极差并不那么有用,因为它只依赖两个极值做出估计,忽略了其他数据。如果其中一个极值发生变化,极差也会跟着改变。但多数时候,具体了解数据集中的最小值和最大值也是很有用的。

3.6 箱须图和四分位差

现在你已经理解了中位数,让我们再回到箱须图。我们在第二章中简单提到过它,但没有深入讲解。箱须图在很多学科领域都很常见,在许多语言学文章中出现的频率也很高。要理解箱须图的含义,你就要了解什么是"四分位差"(interquartile range, IQR)。

图3.4展示了 Warriner 等(2013)评分研究中 14,000 个词汇的情绪效价分布。这个样本分布的均值 $M = 5.06$。中位数为5.2,在箱须图的箱中以粗的黑实线表示。这个箱子能涵盖50%的数据,即包含了中位数前后各25%的数据。箱子的端头有专门的名称,分别是第一四分位数、第二四分位数和第三四分位数。你可能对百分位数(percentile)比较熟悉。例如,如果某人的测试分数在第80百分位数上,那说明有80%的人分数都在这个人之下。Q1代表第一四分位数,也就是第25百分位数;Q2代表第二四分位数,也就是中位数;Q3代表第三四分位数,也就是有75%的数据都比它小。

在 Warriner 等(2013)的数据集中,Q1是4.25(该数据集有25%的数据比Q1小),Q3为5.95(75%的数据比Q3小)。Q1和Q3的差值即为四分位差,即5.95−4.25为1.7。这个数也就是图3.4中箱子的长度。

那箱子两端延伸出来的须又代表什么意思? 我们先来看右边的须,它代表从Q3起往更大值延伸过去的情绪效价分值,这个须的长度为1.5倍四分位差。你可以想象自己站在Q3处,用长度为 $1.5 * IQR$ 的套索套东西,你能套到的最大值——在这个例子中就是"happiness"

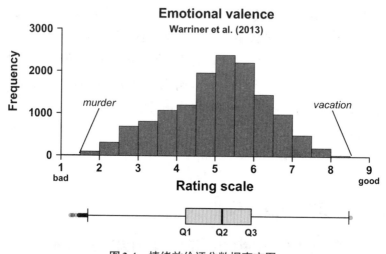

图3.4　情绪效价评分数据直方图

这个词的情绪效价分数——就是右侧的须。箱左侧须也是同理,只不过这次你是站在Q1处用1.5 * IQR长的套索套这个范围内的最小值。

在须之外的数据由点表示。比如,在右侧须右边的一个点就代表单词 "vacation" 的情绪效价。那些在须之外的点通常被称为 "离群点",但我更喜欢把它们叫作 "极值"(extreme value),因为 "离群点" 表示数据集中出现了质性差异,通常是要舍去的[1],但 "极值" 表示在相同的操作过程中,有极端值产生。

如果 "Q3 + 1.5 * IQR的最大值" 和 "Q1-1.5 * IQR的最小值" 这样定义须的方法对你来说非常不直观,那也许你最好不要用箱须图。如果你决定要用箱须图,一定要在图注中重申 "须" 的定义,这样才能提醒你的读者[2]。图形的每个部分都应该在图注中解释清楚。例如,有时研究人员使用数据的极差(最大值与最小值之差)作为箱须图的须,你要知道这一点才能把图看懂。总的说来就是,在撰写统计结果的时候,最好尽量详尽地描述每一张图。

---

[1] 除非理由充足,否则我们不能随意舍弃数据。
[2] 我怀疑很多语言科学领域的学者没法说清 "须" 的定义。如果你希望在学术会议上交到新朋友,下次你发现箱须图的时候,可以去请教这个图的作者,问他箱须图中 "须" 的定义是什么。

3.7 R的汇总统计数据

现在让我们实操一下前面所学的有关分布和汇总统计数据的知识。首先,用runif()函数随机生成50个均匀分布的数字,runif()就代表"随机均匀"的意思。因为这个函数生成的数字是随机的,所以你的数字和书里展示的会有所不同。

```
# 随机生成50个正态分布的数字:

x <- runif(50)

# 检查:

x
```

```
 [1] 0.77436849 0.19722419 0.97801384 0.20132735
 [5] 0.36124443 0.74261194 0.97872844 0.49811371
 [9] 0.01331584 0.25994613 0.77589308 0.01637905
[13] 0.09574478 0.14216354 0.21112624 0.81125644
[17] 0.03654720 0.89163741 0.48323641 0.46666453
[21] 0.98422408 0.60134555 0.03834435 0.14149569
[25] 0.80638553 0.26668568 0.04270205 0.61217452
[29] 0.55334840 0.85350077 0.46977854 0.39761656
[33] 0.80463673 0.50889739 0.63491535 0.49425172
[37] 0.28013090 0.90871035 0.78411616 0.55899702
[41] 0.24443749 0.53097066 0.11839594 0.98338343
[45] 0.89775284 0.73857376 0.37731070 0.60616883
[49] 0.51219426 0.98924666
```

runif()函数默认生成0—1之间的连续随机数字。你可以通过设置可选参数min和max进行手动修改。

```
x <- runif(50, min = 2, max = 6)

head(x)
```

```
[1] 2.276534 2.338483 2.519782 4.984528 2.155517
[6] 4.742542
```

用hist()函数绘制这些数字的直方图,结果可能如图3.5(左)所示。你的图可能不一样,这也是正常的。

```
hist(x, col = 'steelblue')
```

接下来用 rnorm() 函数随机生成一组正态分布的数字,并画出直方图。

```
x <- rnorm(50)
hist(x, col = 'steelblue')
abline(v = mean(x), lty = 2, lwd = 2)
```

这个代码会在均值处画出一条竖线,线型为虚线(lty = 2),线宽为2(lwd = 2)。图3.5(右)就是一个正态分布图。

rnorm()函数生成的数字均值默认为0,标准差默认为1。你可以通过设置可选参数mean和sd进行手动修改。

```
x <- rnorm(50, mean = 5, sd = 2)
```

可以用mean()函数和sd()函数计算均值和标准差,以此来检查你的设置是否生效(记住,你的值和书中会有所不同)。

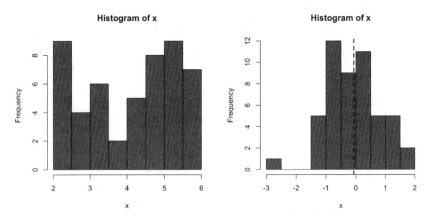

图3.5 (左)均匀分布的随机数据;(右)正态分布的随机数据,虚线表示均值

```
mean(x)
```

[1] 4.853214

```
sd(x)
```

[1] 2.262328

可以看到均值和标准差与rnorm()函数中指定的值很相近(mean = 5, sd = 2)。

quantile()函数是计算百分位数。如果你在不提供任何附加参数的情况下,对随机数向量运行quantile(),你会得到以下结果:最小值(第0百分位数)、最大值(第100百分位数)、Q1(第一四分位数,即第25百分位数)、中位数(Q2,即第50百分位数)、Q3(第75百分位数)。

```
quantile(x)
```

```
      0%       25%       50%       75%      100%
-1.297574  3.100322  4.633111  6.363569 10.157849
```

你可以用quantile()函数检测68%—95%法则。68%区间也就是第16百分位数到第84百分位数之间。

```
quantile(x, 0.16)
```

```
     16%
2.749623
```

```
quantile(x, 0.84)
```

```
     84%
7.080644
```

如果68%的经验法则是正确的话,那么结果应该非常接近$M - SD$和$M + SD$所覆盖的区间。

```
mean(x) - sd(x)
```

```
[1] 2.590886
```

```
mean(x) + sd(x)
```

```
[1] 7.115541
```

这些数字也确实和上述百分位数很相近。现在让我们来验证一下95%区间，即第2.5百分位数到第97.5百分位数，因为这个数据集数量偏小，所以95%法则略有差异。

```
# 第2.5百分位数：
quantile(x, 0.025)
```

```
     2.5%
1.004807
```

```
# 对应M - 2 * SD：
mean(x) - 2 * sd(x)
```

```
[1] 0.3285584
```

```
# 第97.5百分位数：
quantile(x, 0.975)
```

```
    97.5%
8.758132
```

```
# 对应M + 2 * SD：
mean(x) + 2 * sd(x)
```

```
[1] 9.377869
```

我强烈建议用随机数字生成函数来发展近似高斯数据的直觉（理解正态分布的数据特征）。有的时候，虽然我们用正态分布函数来生成数据，但数据的直方图看起来可能不像正态分布。为了深刻体会从正态分布中抽取随机样本是怎么回事，请重复执行以下命令。

```
hist(rnorm(n = 20))    # 重复执行此命令
```

你会发现，如果只有20个数字，是很难看出它们的正态分布特征的。如果把n换成一个更大的数，那么数据的直方图呈现出的正态分布特点会更明显。重点就是，对于小型样本数据而言，人们很难判断它是什么分布类型。

3.8 探索情绪效价评分

在这一部分，你会分析上述提到的Warriner等（2013）研究中的情绪效价评分。首先将tidyverse包和数据载入你当前的R会话中（要保证你的工作目录设置无误，参见第一章）。

```
# 载入包和数据：

library(tidyverse)

war <- read_csv('warriner_2013_emotional_valence.csv')
```

第一章和第二章多次强调，在把数据载入R时，你一定要花时间熟悉数据结构[1]。

```
war
# A tibble: 13,915 x 2
   Word         Val
   <chr>        <dbl>
 1 aardvark     6.26
 2 abalone      5.3
 3 abandon      2.84
 4 abandonment  2.63
 5 abbey        5.85
```

---

[1] 一定要记得"垃圾进，垃圾出"的原则。如果数据有问题而你没发现，那最后算出来的所有数据都是没有意义的。

```
 6 abdomen     5.43
 7 abdominal   4.48
 8 abduct      2.42
 9 abduction   2.05
10 abide       5.52
# ... with 13,905 more rows
```

这个tibble有两栏,分别是Word和代表情绪效价的Val。我们先计算极差,以获得对数据范围的大致了解:

```
range(war$Val)
```

```
[1] 1.26 8.53
```

情绪效价分值范围为1.26到8.53。为了找到对应的词汇,可以用filter()函数。请记住,这个函数是根据逻辑条件筛选的(见第二章)。

```
filter(war, Val == min(Val) | Val == max(Val))
```

```
# A tibble: 2 x 2
  Word       Val
  <chr>     <dbl>
1 pedophile 1.26
2 vacation  8.53
```

上述命令用逻辑函数(logical function)or(用竖线"|"表示)来检索满足此逻辑语句中任意一个条件或所有条件的所有行。用通俗的话说,这段指令表示:"从war tibble中筛选出效价值为最小值或最大值(最小值、最大值都可以)的所有行。"以下命令以更为简便的方式实现了同样的功能(关于%in%的详情,见第2.6节)

```
filter(war, Val %in% range(Val))
```

```
# A tibble: 2 x 2
  Word       Val
  <chr>     <dbl>
1 pedophile 1.26
2 vacation  8.53
```

接下来我们用arrange()函数来查看数据集里最积极和最消极的词汇：

```
arrange(war, Val)   # 升序
```

```
# A tibble: 13,915 x 2
   Word        Val
   <chr>       <dbl>
 1 pedophile   1.26
 2 rapist      1.30
 3 AIDS        1.33
 4 torture     1.40
 5 leukemia    1.47
 6 molester    1.48
 7 murder      1.48
 8 racism      1.48
 9 chemo       1.50
10 homicide    1.50
# ... with 13,905 more rows
```

```
arrange(war, desc(Val))   # 降序
```

```
# A tibble: 13,915 x 2
   Word        Val
   <chr>       <dbl>
 1 vacation    8.53
 2 happiness   8.48
 3 happy       8.47
 4 christmas   8.37
 5 enjoyment   8.37
 6 fun         8.37
 7 fantastic   8.36
 8 lovable     8.26
 9 free        8.25
10 hug         8.23
# ... with 13,905 more rows
```

通过查看大量不同的数据点，你对正在处理的数据性质有了一定的把握。现在让我们计算均值和标准差。

```
mean(war$Val)
```

```
[1] 5.063847
```

```
sd(war$Val)
```

```
[1] 1.274892
```

均值为5.06,标准差为1.27。68%的数据应该处于以下区间:

```
mean(war$Val) - sd(war$Val)
```

```
[1] 3.788955
```

```
mean(war$Val) + sd(war$Val)
```

```
[1] 6.338738
```

用quantile()函数验证一下是否正确。数据结果很接近$M - SD$和$M + SD$,说明在这个案例中这个法则很准确。

```
quantile(war$Val, c(0.16, 0.84))
```

```
  16% 84%
3.67 6.32
```

最后,看一下中位数,这个案例的中位数和均值很接近。

```
median(war$Val)
```

```
[1] 5.2
```

```
quantile(war$Val, 0.5)
```

```
50%
5.2
```

3.9　小结

一切统计都是以"分布"的概念为基础的,在(参数)统计建模中,我们的目标就是要对分布建模。均值能够很好地总结分布的特点,尤其是当分布接近正态分布的时候。在上述练习中,你随机生成了一些数据,也计算了这组数据的汇总统计数据。会随机生成数据是一种很重要的能力,在处理真实数据的同时,本书也会全程注重培养生成随机数据的能力。最后你计算了Warriner等(2013)情绪效价评分研究中的汇总统计数据。

到目前为止,我们接触的都是一元变量分布,也就是说,你一次只用考虑一组数据。在下一章中,我们会进阶到二元变量数据结构的学习,重点讨论两组数据之间的关系。

3.10　练习

3.10.1　练习1: 绘制情绪效价评分直方图

用Warriner等(2013)的数据,绘制一个ggplot2直方图,并用geom_vline()和xintercept参数将均值在图中以垂线标出(见第二章)。你能否用垂直的虚线在图中表示出68%和95%的数据所在的位置? 请忽略任何可能出现的关于组距(binwidth)的警告消息。

3.10.2　练习2: 绘制密度估计图

在上个练习的基础上,将geom_histogram()替换成geom_density(),这样就会生成核密度估计图(kernel density graph)。本书不会具体讲解核密度估计图,但通过观察你会发现它其实就是平滑版本的直方图。你还可以探索很多其他图形。你可以查看大量的在线教程,了解不同类型的ggplot2函数。

附加练习: 将geom_density()的填充参数设置为不同的颜色,例如桃红色(peachpuff)。这不属于美学映射,因为它并不是根据数据来绘图的。

3.10.3   练习3：用68%—95%法则解释研究论文

假设现在有一篇关于语法性评分研究的论文，某个语法结构的平均可接受评分为5.25，标准差为0.4；假设这些数据呈正态分布，你认为68%的数据会出现在什么区间内？ 95%的数据呢？ 你认为在这个例子中假定这些数据呈正态分布合理吗？

第四章 线性模型入门: 简单线性回归

4.1 词频效应

上一章的重点是用均值对数据分布进行建模。这一章将教你如何基于另一个变量来限定均值。也就是说,你将建立一个模型来预测条件均值(conditional mean)——随其他数据的取值而变化的均值。对条件均值建模时,你将从一元统计(univariate statistics,描述单个变量)转向二元统计(bivariate statistics,描述两个变量之间的关系)。这章所学的方法是本书其他内容的基础。

大量研究表明,人们理解高频词的速度比理解低频词的速度更快(如Postman & Conger, 1954; Solomon & Postman, 1952; Jescheniak & Levelt, 1994)。图4.1就是一个例子,它展示了一项心理语言学研究中的反应时间数据。该研究是英语词汇项目(English Lexicon Project)(Balota et al., 2007)的一部分。y轴从400 ms(2/5秒)延伸到1,000 ms(1秒)[①]。反应时间越长(该图的上半部分),表示受试者反应越慢;反应时间越短(该图的下半部分),表示他们反应越快。x轴上的词频数据取自SUBTLEX语料库(Brysbaert & New, 2009)。它们以原数据的对数形式($\log_{10}$)呈现。对数(logarithm)将在第五章中详细解释。从现在开始,我将简单地用"词频",而非"对数词频"(log frequency)讨论这个话题,因为对数的性质对于理解回归模型的基础知识而言并不重要。

反应时间和词频之间的关系可以用一条线简明地概括。这条线就是回归线(regression line),它代表不同词频的词所对应的平均反应时

[①] 在所谓的"词汇判断任务"中,受试者需要判断一个单词是否为英语单词。比如,horgous 不是一个英语单词,而kitten是一个英语单词。图4.1中,每个数据点代表多位受试者对同一个单词的反应时间的均值。

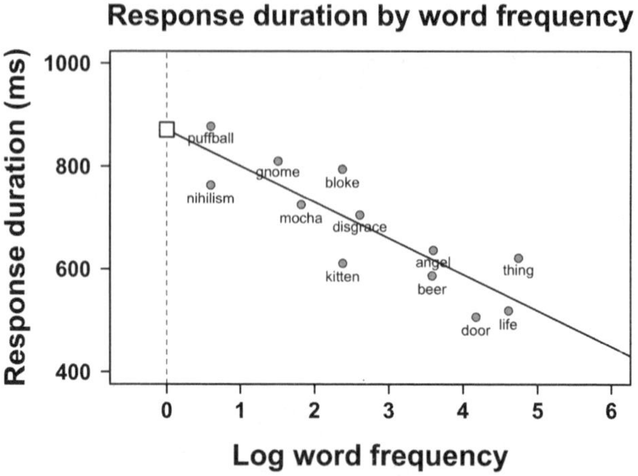

Response duration by word frequency

图 4.1   反应时间与词频的关系，每个点代表一个特定单词的平均反应时间，x 轴为对数词频（见第五章），直线代表线性回归拟合，白色方块代表截距（x = 0）

间。简单线性回归指一种建立单个连续响应变量（continuous response）关于预测变量（predictor variable）的函数模型的方法。表 4.1 展示了回归建模中常见术语的不同表达方式。一些研究者和教科书会用"将 y 对 x 进行回归"这样的表达，但我更喜欢说"建立 y 关于 x 的函数模型"。研究者通常用"自变量"（independent variable）、"因变量"（dependent variable）和"因变量 y 随着自变量 x 的变化而变化"这些说法，但我更喜欢把 x 称作"预测变量"，因为 x 值能够预测 y 值。我称 y 值为"响应变量"（response variable）或"结果变量"（outcome variable）。

表 4.1   响应变量与预测变量的不同表述

y	x
响应变量/结果变量	预测变量
因变量	自变量
	解释变量
	回归变量

一般来说，你会按照假定的因果关系确定回归方向（例如，词频

影响反应时间，而不是相反）。但是一定要记住，"相关关系不等于因果关系"，因为回归模型并不能告诉你 x 和 y 之间是否真的存在因果关系[①]。

4.2 截距和斜率

在数学中，回归线用截距（intercept）和斜率（slope）表示。我们先讨论斜率，再讨论截距。在图4.1的词频效应（word frequency effect）案例中，回归线的斜率为负数。随着词频的增加，反应时间缩短。相反，正的斜率是"上升"的（随着 x 的增加，y 也会增加）。图4.2（a）展示了两类不同的斜率。一条线的斜率是 +0.5，另一条线的斜率是 −0.5。

斜率等于 y 的增量（Δy, "delta y"）除以 x 的增量（Δx, "delta x"）。

$$slope = \frac{\Delta y}{\Delta x} \tag{E4.1}$$

有时，"上升距离除以奔跑距离"这句话可以用来帮助记忆这个计算公式。你在 x 轴上"奔跑"了一定距离后，你会在 y 轴上"上升"多少距离呢？对于本章讨论的反应时间而言，斜率是 $-70\frac{\text{ms}}{\text{freq}}$。因此，频率每增加1个单位，预测的反应时间会减少70 ms。频率每增加两个单位，预测的反应时间就会减少140 ms（＝70 ms * 2），以此类推。

然而，仅靠斜率并不足以确定一条回归线。对于任何给定的斜率，都有无数条回归线与之对应。图4.2（b）展示了两条斜率相同但"截距"不同的回归线。你可以把截距简单地理解为 y 轴上直线的"出发点"。由于 y 轴在 $x = 0$ 的线上，这说明截距是当 $x = 0$ 时 y 的预测值。如图4.1所示，此时 y 值为880 ms（用白色方块表示）。因此，对于对数词频为0的单词来说，模型预测的截距为880 ms。

[①] 关于这一原则，语言学研究中有很多有趣的例子，见Roberts和Winters（2013）。比如，气候炎热地带有午休习惯的人会说形态复杂性低的语言。

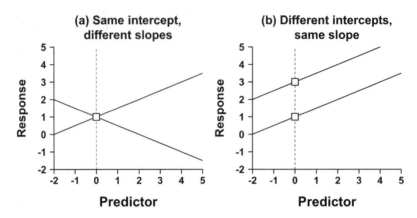

图4.2　（a）正负斜率的两条线有相同的截距；（b）相同斜率的两条线有不同的截距

　　一旦截距和斜率确定了，直线也就确定了。如果用数学术语描述，这条直线可以说是由这两个数字"唯一确定"的。截距和斜率都是回归模型的"系数"（coefficient）。通常用字母 b_0 和 b_1 分别表示截距和斜率。因此，回归线可以这样表示：

$$y = b_0 + b_1 * x \tag{E4.2}$$

　　在这个方程中，对 x 的不同取值将对应产生不同的均值 y。我们代入图4.1回归中的实际系数。

$$response\ duration = 880\ \text{ms} + \left(-70\ \frac{\text{ms}}{\text{freq}}\right) * word\ frequency \tag{E4.3}$$

　　因为斜率的单位是 $\frac{\text{ms}}{\text{freq}}$（毫秒除以频率值），所以用它乘以一个频率值就可以得到毫秒，即 $\frac{\text{ms}}{\text{freq}} * \text{freq} = \text{ms}$（两个频率单位相互抵消），这体现了回归模型如何预测反应时间。

　　系数估计值（coefficient estimate）是所有回归分析的首要结果，你应该花很多时间解释这些系数。例如，将各种数值代入该模型的等式中，看看它的预测值为多少。

4.3　拟合值和残差

让我们来看看回归模型对 "script" 这个单词预测的反应时间是多少。这个单词并未出现在原始数据中，但是如果我们知道这个词的频率，就可以根据E4.3的预测方程得出一个反应时间。经查证，在SUBTLEX语料库中 "script" 的词频（对数）为3，因此：

$$response\ duration = 880\ ms + \left(-70\ \frac{ms}{freq}\right) * 3\ freq = 670\ ms \quad (E4.4)$$

"script" 的预测反应时间是670 ms。这个预测值称为 "拟合值"（fitted value），因为它是用数据 "拟合" 回归模型的结果。事实上，回归线上所有的点都是拟合值。然而，并非所有的值都同样合理。基于回归模型形成的预测通常只在已证实的数据范围内有意义，这称为 "插值法"（interpolation）。如果预测超出已证实的数据范围，回归模型可能会产生奇怪的结果，这称为 "外推法"（extrapolating）[①]。低于0的词频是没有意义的，尽管如此，回归模型还是能帮我们预测负值。例如，x值为 −100（这在现实情况中并不会出现），这时，模型预测的反应时间为7,880 ms。显然，模型并不 "明白" 词频为负值是没有意义的。

频率模型不能完美地拟合任何数据点。残差（residual）可以量化模型拟合具体数据时的错误程度，如图4.3所示，它表示观测数据与回归线之间的垂直距离。在这个散点图中，当观测值（observed value）高于回归线时，残差为正数（+）；当观测值低于回归线时，残差为负数（−）。实际的残差值表示预测值应该向上或向下移动多少才能达到观测值。

拟合值、观测值和残差之间的关系可以总结为下面这个方程式：

观测值 ＝ 拟合值 ＋ 残差　　　　　　　　　　　　　　　（E4.5）

---

① 在Tatem、Guerra、Atkinson和Hay（2004）的研究中出现了一个滑稽的外推谬误。在过去几十年中，女性短跑运动员的跑步速度比男性短跑运动员进步得更快。基于这一事实，这些研究人员认为，在2156年，女性将比男性跑得更快。正如Rice（2004）和Reinboud（2004）指出的那样，如果这个预测成立，那么该回归模型也能预测2636年的短跑速度。

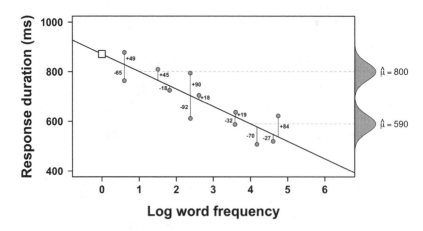

图4.3 带有垂直线段的回归线表示有残差，回归线上方的残差值为正，下方的残差值为负；$x = 1$ 和 $x = 4$ 的条件均值投射到右 y 轴上，密度曲线表示同方差和正态假设

这个方程式也可以这样写：

残差 = 观测值－拟合值   (E4.6)

如方程式E4.6所示，残差是数据减去模型预测值后"剩余"的部分。Zuur、Ieno、Walker、Saveliev和Smith（2009: 20）认为，"残差指消除解释变量的影响后剩下的信息"。

现在我们了解了残差，就能确定回归方程的一般形式了。需要做的就是用一个"误差"项来扩展预测方程式E4.2。下面的方程式中，误差项用字母"e"表示，与残差相对应。

$$y = b_0 + b_1 * x + e \tag{E4.7}$$

从本质上讲，我们认为回归方程是由两部分组成的。一部分是"决定性的"，它对条件均值（取决于 x 的均值）进行预测，也就是上述方程中"$b_0 + b_1 * x$"的部分。这部分起着决定作用，即代入一个任意的 x，方程式都会得到相同的结果。此外，模型中还有一个"随机"部分，它会"打乱"这些预测，由"e"表示。

4.4　假设：正态性和同方差

统计模型，包括回归模型，通常依赖于假设。提出基于模型的推断需要在一定程度上满足假设。假设将在后面详细讨论。在这里提及它，是因为它能将本章的主题（即"回归"）与上一章关于分布的讨论联系起来。

关于回归，这里讨论的假设实际上与误差项 e 有关，也就是说，假设与模型的残差有关。如果模型满足正态分布假设（normality assumption），那么其残差会近似正态分布。如果模型满足同方差假设（constant variance assumption，也称"同方差性"［homoscedasticity］），那么在沿回归线移动时，残差的分布应该是不变的。

图4.4（a）明显违背同方差假设。此时，x 值越大，残差越大。图4.4（b）明显违背正态分布假设，残差的直方图出现了"正偏态"的情况，即有几个不常见的极端值（偏态的讨论见第五章）。必须强调的是，正态分布假设与响应变量无关，而与残差相关。所以存在这样的情况：一个模型的响应变量呈偏态分布，但是其残差呈正态分布（见第十二章）。

(a) Non-constant variance

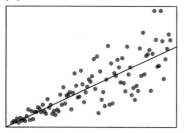

Histogram of residuals

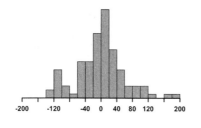

(b) Non-normal residuals

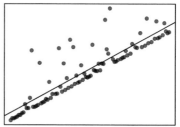

Histogram of residuals

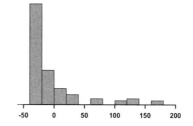

图4.4　（a）违反同方差；（b）违反正态分布

有关多元回归的章节（第六章）将对假设进行更深入的讨论。

4.5　用 R^2 衡量模型拟合优度

残差是判断模型"拟合优度"（goodness of fit）的有力标准。拟合优度指的是一个模型在整体上与观测结果的"拟合"程度。拟合优度高的模型中，残差较小。

想象一个忽略词频的反应时间模型。此时，词频的斜率为0；无论词频如何变化，预测的反应时间都保持不变（见图4.5a）。可以看出，总体而言，图4.5（a）中的残差比图4.3中的残差大，这说明零斜率模型的拟合效果较差。

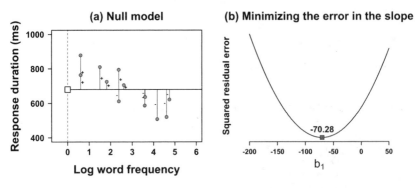

图4.5　（a）预测反应时间与频率无关、始终相同的回归模型，残差大于图4.3（a）；（b）整个斜率估计范围内的残差平方，斜率为−70.28时残差最小

为了对"不拟合"的程度进行总体衡量，我们可以计算残差的平方并把它们加起来[1]，对应的值称作"残差平方和"（sum of squared errors, SSE）。在斜率为−70.24的回归模型中，残差平方和为42,609；在斜率为0的模型中，残差平方和为152,767。相比之下，第二个数字大得多。想象一下有一系列斜率缓慢地向图4.1中的直线倾斜。图4.6展示了不同斜率对应的残差平方和。从图中可以看出，反应时间的回归模型估计的斜率（$b_1 = -70.28$）残差最小。回归有时也称

---

[1] 为什么平方？这样做的一个原因在于可以排除负数的因素。否则，正数、负数会相互抵消。

作"最小平方回归"（least squares regression），因为回归求得的系数使残差平方和最小化。作为研究者，你只需提供方程式：*response duration = b_0 + b_1 * frequency*$_{(E4.2)}$。此时，我们把 b_0 和 b_1 看作"占位符"（placeholder），需要基于数据用实际的数值填充。

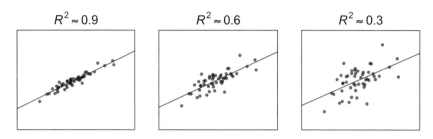

图4.6 不同斜率对应不同的残差平方和

让我们回到零斜率模型这个话题（图4.5a）。我们可以把预测变量词频从等式中移除，从而拟合出这样的模型，也就相当于假设模型斜率为0。

$$response\ duration = b_0 \tag{E4.8}$$

这种"截距"模型并不关注词频的影响。此时，截距的最佳估计值是多少？在没有其他信息的情况下，最佳估计值为均值，因为它是最接近所有数据点的值（见第三章）。

截距模型（intercept-only model）是比较残差平方和的有价值的参考模型或"零模型"（null model）。需要记住的是，主要的回归模型（含预测变量词频）的残差平方和为42,609。没有上下文，这个数字毫无意义，它是一个非标准化的统计数据。随着反应时间的单位改变，这个数据也会发生变化。比如，如果我们以"秒"而不是"毫秒"为单位测量反应时间，模型中的残差平方和将从42,609缩小到0.042609。没有斜率的"零模型"可用于观察主模型的残差平方和。它可以计算模型拟合的"标准化"程度，即 R^2（R的平方）。R^2 的公式如下：

$$R^2 = 1 - \frac{SSE_{model}}{SSE_{null}} \tag{E4.9}$$

　　用主模型的残差平方和除以相应零模型的残差平方和，可以得到标准化的残差平方和，因为除法可以摆脱单位的影响。我们可以用刚才两个模型的残差平方和验证一下：用主模型的残差平方和（42,609）除以零模型的残差平方和（152,767），得到0.28，那么R^2值就是$1-0.28=0.72$。

　　这个数字被理解为一个模型"描述"了多少差异[①]。在这个例子中，72%的反应时间差异可以由模型中的词频解释，32%的反应时间差异出于偶然，或因模型遗漏的因素导致。在实际的语言学数据中，R^2值高达0.72的情况几乎是闻所未闻的。语言复杂多变，人类捉摸不透，所以我们的模型很少能解释这么多的差异。

　　R^2实际上可用于衡量"效应量"（effect size）。具体来说，R^2能够衡量两个变量之间关系的强度（见Nakagawa & Cuthill, 2007）。R^2的取值范围是0到1。如图4.6所示，数值越接近1，表明模型拟合优度越高，效应量越大。

　　除了计算像R^2这样衡量效应量大小的标准化单位，还需要对非标准化系数进行全面的解释。计算不同词频的反应时间时，你已经做到了这点。在解读模型的预测值时，我们有必要运用专业领域的知识。作为自己研究领域的专家，你才是最终评判效应量大小的人。

4.6　R简单线性回归模型

　　和之前一样，如果事先没有加载tidyverse包的话，请现在在R中加载它。

```
library(tidyverse)
```

　　让我们先随机生成一些数据用于回归分析，具体来说，就是任意50个正态分布的数字（见第三章）。

---

① 人们经常说，R^2表示"解释的差异"。然而Jan Vanhove在一篇内容丰富的博文中建议不要使用这个术语，其原因之一在于这种说法听起来有很强的因果关系。范霍夫博文见 https://janhove.github.io/analysis/2016/04/22/r-squared（2018年10月16日访问）。

```
# 随机生成50个正态分布的数字：

x <- rnorm(50)
```

查看产生的向量（你得出的数字可能会不同）。

```
# 查看前6个数：

head(x)
```

```
[1] 1.3709584 -0.5646982 0.3631284 0.6328626
[5] 0.4042683 -0.1061245
```

为了生成二元变量，我们需要把 y 值与 x 值对应。比如，截距是10，斜率是3。

```
# 生成截距为10、斜率为3的y值：

y <- 10 + 3 * x
```

作 y 与 x 的散点图（使用可选参数 pch = 19 将点字符改为填充圆），得到的是一条没有散点的直线（图4.7左）。换句话说，y 是关于 x 的完美函数——在语言学研究中，这种情况并不会出现。

```
plot(x, y, pch = 19)
```

为了增加干扰项，再次使用 rnorm() 函数来生成残差。

```
error <- rnorm(50)
y <- 10 + 3 * x + error
```

注意，这个命令和回归方程（$y = b_0 + b_1 * x + e$）很相似。误差项在接下来的回归分析中将产生残差。接着，重新运行绘图命令，可以得到图4.7（右）。

```
plot(x., y, pch = 19)
```

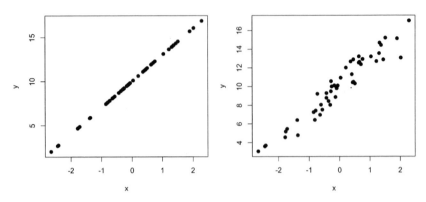

图4.7 （左）随机生成的数据，y是x的完美函数；（右）在y上添加干扰项，得到散点图

　　数据已经生成了。具体来说，你生成了y关于x的随机数据。由于是自己生成的这些数据，你知道截距是10，斜率是3。来看看回归是否能够从数据中得出这些系数。

　　为此，使用lm()函数，它代表了线性模型。"$y \sim x$"称作"公式符号"，可以理解为y是关于x的函数。通常情况下，我们需要把线性模型保存在R中，以便后续使用。

```
xmdl <- lm(y ~ x)

xmdl

Call:
lm(formula = y ~ x)

Coefficients:
(Intercept)      x
     10.094 2.808
```

　　R会列出函数的系数，这是任何回归分析的主要结果。注意这些系数和我们生成数据时设定的数值相当接近（你得出的系数会与书上的略有区别）。系数没有刚好等于10和3（回归总是提供最小残差的系数）并不是因为模型有误差，实际上，偏差由随机添加到数据中的干扰项引起。

fitted() 和 residuals() 函数可以用来检索模型的拟合值和残差。下面使用 head() 函数将输出结果限定在前六个数。

```
head(fitted(xmdl))
```

```
        1         2         3         4         5
13.943480  8.508189 11.113510 11.870920 11.229031
        6
 9.795856
```

```
head(residuals(xmdl))
```

```
         1          2          3          4
 0.49132013 -0.98612217 1.55160234 0.67056756
         5          6
 0.07353501  0.16232124
```

fitted(xmdl) 输出的第一个值是第一个数据点的预测值，以此类推。同样，residuals(xmdl) 输出的第一个值是模型预测的第一个数据点的残差，依此类推。

summary() 在分析线性模型中非常有用。

```
summary(xmdl)
```

```
Call:
lm(formula = y ~ x)

Residuals:
   Min     1Q   Median     3Q     Max
-2.6994 -0.6110  0.1832  0.6013  1.5516

Coefficients:
            Estimate Std. Error t value Pr(>|t|)
(Intercept) 10.0939     0.1284   78.61   <2e-16 ***
x            2.8080     0.1126   24.94   <2e-16 ***
---
Signif. codes: 0 '***' 0.001 '**' 0.01 '*' 0.05 '.' 0.1 ' ' 1
```

```
Residual standard error: 0.9075 on 48 degrees of freedom
Multiple R-squared: 0.9284,   Adjusted R-squared: 0.9269
F-statistic:  622 on 1 and 48 DF, p-value: < 2.2e-16
```

这个函数输出一份系数表（coefficient table），表题为 "Coefficients"。它汇总统计了拟合模型的数据。在本例中，R^2 为 0.9284，表示该模型描述了 y 中约 93% 的差异。调整 R^2（adjusted R^2）会在第六章里讨论，其他数值，如 p 值、标准误差（standard error）等，将在推断统计学的章节（第九至十一章）中讨论。

coef() 函数列出线性模型的系数。它的输出结果是一个包含系数的向量。

```
coef(xmdl)
```

```
(Intercept)          x
 10.093852  2.807983
```

同样，这个向量是可以被索引的。下面的命令分别检索了截距和斜率。

```
coef(xmdl)[1]
```

```
(Intercept)
   10.09385
```

```
coef(xmdl)[2]
```

```
       x
2.807983
```

```
# 另一种名称索引方式：
```

```
coef(xmdl)['(Intercept)']
```

```
(Intercept)
   10.09385
```

```
coef(xmdl)['x']
```

```
       x
2.807983
```

下面的命令计算了 *x* 为 10 时对应的拟合值。

```
coef(xmdl)['(Intercept)'] + coef(xmdl)['x'] * 10
```

```
(Intercept)
   38.17369
```

尽管预测值的上面写着"Intercept"（截距），但是不要感到迷惑。这仅仅是因为 R 对两个命名向量——一个命名为"Intercept"，另一个命名为"x"——进行数学运算时，会保留第一个向量的名称。

predict() 函数对于生成拟合模型的预测结果非常有用，从而节省了一些运算量。该函数需要输入两个数据：第一，进行预测所需的模型；第二，进行预测所需的数值。

我们用 seq() 函数产生一个从 −3 到 +3 的数字序列。这个特定的序列设定为以 0.1 的间隔递增（公差 = 0.1）。

```
xvals <- seq(from = -3, to = 3, by = 0.1)
```

predict() 函数需要输入一个数据框或 tibble。重要的是，该列必须命名为"x"，因为这是 xmdl 中预测变量的名称。

```
mypreds <- tibble(x = xvals)
```

现在你有了一个用于生成预测的 tibble，这时可以使用 predict()。下面的代码将 mypreds 这个 tibble 的输出结果存储在新的一列中，称为"fit"。

```
mypreds$fit <- predict(xmdl, newdata = mypreds)

mypreds
```

```
# A tibble: 50 x 2
      x     fit
```

```
        <dbl> <dbl>
 1  -2.66  2.63
 2  -2.56  2.92
 3  -2.46  3.20
 4  -2.36  3.48
 5  -2.26  3.76
 6  -2.16  4.04
 7  -2.06  4.32
 8  -1.96  4.60
 9  -1.86  4.88
10  -1.76  5.16
# ... with 40 more rows
```

因此，x值为-2.66时，模型预测的y值为2.63，以此类推。

4.7　线性模型与tidyverse函数

让我们来学习如何用tidyverse函数做线性模型分析。首先，把数据放到一个tibble中，然后，重新拟合模型。

```
mydf <- tibble(x, y)

xmdl <- lm(y ~ x, data = mydf)
```

broom包（Robinson, 2017）中的`tidy()`函数可以输出整洁的模型。

```
library(broom)

# 在控制台输出整洁的系数表：

tidy(xmdl)
```

```
         term   estimate std.error statistic      p.value
1  (Intercept) 10.093852 0.1283994  78.61294 2.218721e-52
2            x  2.807983 0.1125854  24.94091 3.960627e-29
```

使用`tidy()`函数的好处在于能够输出数据框，这说明你可以轻易地检索相关列，如系数估计值。

```
# 从系数表中提取估计值一列：

tidy(xmdl)$estimate
```

```
[1] 10.093852 2.807983
```

broom包的glance()函数可以让你对整个模型"一目了然"（到目前为止，你只了解R^2，其他数值将在后面的章节中解释）。

```
# 查看模型的总体表现：

glance(xmdl)
```

```
  r.squared adj.r.squared       sigma statistic     p.value
1 0.9283634      0.926871   0.9074764 622.0489 3.960627e-29
  df   logLik      AIC     BIC deviance df.residual
1  2 -65.07199 136.144 141.88 39.52864          48
```

你 可 以 使 用ggplot2中 的geom_smooth()来 绘 制 模 型。 在geom_smooth()中输入参数method = 'lm'，就能得到一个平滑的线性模型。geom_point()函数和下面代码片段中的geom_smooth()函数知道从哪些列中提取x和y值，因为ggplot()命令中已经指定了映射的数据。因此，这两个模型共享一组数据映射。

```
mydf %>% ggplot(aes(x = x, y = y)) +
  geom_point() + geom_smooth(method = 'lm') +
  theme_minimal()
```

结果类似于图4.8，还叠加一条回归线。此外，在回归线周围会有一条灰色的带状区域，这就是"95%置信区间"。置信空间（confidence interval，通常缩写为"CI"），它将在后面的章节进行解释（第九至十一章）。

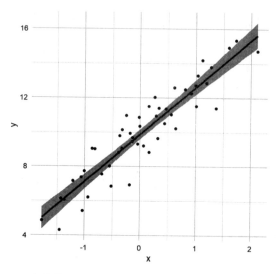

图4.8　`ggplot()`生成的线性模型

4.8　模型公式符号：截距占位符

以下两个函数产出的结果是相同的，提早知道这一点很重要。

```
xmdl <- lm(y ~ x, data = mydf)

# 等同于：

xmdl <- lm(y ~ 1 + x, data = mydf)
```

截距由占位符"1"表示[①]。在R的模型公式中，即使没有明确说明，截距总是被默认拟合。换句话说，简写的符号"$y \sim x$"实际上拟合的是与公式"$y \sim 1 + x$"对应的模型。第二个函数意思更加明确，它可以解释为"不仅要估计x的斜率，还要估计截距"。

了解了这些，我们就可以构建一个截距模型（如上面讨论的一样，见公式E4.8）。让我们从手头上的数据入手。

---

① 占位符是数字1，这并非巧合。然而，这本书并不关注数学细节，所以在此不做解释（为了引起你的兴趣：这与线性模型的矩阵代数机制有关）。

```
# 拟合一个截距模型：

xmdl_null <- lm(y ~ 1, data = mydf)
```

这个模型预测了什么？

```
coef(xmdl_null)
```
```
(Intercept)
   9.993686
```

这个模型只预测了一个数字，那就是截距。无论假定x为多少，模型只会预测同样的数字，也就是均值。让我们来证实一下这个零模型的系数其实就是y的均值：

```
mean(y)
```
```
[1] 9.993686
```

因此，我们用截距拟合了一个估计均值的线性模型。现在看来，这似乎相当枯燥（那为什么要这样做？）。在后面的学习中，要记住截距用占位符"1"表示。

4.9　小结

在本章中，我们完成了第一次回归分析，将反应时间回归到词频上。回归线表示数据的模型，特别是条件均值。这条线由截距和斜率确定。系数是任何回归分析的主要结果，能够据以做出预测，预测结果称为"拟合值"。观测值偏离拟合值的程度称为"残差"。我们假定残差满足正态分布假设和同方差假设。对于一个指定的模型，回归使残差最小化。将一个模型的残差与一个零模型的残差进行比较，可以得到一个标准化的模型拟合优度指标，称为"R^2"。在回归分析的整个过程中，我们的大部分时间应该花在解释回归系数（regression coefficient）上。这时，你必须运用特定领域的知识做出科学的判断。就你的假设而言，这个斜率代表了什么？

4.10　练习

4.10.1　练习1：拟合频率模型

这次练习中，你需要做与图4.1对应的回归分析。首先，加载数据"ELP_frequency.csv"。然后，通过mutate()将词频一栏的数据经$\log_{10}()$函数处理（对数将在第五章详细解释）。接着，拟合反应时间关于对数词频的函数模型。最后，绘图表示这两个变量的关系。

拓展练习：请使用geom_hline()及yintercept参数在图中画出一条水平线，表示平均反应时间。

4.10.2　练习2：手动计算R^2

在R中输入下列代码（和本章一样，需要提前输出随机的x值和y值）。尝试理解每行代码的意义，并将输出的数值与summary(xmdl)或者glance(xmdl)输出的R^2结果进行对比。

```
xmdl <- lm(y ~ x)
xmdl_null <- lm(y ~ 1)

res <- residuals(xmdl)
res_null <- residuals(xmdl_null)
sum(res ^ 2)
sum(res_null ^ 2)
1 - (sum(res ^ 2) / sum(res_null ^ 2))
```

第五章　相关性、线性与非线性变换

5.1　中心化

　　线性变换(linear transformation)涉及与常数(constant value)进行加、减、乘、除的运算。举个例子,将1分别与2、4、6相加,得到的结果(3、5、7)就称作"对原数字的线性变换"。将一个常数与一组数字相加并不会改变这些数字间的关系,因为它们受到的影响是相同的。

　　线性变换非常有用,因为它能够将你的数据以合适的量纲(metric)呈现给大家。比如,我们可以回想一下第四章中的数据——反应时间。在那个研究中,反应时间是以 "ms"(毫秒)为单位衡量的。如果你想用 "s"(秒)来做单位,那么你只需要将数据除以1,000就可以了,这并不会影响基于该回归模型得出的结论。

　　"中心化"(centering)是一种最常见的线性变换,我们常对连续的预测变量进行中心化。在接下来的章节里,尤其是有关交互作用(interaction)的章节(第八章)里,你将会学到中心化如何为呈现回归系数(regression coefficient)提供便利(拓展阅读:Schielzeth,2010)。要把预测变量中心化,就要将所有数据与预测变量的均值相减,如果得到的是正数,就表示该数据比均值高的程度,如果是负数,就表示该数据比均值低的程度。由此可见,将所有数据与预测变量的均值相减得到的数字就是平均偏差值。在这里,零值对于变量来说有一个新的意义:它是变量分布的"中心",也就是均值[1]。

---

[1] 请注意,样本均值本身就是一个估计值,它会随着样本的不同而变化。因此,对于不同的样本,你的数据将以不同的方式中心化。记住这一点很有益:你也可以使用均值以外的其他值来进行中心化。比如,你可以使用评分量表的中位数来对数据进行中心化。

中心化对截距有着直接的影响。回想一下，截距指 $x=0$ 对应的 y 值。图5.1(a)中，截距表示对数词频为0时的拟合值。将分布中心化会改变0的意义。如果将预测变量 x 中心化，那么截距则是当 x 等于预测变量的均值时 y 的预测值，如图5.1(b)所示。从图5.1(a)到图5.1(b)的变化我们可以看出"中心化"这个名称的来源：截距确实移动到了数据的中间。注意，在这个变化过程中，回归线的斜率并没有变。

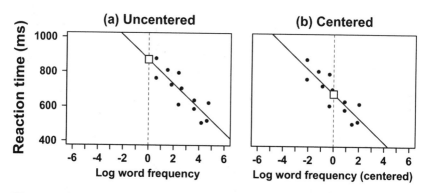

图5.1　反应时间关于词频的函数(图a为未中心化，图b为中心化)，截距由白色方块表示

以下是这两个模型的输出系数(coefficient output)。注意在模型从未中心化(Log$_{10}$Freq)转向中心化(Log$_{10}$Freq_c)的过程中，截距变了，而斜率未变[1]。

```
# 未中心化(原始模型):
            Estimate
(Intercept)  870.91
Log10Freq    -70.28

# 中心化:
            Estimate
(Intercept)  679.92
Log10Freq_c  -70.28
```

---

[1]　我把"_c"标注在变量名称后，表示经中心化的变量。

在一些情况下，未中心化的截距是没有意义的。比如，以体育比赛中的表现作为关于身高的函数，截距则是身高为0的人的预测表现。在将该函数中心化后，截距则是身高处于均值的人的表现，这是一个更有意义的数字。因此，将预测变量中心化能给我们提供数据解读上的优势。在处理交互作用时（见第八章），为了避免在解释模型时出现错误，中心化是一项绝对必要的操作。

5.2　标准化

第二个常见的线性变换是"标准化"（standardizing），又称"z分数"（z-scoring）。标准化指的是将中心化后的变量除以样本的标准差（standard deviation）。举个例子，以下是一个心理语言学实验中的反应时间数据：

460 ms　　　480 ms　　　500 ms　　　520 ms　　　540 ms

这五个数字的均值是500 ms。将这些数字中心化得到以下结果：

−40 ms　　　−20 ms　　　0 ms　　　+20 ms　　　+40 ms

这些数字的标准差是32 ms。要"标准化"，就要把中心化后的数字除以标准差。比如，第一个数字−40 ms除以32 ms得−1.3。每一个数字都要与同样的数字相除，这样的变化就是一种线性变换。

标准化后的数字如下所示（四舍五入，保留一位小数）：

−1.3z　　　−0.6z　　　0z　　　+0.6z　　　+1.3z

原始的反应时间460 ms在中心化后变成了−40 ms，相应地，该数据距离均值缩小了1.3个标准差。由此可见，标准化将数据以一种新的方式呈现出来，即每个数距离均值有多少个标准差的大小。相应地，得出的结果以"标准单位"（standard unit）为单位，该单位常用字母

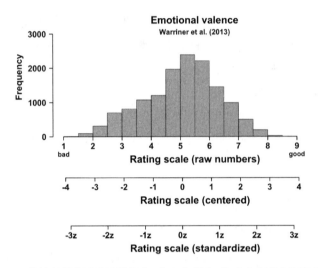

图5.2 情绪效价得分（原始得分、中心化得分、标准化得分）的直方图

"z"来表示。图5.2是我们在第三章中讨论过的一个分布图（见第三章第3.6节），数据来自2013年Warriner等人有关情绪效价的研究。此处的分布图中有两个额外的x轴，一个经过中心化处理，一个经过标准化处理。这张图强调线性变换只改变x轴的单位，不会影响数据分布的形状。

让我们来看一下预测变量（对数词频）经过标准化处理（$Log_{10}Freq\_z$）后，反应时间模型的输出结果。

```
                Estimate
(Intercept)   679.92
Log10Freq_z  -101.19
```

可以看到，模型的斜率从−70（未标准化）变成了−101（标准化）。然而，这种变化具有欺骗性，因为模型的本质并没有变，变的只是斜率的单位。新的斜率表示对数词频变化1个标准差时反应时间变化的量，而不是对数词频变化值为1时反应时间变化的量。

那么，标准化究竟有什么好处呢？它可以消除变量的量纲。在有多个变量的情况下，每个变量可能有不同的标准差，而将这些变量除以各自的标准差可以将它们的单位都转化成标准单位。有时，这可以让变量之间具有可比性,比如测量多个预测变量的相对影响(见第六章)。

5.3　相关性

目前为止,本章只讨论了将预测变量标准化的情况,那么,如果将响应变量也标准化会怎么样呢?在这种情况下,x值和y值都不会保留原有的量纲,两个值都被标准化了。因此,这样的回归模型预测的则是当x值变化1个标准单位时,y值的变化情况,相应的斜率也有一个特别的名字,叫作"皮尔逊相关系数"(Pearson's r)。

皮尔逊相关系数是衡量变量之间相关关系的标准化量纲。如果y随着x的增加而增加,相关系数则是正数(如年龄与词汇量);如果y随着x的增加而减少,相关系数则是负数(如词频与反应时间)。相关系数的值在-1到1之间,值越远离0,相关性越强。图5.3是几组随机生成的数据集及它们所对应的相关系数。请观察这些散点图和它们的r值,进行对比,看看你对皮尔逊相关系数的理解是否准确。

皮尔逊相关系数以标准化的方式衡量相关关系,这也就意味着对

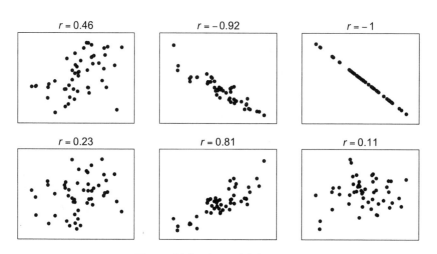

图5.3　散点图例及对应相关系数

两个变量的相关性进行衡量时，你不再需要去弄清楚变量的量纲是什么。想象一下你正在听一场像量子化学这样完全陌生领域的演讲，演讲者称两个变量之间的相关系数 $r = 0.8$。即使你对量子化学一窍不通，脑海里也会浮现相应的散点图，如同图5.3中的例子。尽管如此，$r = 0.8$ 究竟表示相关性"高"还是"低"，还要看具体的领域。对于心理学家或者语言学研究者来说，它所代表的相关性已经是非常强的了（我们的研究系统通常并不这么"令人满意"），而对于量子化学家来说，0.8可能算低的。

本书已经介绍过另一种标准化的数据，也就是"决定系数"（coefficient of determination）R^2（见第四章）。回想一下，这个系数衡量的是模型的方差。当相关性很强时，模型所解释的变化就越多。对于只有一个预测变量的简单线性回归模型来说，R^2 就是相关系数的平方。

5.4　通过对数变换描述数量级

相比线性变换，非线性变换（nonlinear transformation）对于数据的影响要更大——它会影响数据之间的关系。图5.4（a）是Winter和Bergen（2012）的一项心理语言学实验中的反应时间分布图（数据由实验1和实验2合成）。正态分布应该是对称的，但这里的分布却不对称。图中的分布叫作"正偏态"（positive skew）。"偏态"这个词描述了一个分布在正无穷大（positive infinity）或负无穷大（negative infinity）方向上是否有极值。对于图5.4（a）中的分布来说，它是"正偏态"而不是"负偏态"，因为该分布中有一些非常大的极端值，大部分的数据实际上分布在较小的值上（也就是较短的反应时间）。

正偏态在语言学数据中十分常见。比如，反应时间这样的数据几乎都是偏态的，因为人们反应的速度极限是比较低的。这个限度取决于大脑识别刺激并做出反应的速度，也取决于人用手按下按钮的速度。由于这两个速度的限制，人类不可能在极短的时间内做出反应。然而，反应时间却可以极长，且这种情况会偶尔出现。很多有自然下

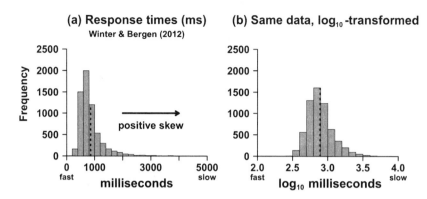

图5.4　Winter 和 Bergen（2012）中同一组数据,（a）以原始毫秒为单位,（b）以 log₁₀ 呈现,虚线表示均值

限的分布都会呈现正偏态分布①。

在计算图5.4（a）中反应时间的均值或对它进行回归分析之前,你可能会认为它是一种非线性变换。第四章讲到了回归的正态分布假设和同方差假设。如果反应时间变量严重偏态（very skewed）,一般是由于反应模型的残差违反了其中的某个假设。因此,通过非线性变换来消除偏态可能会让你的回归模型更加符合这些假设。此外,非常大的值可能会对你的回归模型产生极大的影响（见 Baayan, 2008: 92）,因为这些值可以让系数估计值远离大部分数据②。

对数变换（log-transforming）大概是非线性变换中最常用的一种方法。对数变换和乘方（exponentiation）——求某个数的幂（power）——最好放在一起讲。对数变换会把大的数字缩小,而乘方会把小的数字变大。对数和乘方互为"反函数"（inverse function）,即两个互相可逆的函数。

我们来看一下在对数变换下和乘方运算下数字是如何变化的。

---

① 除了有自然下限,在语言学及非语言学数据中还有一些其他有趣的正偏态成因（见 Kello, Anderson, Holden, & Van Orden, 2008; Kello, Brown, Ferrer-i-Cancho, Holden, Linkenkaer-Hansen, Rhodes, & Van Orden, 2010）。

② 你可能会发现,在经过对数变换后,反应时间数据的分布变得没有那么正态化了。在更高级的建模应用中,还可以使用其他分布,这些分布可以更好地拟合正偏态的数据,比如伽马分布（见 Baayen & Milin, 2010）。

对数变换	乘方
$\log_{10}(1) = 0$	$10^0 = 1$
$\log_{10}(10) = 1$	$10^1 = 10$
$\log_{10}(100) = 2$	$10^2 = 100$
$\log_{10}(1000) = 3$	$10^3 = 1000$
$\log_{10}(10000) = 4$	$10^4 = 10000$

这样的变化展示了 $\log_{10}$ 函数能够追踪数字的数量级（order of magnitude）。换句话说，$\log_{10}$ 函数可以算出得出来的数字里有多少个 0。这与乘方里的幂值是对应的。比如，10 的 2 次幂（即 10 * 10）等于 100，以 10 为底 100 的对数（$\log_{10}100$）等于 2（即 100 中 0 的个数）。

本例中的对数在以 0—1—2—3—4 的序列进行线性变换（步长为 1）。另一方面，原始数字的跳跃要大得多，对数越大，连续对数之间的跳跃就越大。

这也意味着像 1,000 这样的大数字经对数变换后缩小的比例会比小数字缩小的比例大得多。以 10 为底 10 的对数（$\log_{10}10$）等于 1，在这里对数和原始数（raw number）的差是 9，而以 10 为底 1,000 的对数（$\log_{10}1000$）等于 3，这里对数和原始数的差则是 997。因此，对数变换对数据有"压缩"作用，这也就意味着它会改变分布的形状，就像图 5.4（b）那样。由于对数变换对部分数字的影响超过对其他数字的影响，因此对数变换并不是线性变换。

以下是在 R 中运行以 10 为底的对数函数的指令：

```
log₁₀(100)
```

[1] 2

```
log₁₀(1000)
```

[1] 3

如果要把经过对数变换的数据变回原始数，你只需要对 10 乘方，指数取对应的对数（如 10 的 2 次幂）。这样就能把对数"逆转"回原来的(未经压缩的)比例。

```
10 ^ 2
```

```
[1] 100
```

```
10 ^ 3
```

```
[1] 1000
```

在 R 中, 默认的对数函数是 log()。这是自然对数(natural logarithm), 也就是以 e(2.718282)为底数的对数。之所以用 e 作为默认底数, 是因为它对许多计算应用来说非常有用, 且这个函数也在统计学的很多领域有着突出的特点(见第十二章和第十三章)。如果有人在对数据进行对数变换的时候并没有标注自己所用的对数的底数是多少, 他很可能用的就是自然对数[①]。要注意, 不同的对数对数据的压缩效果不同, 尤其是以 10 为底数的对数函数要比自然对数压缩数据的效果更强。

在这本书以及我的研究中, 我经常会用以 10 为底数的对数函数, 这主要是因为它容易解释: 10 的乘方比 e 的乘方计算起来更简单。比如, 如果有人在报告中写以 10 为底数的对数为 6.5, 那么我就能想到原始数应该有 6 个零(一百万: 1,000,000)或 7 个零(一千万: 10,000,000); 若用 e 的话, 就不那么容易在脑子里进行相似的计算了。

尽管没有既定的标准, 但反应时间常通过自然对数进行对数变换(Cleveland, 1984; Osborne, 2005)。为了展示如何对反应时间进行对数变换, 让我们来假设几个反应时间值。

```
RTs <- c(600, 650, 700, 1000, 4000)

RTs
```

```
[1] 600 650 700 1000 4000
```

---

① 以 2 为底的对数也很常见, 尤其是在信息论和计算机科学中。

假设这些数字都是以毫秒为单位（4000 ms = 4 s，以此类推），接着，对这个向量进行对数变换。

```
logRTs <- log(RTs)
```

让我们来看看结果。

```
logRTs
```

```
[1] 6.396930 6.476972 6.551080 6.907755 8.294050
```

得出来的结果要比原反应时间数据小得多，而且最长反应时间（4,000 ms）更靠近其他数字了。至关重要的是，这些数字现在并不代表反应时间，而是完全不同的数量，或者说，完全不同的数量级。

如果你想"撤销"对数变换呢？那么你需要用自然对数的反函数，在R中，则是通过乘方函数exp()操作[1]。

```
exp(logRTs)  # 撤销对数变换
```

```
[1] 600 650 700 1000 4000
```

正如之前所说，对数变换在回归建模中有很多作用（比如让残差更加"令人满意"）。然而，在处理经对数变换的变量时，你必须要反复提醒自己，这些数据的本质已经发生了变化。在这一点上值得注意的是，许多认知和语言现象的数据都是经过对数变换的。让我举个例子来解释这一点：你是否会觉得数字1和2之间的差距要比数字5,001和5,002之间的差距更大？当然，这两对数字的差是完全相同的，但是其中一对数字的区别对你来说可能会更明显，这是因为你也在心里把数字的衡量尺度进行了对数变换（见Dehaene, 2003）。对于知觉刺激强度的估计，如体重和反应时间，也遵循对数模式（Stevens,

---

[1] log以10为底的函数没有对应的exp()乘方指令。你只能用10的n次方来运算。如果以10为底的反应时间值的对数值为3.5，那么接下来的指令会得出相应的原数据10＾3.5。

1957）。对数转换甚至深深植根于我们的神经结构中（Buzsaki & Mizuseki, 2014）。

在语言学中，Zipf（1949）最早提出，词长、词典义项数量等语言变量与对数词频而不是原词频（raw frequency）相符合。Smith 和 Levy（2013）讨论了对处理时间进行对数变换的证据。在语音学中，许多声学变量，如响度（分贝标度 decibel scale）、音调（巴克标度 bark scale）也在认知上经过了对数或半对数变换。因此，对数不仅可以帮助研究者更好地拟合他们的回归模型，还能从理论上给予他们启发。

5.5 实例：反应时间与词频

既然你已经了解对数了，那么你就可以对第四章的内容进行完整的分析了。在设置好工作目录后，加载文件"ELP_frequency.csv"。

```
library(tidyverse)
library(broom)

ELP <- read_csv('ELP_frequency.csv')

ELP

# A tibble: 12 x 3
   Word      Freq    RT
   <chr>    <int> <dbl>
 1 thing    55522  622.
 2 life     40629  520.
 3 door     14895  507.
 4 angel     3992  637.
 5 beer      3850  587.
 6 disgrace   409  705.
 7 kitten     241  611.
 8 bloke      238  794.
 9 mocha       66  725.
10 gnome       32  810.
11 nihilism     4  764.
12 puffball     4  878.
```

让我们先用mutate()来把词频和反应时间进行对数变换。

```
ELP <- mutate(ELP,
              Log10Freq = log10(Freq),
              LogRT = log(RT))
```

新的这一栏 log10Freq 就是词频 Freq 以 10 为底的对数。在这里选择以 10 为底数是因为它便于解释,但是选择自然底数 log() 也是可以的,它对数据压缩的程度会弱一些。Mutate() 中的第三个参数(argument)创建的是 LogRT 这一栏,包含了经对数变换的反应时间数据。在这里,我用了在心理语言学中常用的自然对数。

来看一下 tibble。

```
ELP
# A tibble: 12 x 5
   Word     Freq    RT Log10Freq LogRT
   <chr>   <int> <dbl>     <dbl> <dbl>
 1 thing   55522  622.      4.74  6.43
 2 life    40629  520.      4.61  6.25
 3 door    14895  507.      4.17  6.23
 4 angel    3992  637.      3.60  6.46
 5 beer     3850  587.      3.59  6.38
 6 disgrace  409  705       2.61  6.56
 7 kitten    241  611.      2.38  6.42
 8 bloke     238  794.      2.38  6.68
 9 mocha      66  725.      1.82  6.59
10 gnome      32  810.      1.51  6.70
11 nihilism    4  764.     0.602  6.64
12 puffball    4  878.     0.602  6.78
```

出于教学原因,第四章将原反应时间对对数词频进行回归。在这里,我们将把反应时间对数对对数词频进行回归。对于这个特定数据集来说,这两种方法并没有太大的区别。然而,从英语词汇数据库中提取更多数据后,我们可以看出,经对数变换的反应时间更适用于回归分析,因为它更符合回归假设。

为了解释预测变量词频经对数变换后带来的影响,我们可以先对原词频与反应时间对数的回归函数绘图(图 5.5 左)。geom_text() 这个指令可以在绘图时将数据以文字的形式呈现,接着把指令

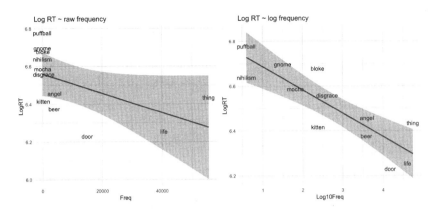

图5.5 （左）反应时间对数关于原词频的拟合函数；（右）反应时间对数关于对数词频的函数

geom_smooth(method = 'lm')加在回归模型上（我会在第九至十一章解释灰色区域的意义），最后，ggtitle()函数可以给图加上标题。

```
ELP %>% ggplot(aes(x = Freq, y = LogRT, label = Word)) +
  geom_text() +
  geom_smooth(method = 'lm') +
  ggtitle('Log RT ~ raw frequency') +
  theme_minimal()
```

从图5.5（左）我们可以看到，有一些词是非常常用的，如"life"和"thing"。此外，有很多词频比较低的词挤在图的左侧。我们用下面的命令来对反应时间对数关于对数词频的回归函数绘图：

```
ELP %>% ggplot(aes(x = Log10Freq, y = LogRT,
                   label = Word)) +
  geom_text() +
  geom_smooth(method = 'lm') +
  ggtitle('Log RT ~ log frequency') +
  theme_minimal()
```

可以注意到，当词频经过对数变换后，它和反应时间形成了良好的线性关系。让我们来对它们进行建模。

```
ELP_mdl <- lm(LogRT ~ Log10Freq, data = ELP)
```

让我们来看一下这个模型的系数，这个操作可以通过 broom 包中的 tidy() 函数完成。

```
tidy(ELP_mdl)
        term  estimate  std.error statistic     p.value
1 (Intercept) 6.7912813 0.06113258 111.091039 8.564422e-17
2  Log10Freq· -0.1042491 0.02006108  -5.196583 4.032836e-04
```

不需要任何数学技巧，你就可以马上解读出系数代表的意思。可以注意到，log10Freq 的系数是负数。这就意味着，随着对数词频增加，反应时间对数会下降；也就是说，人对越常见的词反应得越快。尽管用经对数变换的数据对回归函数建模通常是有用的，但你可能还是想用原来的单位"毫秒"来解释你的模型。因此，你可能要将你的模型"逆转"回原来的模型。让我们来选两个词频——10 和 1,000——生成预测的反应时间。为了让命令不那么复杂，我们先把系数从模型中提取出来。

```
b0 <- tidy(ELP_mdl)$estimate[1]  # 截距

b1 <- tidy(ELP_mdl)$estimate[2]  # 斜率
```

如果你想要对词频为 10 和 1,000 的词进行预测，那么需要输入的对数值是多少呢？在这里，选择以 10 为底数的对数函数来预测词频就很合适。一个词频为 10 的词对应的对数值为 1，因为 $10^1 = 10$，而词频为 1,000 的词对应的对数值为 3，因为 $10^3 = 10 * 10 * 10 = 1000$。让我们把 1 和 3 填入式子中：

```
logRT_10freq <- b0 + b1 * 1

logRT_1000freq <- b0 + b1 * 3
```

logRT_10freq和logRT_1000freq现在就是词频为10和1,000的词相应的预测反应时间值。

```
logRT_10freq
```

[1] 6.687032

```
logRT_1000freq
```

[1] 6.478534

在该模型下，词频为10的词预测反应时间对数值约为6.69，词频为1,000的词约为6.48。要把这些数字转换回原反应时间，就要用自然对数的反函数——乘方函数exp()。

```
exp(logRT_10freq)
```

[1] 801.9387

```
exp(logRT_1000freq)
```

[1] 651.0159

该模型预测，词频为10的词需要的反应时间大概是802 ms，而词频大两个数量级（即原词频 = 1000）的词需要的反应时间约为651 ms，差异大约是150 ms，这个差异对于心理语言学研究来说是比较大的。

5.6　在R中进行中心化和标准化

接下来的练习是对中心化和标准化的拓展练习。随后的线性变换对你来说可能从很多方面而言似乎都"没有意义"，在这个阶段，你甚至可能会怀疑这些操作的必要性。你可以把接下来的练习当作一次"彩排"，放心地练习数据的中心化和标准化。这些线性变换在随后几章里会更加重要。

接下来的命令mutate()可以一步完成所有线性变换。减去均值就可以得到中心化的变量 Log10Freq_c，接着再用中心化的变量除以标准差。

```
ELP <- mutate(ELP,
      Log10Freq_c = Log10Freq - mean(Log10Freq),
      Log10Freq_z = Log10Freq_c / sd(Log10Freq_c))
```

让我们看一下这些词频数据栏：

```
select(ELP, Freq, Log10Freq, Log10Freq_c, Log10Freq_z)
# A tibble: 12 x 4
     Freq Log10Freq Log10Freq_c Log10Freq_z
    <int>     <dbl>       <dbl>       <dbl>
1   55522      4.74        2.03        1.41
2   40629      4.61        1.89        1.31
3   14895      4.17        1.46        1.01
4    3992      3.60       0.884       0.614
5    3850      3.59       0.868       0.603
6     409      2.61      -0.106      -0.0736
7     241      2.38      -0.336      -0.233
8     238      2.38      -0.341      -0.237
9      66      1.82      -0.898      -0.624
10     32      1.51       -1.21      -0.842
11      4     0.602       -2.12       -1.47
12      4     0.602       -2.12       -1.47
```

R 也有自带的 scale() 函数，它默认将向量标准化。如果你只想把数据中心化，那么你可以通过指令 scale = FALSE 来撤销默认的设置。接下来的指令仍在执行之前的线性变换，但是这一次用的指令是 scale()[①]。

```
# 和上面的命令结果一样，但方法不同：
ELP <- mutate(ELP,
      Log10Freq_c = scale(Log10Freq, scale = FALSE),
      Log10Freq_z = scale(Log10Freq))
```

① 刚开始学习统计建模的人似乎都比较喜欢用 scale()，但我更推荐自己"动手"对变量进行中心化和标准化。这不仅是因为手动操作的过程更加清晰，更因为 scale() 会在幕后进行一些操作，有时可能会造成一些问题。

　　把数据都准备好了，就可以对中心化和标准化的预测变量进行线性建模了。

```
ELP_mdl_c <- lm(LogRT ~ Log10Freq_c, ELP)  # 中心化
ELP_mdl_z <- lm(LogRT ~ Log10Freq_z, ELP)  # 标准化
```

　　让我们来比较一下不同模型的系数：

```
tidy(ELP_mdl) %>% select(term, estimate)
```

```
        term    estimate
1  (Intercept)  6.7912813
2   Log10Freq  -0.1042491
```

```
tidy(ELP_mdl_c) %>% select(term, estimate)
```

```
        term     estimate
1 (Intercept)   6.5079660
2 Log10Freq_c  -0.1042491
```

```
tidy(ELP_mdl_z) %>% select(term, estimate)  # 斜率发生变化
```

```
        term     estimate
1 (Intercept)   6.507966
2 Log10Freq_z  -0.150103
```

　　首先，我们来比较 xdml 和 xmdl_c，斜率没有发生变化，但中心化后，模型的截距变了。截距在两个模型中都是当 $x = 0$ 时对 y 的预测值，但是 $x = 0$ 在中心化的模型中实际上指的是平均词频。接着，我们比较 xmdl_c 和 xmdl_z，它们的截距是相同的，这是因为两个模型的预测变量都已经中心化了。然而，斜率发生了变化，因为标准化模型中，变量的单位变成了 1 个标准差。

　　这些模型都是对相同线性关系的不同呈现。如果你对此有疑问，可以通过 glance() 来查看模型的全部数据，然后会发现什么也没变。比如，每个模型的方差都是一样的：

```
glance(ELP_mdl)$r.squared
```

```
[1] 0.7183776
```

```
glance(ELP_mdl_c)$r.squared
```

```
[1] 0.7183776
```

```
glance(ELP_mdl_z)$r.squared
```

```
[1] 0.7183776
```

然而,在非线性变换中,如果对这些模型进行比较,得出来的R^2值是不同的,这意味着它们的拟合程度不同。

```
glance(lm(LogRT ~ Freq, ELP))$r.squared
```

```
[1] 0.2913641
```

最后,我们来比较回归与相关性。你可以用命令cor()计算相关系数。为了让你学到更多关于R的知识,接下来我们用指令with()将ELP tibble变得适用于cor()。这样,你就不需要再用符号"$"来对每一栏进行定位,此时该指令已经知道你是在ELP tibble里进行操作。

```
with(ELP, cor(Log10Freq, LogRT))
```

```
[1] -0.8542613
```

结果显示,皮尔逊相关系数$r = -0.85$,这是非常强的负相关关系。相关系数为负数意味着随着词频增加,反应时间会下降。

出于教学原因,用指令lm()来重新输出cor()是非常有益的。你只需要运行反应时间和预测变量均经过标准化处理的回归模型。此外,你不能让回归模型去预测截距。注意,截距是不需要被预测的,它应该是0(因为x和y都被标准化了)。为了让线性函数知道你不想预测截距,你可以在模型方程中加上一个"−1"(在第四章第八节中,"1"是截距的占位符)。

```
ELP_cor <- lm(scale(LogRT) ~ -1 + Log10Freq_z, ELP)

tidy(ELP_cor) %>% select(estimate)
```

```
    estimate
1 -0.8542613
```

线性模型的斜率正好等于皮尔逊相关系数 r。

5.7 有关术语"归一化"的提醒

这里要对术语进行一个简单的说明：术语"归一化"（normalizing）经常在不同的学科中使用，但是，就像许多统计学术语一样，它的意义因人而异。有人用"归一化"指代标准化，这种说法具有迷惑性，因为经过标准化的分布看上去也不一定是"正态的"（normal）。另一方面，有时"归一"指的是非线性变换，因为它能让正偏态的数据分布看起来更正态。

此外，语音学家对"归一化"还有其他用法，这使得该术语变得更加复杂，在这里值得讨论一下。研究者有时会在数据方面集中"归一"说话者的特点，特别是在研究言语生成的时候。比如，每个说话者的声道不同，这会影响他们对元音的发音。如果你不想让说话者的个体生理特征影响元音发音，那么你可以选择一个说话者数据的均值和标准差，用它们对这位说话者的其他数据进行标准化。对每一个说话者都可用他们各自数据的均值和标准差进行同样的操作。由于每个说话者用来标准化的均值和标准差都不同，因此这并不是线性变换。那么，数据间的关系是会受到影响的。说话者自身数据的标准化和这里讨论的线性变换并没有什么关系，它只会被用来以标准单位表示回归斜率。

5.8 小结

在本章中，我们学到了线性变换中最常见的两种变换：中心化和标准化。作为线性变换，中心化和标准化对模型的影响是比较小的，它们只会改变模型呈现的方式。标准化在处理带有多个预测变量的模型时十分有用（见第六章），中心化则是处理交互作用的"救星"（见第八章）。

此外，本章也探讨了非线性变换，它不仅改变了模型的呈现方式，也改变了模型的本质。本章集中于对数函数，对数函数常用在语言学中转换反应时间或词频数据。对数改变了数量级，对数据有压缩作用。

5.9　练习

5.9.1　估算相关系数

对皮尔逊相关系数 r 有着敏锐的直觉是很重要的。请尝试估算图5.6中的相关系数。有点误差没有关系，毕竟我们不是在研究航天学。

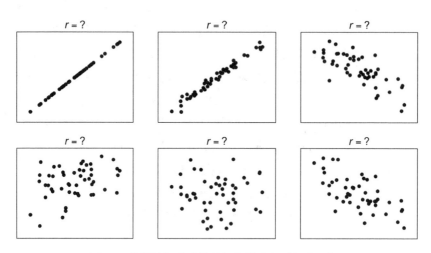

图5.6　估算随机生成的数据集的皮尔逊相关系数 r

第六章 多元回归

6.1 含一个以上预测变量的回归

当我们从简单线性回归转到多元回归，也就是从只有一个预测变量的模型转到有多个预测变量的模型时，线性模型框架的作用才真正得以彰显。其实这只需要我们去对均值进行建模。然而，现在的均值是一个模型内多个变量的均值。如此，回归方程式的右边得以扩展，包含的斜率不止一个：

$$y = b_0 + b_1 x + b_2 x + ... + e \tag{E6.1}$$

在第四章，我们讨论了反应时间关于对数词频的函数的分析，它只处理了词汇的一个子集。在本章里，我们会分析更多的词（来自英语词汇数据库的大约33,000个词，见 Balota et al., 2007）和更多的预测变量。

我们先来运行反应时间关于对数词频的函数，这是一个简单的线性回归函数，它生成了对整个数据集的估计系数（estimated coefficient）：

$$RT = 900 \text{ ms} + (-90) * log\ frequency \tag{E6.2}$$

对数词频每增加一个单位，平均反应时间预测会下降90 ms。在第四章里讨论过的数据的斜率是−70，跟这个斜率比起来要稍缓一些。

这个回归模型可以解释反应时间38%的变化（$R^2 = 0.38$），但是这些变化只和词频有关吗？回归模型只会考虑人让它去考虑的因素。由于这个模型只考虑词频，和词频相关的那些变量的影响可能和词频的影响混在了一起。比如，大家都知道Zipf（1949）的研究表明，常见的词往往比不那么常见的词更短。很明显，越短的词读起来就越快，因此方程式E6.2中词频的影响可能包含了词长的影响。为了在词长不变的情况下测量词频的影响,你可以将词长(音素的数量)作为这个模型中额外的预测变量。

$$RT = b_0 + b_1 * log\ frequency + b_2 * word\ length \qquad (E6.3)$$

在R中运行这个回归方程可以得到b_0、b_1和b_2的预测值。

$$RT = 750\ ms + (-70) * frequency + 20 * length \qquad (E6.4)$$

这个模型可以解释反应时间49%的变化($R^2 = 0.49$)。加入词长加大了模型可以描述的变化,这说明该预测变量对阅读时间是有意义的。这个新变量的系数是正数(+ 20),这说明随着词长增加,反应时间也会增加;换句话说,词越长,需要的阅读时间也就越长。

需要注意的是,截距从无词长模型的900 ms降到了有词长模型的750 ms。要解释这个变化,提醒自己截距的意义很重要:截距是当$x = 0$时对y的预测值。在这个模型中,900 ms是当一个词的词频和词长均为0时反应时间的预测值。因为词长不可能为0,所以这个截距并没有什么意义。这就是为什么需要将两个预测变量都中心化(见第五章),在这种情况下,模型截距才会是平均词长和平均词频的词所对应的反应时间。

现在对我们来说最有趣的是,在加入词长变量后,词频系数从-90变为了-70,影响幅度下降了大约20%。这意味着在第一个模型中词频的影响混杂了词长的影响。一旦控制了词长的影响,词频的影响就不那么强了。

本例中,词频和词长都对反应时间有影响。然而,在一些情况下,加入其他预测变量可能会完全抵消已有预测变量的影响。比如,在语言习得研究中,你可以建立词汇量关于身高的函数模型。你可能会想身高和词汇量应该是有一定关系的:随着孩子长大,他的词汇量会增加,身高也会上涨。然而,身高几乎完全是伴随着年龄差距而变化的。如果建立词汇量关于年龄和身高的函数模型,身高变量即使有影响,也会非常小。

　　我们必须意识到,多元回归和简单回归不一样,它不是简单回归的相加(见Morrissey & Ruxton, 2018的详细说明)。多元回归中,系数的意义是不一样的:每个系数都变成一个偏回归系数(partial regression coefficient),它衡量的是当其他变量保持不变时,该变量带来的影响。

　　让我们来想想这对于上面提到的词频模型意味着什么。偏回归系数−70意味着词长保持不变的情况下,词频对反应时间的影响。这么一想,这好像是个奇怪的数字,因为在现实的语言使用中,词长肯定和词频息息相关。然而,多元回归系数可以对高频的长词或低频的短词进行预测。因此,从简单回归转到多元回归的真正目的是厘清研究中不同变量的直接影响,每个系数代表的是在控制其他变量不变的情况下该变量的影响。

6.2　多元回归与标准化系数

　　在本节,你可以重复Winter等(2017)的实际分析步骤,数据已经在第二章介绍过了。温馨提示:象似性指的是词的形式与其意义的相似程度。对任意一个词而言,其形式和意义之间没有明显联系,比如,"purple"(紫色)这个词听起来并不像它所指的颜色。但是,像"beeping""buzzing"和"squealing"这样的拟声词是对相应声音进行的模仿。

　　Winter等(2017)的实验通过一个评分量表衡量了词的象似性。量表询问英语母语者一个很简单的问题:"这个词听起来和它实际意思有几分接近?"评分范围从−5(这个词听起来和它的意思完全不一样)到 + 5(这个词听起来和它的意思完全一样)。这种依靠母语者直觉的方法有一些缺点(见Perry, Perlman, & Lupyan, 2015),但现在我们要接受这样一个事实,即象似性评分为研究提供了一个单词象似性的粗略衡量标准。在接下来的分析中,你会估量几个预测象似性值的因子。

　　首先,在R中加载所需的包(tidyverse和broom)和数据:

```
library(tidyverse)
library(broom)

icon <- read_csv('perry_winter_2017_iconicity.csv')

icon %>% print(n = 4, width = Inf)
```

```
# A tibble: 3,001 x 8
  Word    POS              SER CorteseImag   Conc  Syst
  <chr>   <chr>          <dbl>       <dbl>  <dbl> <dbl>
1 a       Grammatical       NA          NA   1.46    NA
2 abide   Verb              NA          NA   1.68    NA
3 able    Adjective       1.73          NA   2.38    NA
4 about   Grammatical      1.2          NA   1.77    NA
     Freq Iconicity
    <int>     <dbl>
1 1041179     0.462
2     138      0.25
3    8155     0.467
4  185206      -0.1
# ... with 2,997 more rows
```

　　在 Winter 等（2017）的论文中，我们做了象似性关于感官经验（sensory experience, SER）、对数词频、可表象性（imageability）和所谓"系统性"（systematicity）的函数（见 Monaghan, Shillcock, Christiansen & Kirby 2014；Dingemanse, Blasi, Lupyan, Christiansen & Monaghan, 2015）。在这里我不会详细介绍这些变量，但是你应该知道的是，它们都属于连续变量（continuous variable）[1]。此外，要重点提醒的是：每一个变量都包含在我们的研究中，因为我们有理由做这种假设（见 Winter et al., 2017）。在进行回归分析之前，不妨制定一个清晰的计划。

　　在拟合回归模型之前，我们要先把频次预测变量进行对数变换（见第五章）。

```
icon <- mutate(icon, Log10Freq = log10(Freq))
```

---

[1] 感官经验评分来自 Juhasz 和 Yap（2013）的研究。词频数据来自 SUBTLEX（Brysbaert & New, 2009）。可表象性数据来自 Cortese 和 Fugett（2004）。系统性数据来自 Monaghan 等（2014）。

现在我们已经准备好了所有变量，可以拟合多元回归模型了。简单地列出所有用加号分隔的预测变量。由于所有预测变量都是同时估算的，因此其在公式中输入的顺序并不重要。

```
icon_mdl <- lm(Iconicity ~ SER + CorteseImag +
        Syst + Log10Freq, data = icon)
```

这个模型能够解释多少变化呢？

```
glance(icon_mdl)$r.squared
```
```
[1] 0.2124559
```

这个模型能够解释21%的象似性评分变化（对语言类数据而言，这个数字已经挺高的了）。接下来，我们来观察模型的系数。

```
tidy(icon_mdl) %>% select(term, estimate)
        term    estimate
1 (Intercept)   1.5447582
2         SER   0.4971256
3 CorteseImag  -0.2632799
4        Syst 401.5243106
5    Log10Freq  -0.2516259
```

为方便接下来的讨论，将这些系数四舍五入是比较合理的做法，这个操作可以通过round()函数完成。这个函数需要输入两个参数：第一个是数字向量，第二个是小数点后需要保留的位数。下面代码中的"1"表示四舍五入到小数点后一位[①]。

---

① 简单说明一下：把结果写入报告时，一般都用四舍五入的结果，这也是大多数期刊的要求。你可能会问："四舍五入不会让数据不准确吗？"确实如此，但这其实是件好事，因为你不应该有一种"假精确"的感觉。毕竟，语言学不像航天学那样精确，样本间的估算都是会变化的。展示带有很多小数的数字可能会造成一种小数很重要的错觉。另外，谁也不想看有很多小数的数字，它通常会影响人对核心信息的注意力。

```
tidy(icon_mdl) %>% select(term, estimate) %>%
  mutate(estimate = round(estimate, 1))
```

```
         term estimate
1 (Intercept)      1.5
2         SER      0.5
3 CorteseImag     -0.3
4        Syst    401.5
5    Log10Freq    -0.3
```

你只需要从上到下读取 estimate 列，再把每个对应的变量从左到右列出来，以加号连接，就能将输出结果导入预测方程中。

$$iconicity = 1.5 + 0.5 * SER + (-0.3) * Imag + 401.5 * Syst$$
$$+ (-0.3) * logfreq \tag{E6.5}$$

和往常一样，你可以将一些数代入方程式中，对式子找找感觉。让我们对这样的一个词进行预测：它的感官经验值是2，可表象性值是1，系统性值是0，对数词频是0[1]。代入这些数值后，方程式会变成这样：

$$iconicity = 1.5 + 0.5 * 2 + (-0.3) * 1 + 401.5 * 0 + (-0.3) * 0 \tag{E6.6}$$

方程式中，系统性和词频与0相乘后消失。通过计算，可以得出这个词的预测象似性值为2.2。

你可能会想，系统性这个预测变量应该对象似性影响最大，因为它在表中的系数值最大。然而，这其中有"陷阱"。让我们来看看系统性值的范围[2]。

```
range(icon$Syst, na.rm = TRUE)
```

```
[1] -0.000481104 0.000640891
```

---

[1] 对数词频为0对应的原词频为1，因为 $10^0 = 1$。
[2] 由于系统性这个变量中存在缺失值(NA)，因此你需要添加额外的参数 na.rm = TRUE。这会让R在计算极差时将缺失值删除。此外，要注意 lm() 能够自动将数据中的缺失值删除。

　　Syst(系统性)这个预测变量的取值在一个极小的负数到一个极小的正数之间。而它的回归系数(+401.5)呈现的是一个单位的变化。鉴于这个范围很窄,一个单位的变化也是一个很大的变化,事实上,它超出了系统性被验证的范围。

　　这个形象的例子告诉我们,在进行多元回归的时候要记住每个变量的量纲。一个单位的变化对频次来说意味着什么?对可表象性又意味着什么?等等。

　　标准化可以让斜率更具可比性(见第五章)。记住,标准化要求减去均值(中心化),接着再用中心化的值除以标准差。由于每个变量都有不同的标准差,因此需要将每个变量除以不同的数字。实际上,这一步就是在消除每个变量的量纲,以便让变量之间变得可比。下面的代码可以把所有变量的量纲消除:

```
icon <- mutate(icon,
        SER_z = scale(SER),
        CorteseImag_z = scale(CorteseImag),
        Syst_z = scale(Syst),
        Freq_z = scale(Log10Freq))
```

　　现在,所有的变量都被标准化了,你就可以拟合一个新的线性模型了。

```
icon_mdl_z <- lm(Iconicity ~ SER_z + CorteseImag_z +
        Syst_z + Freq_z, data = icon)
```

　　为了强调第五章中的重点,让我们来确认一下 R^2 的值是不是没有变。

```
glance(icon_mdl_z)$r.squared
```

```
[1] 0.2124559
```

　　R^2 的值没有改变,这告诉我们经标准化后,模型的实质也没有改变。然而,系数却已经是以不同的单位来表示的了[1]。

```
tidy(icon_mdl_z) %>% select(term, estimate) %>%
  mutate(estimate = round(estimate, 1))

          term estimate
1    (Intercept)      1.3
2        SER_z        0.5
3  CorteseImag_z     -0.4
4        Syst_z        0.0
5        Freq_z       -0.3
```

　　对于这些系数来说,"一个单位的变化"指的就是一个标准差的变化。鉴于这些预测变量的单位都发生了改变,很明显,感官经验预测变量对象似性的影响最大,斜率为 + 0.5。这可以理解为:"感官经验值每增加一个单位(其他变量不变),象似性就会增加0.5。"注意,现在系统性预测变量的值已经接近0了。

6.3　评估假设

　　目前的象似性模型(iconicity model)可以解决在第四章讨论回归假设时剩下的一些问题(残差的正态性、残差的同方差性)。因此,这一节我们会抓住这个机会,换个思路解决问题。

　　通常情况下推荐以可视化的方式评估正态性(normality)和同方差性(homoscedasticity)。为了评估残差值是否正态分布,可以画出残差的直方图,如图6.1(a)所示。我们之前提到的icon_mdl模型的正态分布就非常好。还有一个更好的检验正态分布假设的可视化方法,那就是分位数–分位数图(quantile-quantile plot,又称"Q–Q图"),如图6.1(b)所示。若样本的分位数点在图上排成一条直线,残差就符合正态分布[2]。

---

[1] 让我借这个机会再提醒一件和四舍五入有关的事情。当你在论文中汇报四舍五入的数字时,最好用R中的round()指令,因为在脑子里四舍五入很容易出错。理想状态下,R markdown文件中包含的数值(经四舍五入后)与你报告中的数值完全相同。

[2] 要绘制这个图,每个残差值都要变成百分位数(或分位数)的形式,如icon_mdl的第一个残差是–1.1,也就是第13.8个百分位数(13.8%的残差低于这个数字)。Q–Q图要回答的问题是:该正态分布中第13.8个百分位数上对应的数值是多少?如果数值相同,它们会拟合在一条直线上,这意味着两个分布(残差的分布和理论上的正态分布)非常相似。

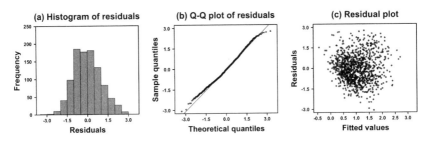

图6.1 （a）直方图；（b）Q-Q图；（c）icon_mdl的残差图

　　根据同方差假设，拟合值之间的误差应该是相等的。这可以通过"残差图"（residual plot）一探究竟，如图6.1（c）所示。在该图中，y轴为残差值，x轴为拟合值。如果满足同方差假设，那么残差的分布在拟合值的范围内都刚好相等，也就是说，残差点看起来成团状分布。在残差图中，任何一个系统的模式都需要关注。图6.1（c）的残差图看起来就很不错。可能残差的方差稍微有点朝更高的拟合值发散，但是很明显它没怎么违反同方差假设。

　　刚开始做回归建模的人可能会觉得以可视化的方式检验假设不太稳妥。事实上，也有正式的检验假设的方法，如夏皮罗-威尔克检验（Shapiro-Wilk test）。然而，应用统计学家更喜欢可视化检验（Quinn & Keough，2002；Faraway，2005，2006: 14；Zuur et al.，2009；Zuur，Ieno & Elphick，2010）。以可视化方式检验假设的一个最重要的原因是，它可以让你更了解你的模型和数据[1]。比如，残差可能会揭示隐藏的非线性，这就提示你需要给模型增加一个非线性条件（见第八章）；或者，残差可能会揭示一些极值，值得进一步探索。要记住的是，一个模型并不会完全符合或完全不符合正态性和同方差性假设，就如Faraway（2006: 14）所说："想要以可视化的方式去验证一个模型是否完全正确是不可能的，验证假设的目的是去检查模型是否有很大的错误。"

---

[1] 还有其他的一些原因：这些检验都有假设（可能违背也可能不违背假设），检验依赖于阶段值，如显著性检验（即使遵守假设是一个分级概念）。检验可能会犯Ⅰ类错误（Type Ⅰ error）或Ⅱ类错误（Type Ⅱ error）（这些概念的解释见第十章）。

让我们来试一下上面提到的可视化验证方法。首先，将模型的残差提取到对象 res 中，这一步不是必需的，但它会给你省去很多打字的时间。

```
res <- residuals(icon_mdl_z)
```

R的基础绘图功能要比 ggplot() 更适合接下来的绘图。让我们来绘制一个一排三图的图矩阵，可通过在 par() 函数（par 指绘图参数）中输入 mfrow 参数，也就是 c(1, 3) 来完成。hist() 函数会绘制这个矩阵的第一个图，qqnorm() 函数会绘制 Q–Q 图，用 qqline() 可以给 Q–Q 图加一条 Q–Q 线。残差图是这个矩阵的最后一个图。按顺序执行以下所有命令，你就会得到和图6.1相似的一系列图。

```
# 设置绘图参数生成图矩阵:

par(mfrow = c(1, 3))

# 第一个图,直方图:

hist(res)

# 第二个图,Q-Q图:

qqnorm(res)
qqline(res)

# 第三个图,残差图:

plot(fitted(icon_mdl_z), res)
```

为了测试你对残差图的直觉，接下来的代码（改编自 Faraway, 2005）可以让你了解好的残差图看起来应该是什么样子。代码通过 for 循环将绘图指令重复9次。接着，一个由 par() 做好的 3×3 的图矩阵里每张图都含有50个随机的数据点。

```
par(mfrow = c(3, 3))   # 设置3×3的图矩阵

for (i in 1:9) plot(rnorm(50), rnorm(50))
```

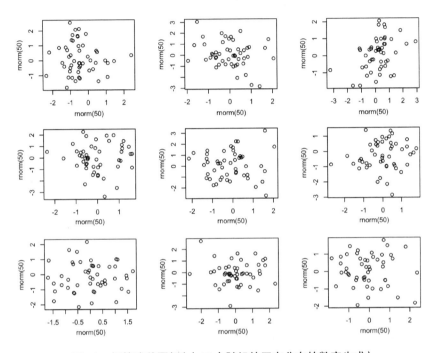

图6.2 好的残差图例（由50个随机的正态分布的数字生成）

很容易看出这些图中潜在的模式。说这些残差图是"好的"残差图，说明可视化的数据是由一个已知的正态分布过程生成的，其方差没有变化，也就是没有异方差性（heteroscedasticity）。尽管使用的是随机数据，但残差图总会呈现明显的模式。

接下来的代码生成糟糕的残差图，其方差不恒定。再次推荐大家去重复执行这个指令，以此锻炼对残差图的视觉敏感度。

```
par(mfrow = c(3, 3))

for (i in 1:9) plot(1:50, (1:50) * rnorm(50))
```

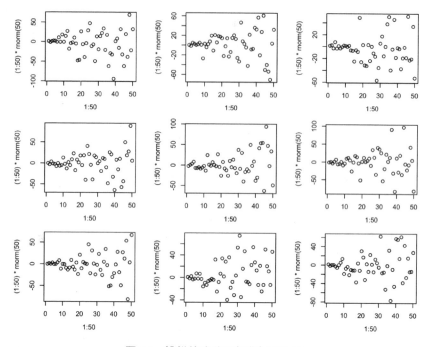

图 6.3　糟糕的残差图与非恒定方差

　　图 6.3 中出现了非恒定方差,随着拟合值从左到右变化,残差会逐渐呈扇形散开,这就是异方差性。

6.4　共线性

　　在多元回归分析中,共线性(collinearity)指一个预测变量会对另一个预测变量进行预测。共线性经常在高度相关的预测变量中出现,这加大了解读回归模型的难度(见 Zuur et al., 2010: 9)。

　　让我们用一个熟悉的例子来展示共线性。下面的代码再次随机生成了第四章的数据。此外,还有一个额外的细节:通过 set.seed() 来随机生成一个种子值(seed value),以确保你和我运行的随机数是相同的。我选择 42 作为种子值(只要你和我使用相同的数字,就会得到相同的结果)。

```
set.seed(42)    #  随机数的种子值
x <- rnorm(50)
y <- 10 + 3 * x + rnorm(50)
tidy(lm(y ~ x))
          term  estimate  std.error statistic     p.value
1 (Intercept) 10.093852 0.1283994  78.61294 2.218721e-52
2           x  2.807983 0.1125854  24.94091 3.960627e-29
```

回归模型估计的斜率是 + 2.81，目前来说是不错的。如果给这个模型加上一个一模一样的自变量呢？要创建这样的场景，请复制 x。

```
x2 <- x
```

让我们改掉新向量 x2 中的一个数字，所以两个向量不会完全一样。

```
x2[50] <- -1
```

由于两个向量中只有一个数字不一样，因此它们之间是高度相关的（皮尔逊相关系数 $r = 0.98$；见第五章）。

```
cor(x, x2)
```
```
[1] 0.9793935
```

鉴于这个设定，x2 预测的 y 和 x 预测的 y 差不多也就不足为奇了。

```
tidy(lm(y ~ x2))
          term  estimate  std.error statistic     p.value
1 (Intercept) 10.181083 0.1669154  60.99548 3.833676e-47
2          x2  2.724396 0.1457204  18.69605 1.123051e-23
```

如果你把x和x2放入同一个模型中呢？

```
xmdl_both <- lm(y ~ x + x2)

tidy(xmdl_both)
```

```
        term    estimate  std.error    statistic      p.value
1 (Intercept) 10.0794940  0.1303314  77.3374070  3.352074e-51
2           x  3.2260125  0.5599087   5.7616761  6.164895e-07
3          x2 -0.4255257  0.5582050  -0.7623108  4.496834e-01
```

你会注意到，现在x2的斜率发生了变化：它变成了负数，尽管数据经过设计后让x2和y都是正相关。在处理强共线性时，系数经常会因为模型中的自变量发生巨大的变化。

为了验证你的分析中是否要担心共线性，你可以利用方差膨胀因子（variance inflation factor, VIF）。它们会衡量一个自变量在多大程度上能解释另一个自变量。关于界定方差膨胀因子为多少时需要考虑共线性这个问题，人们有不同的看法。有人建议因子值大于10就意味着存在共线性问题（Montgomery & Peck, 1992）。根据Zuur等（2010）的研究，我在过去的研究中更严格地将其控制在3到4。然而，也有研究者提出不要用方差膨胀因子来决定是否要包含某些预测变量，接下来我们会继续讨论这个问题（O'brien, 2007; Morrissey & Ruxton, 2018）。

car包中的命令vif()（Fox & Weisberg, 2011）可以用来计算方差膨胀因子。对于xdml_both来说，它的方差膨胀因子非常高，肯定远高于10，因此有着很强的共线性。

```
library(car)

vif(xmdl_both)
```

```
       x        x2
24.51677 24.51677
```

让我们将这个模型的方差膨胀因子和本章前面拟合的象似性模型的方差膨胀因子进行对比。

```
vif(icon_mdl_z)
```

```
    SER_z CorteseImag_z     Syst_z    Freq_z
 1.148597     1.143599   1.015054  1.020376
```

在象似性模型中，所有的方差膨胀因子都是接近1的，这很好。在Winter等（2017）的研究分析中，具体性（concreteness）和可表象性间的高度相关性就导致了共线性问题。我们最终决定删去具体性这个变量，这不只是因为它的方差膨胀因子大，还因为它的理论内涵和可表象性是相似的（见Connell & Lynott，2012）。那篇文章详细解释了删去具体性的原因。此外，补充材料显示，把可表象性换成具体性并不影响我们的主要结论。即使把两个变量都删去，我们的主要结论也不会受到影响。

需要重点提醒大家的是：样本大小和共线性相互影响。在其他条件相同的情况下，收集的数据越多，回归系数的准确度越高（O'brien，2007；Morrissey & Ruxton，2018）。因此，除了将变量剔除出研究以外，你还可以选择收集更多数据，如此，即使存在共线性，也能估算出更准确的系数。同样重要的一点是：我们不能把共线性当作多元回归的缺点。它只是意味着在预测变量混杂的情况下，很难去衡量变量带来的直接效果。

如果很多个预测变量的共线性都很强，这个时候回归模型可能不是最好的选择。我们可以选择更加合适的方法，从一组可能存在共线关系的预测变量中找出影响力最强的预测变量，如随机森林法（random forests）（Breiman，2001；详情介绍见Strobl，Malley，& Tutz，2009；语言学相关应用见Tagliamonte & Baayen，2012）。Tomaschek、Hendrix和Baayen（2018）讨论了语言学研究中数据出现共线性的一系列解决办法。然而，要想真正找到导致结果的潜在因素，有时需要额外进行实验（语言学相关例子见Roettger，Winter，Grawunder，Kirby，& Grice，2014）。

在研究的设计阶段，最好要考虑到共线性问题。比如，如果实验中有三个衡量语速的指标（如"每秒读的句子数""每秒读的单词数""每秒读的音节数"）而它们高度相关，那么你可能就要从理论角度上选择最合适的预测变量。把所有要素囊括在同一个模型中可能并不会升华你的理论,而是增加解释模型的难度。

6.5 调整 R^2

既然我们对多元回归有了更深刻的了解,现在可以讨论"调整 R^2"(adjusted R^2)了。你已经在前面章节里的许多模型中见过它。和 R^2 一样,调整 R^2 衡量的是模型的预测变量能够在多大程度上解释响应变量。然而,调整 R^2 更加谨慎,它总是会低于 R^2,因为它包含了一个惩罚因子(penalizing term),惩罚因子会根据模型里包含的预测变量数量来降低 R^2[①]。这么做是因为增加模型中预测变量的个数会增加响应变量的变异性,而调整 R^2 可以消除 R^2 因包含太多预测变量导致的膨胀效应。这可以帮助诊断并预防"过度拟合"(overfitting)。所谓"过度拟合",指的就是模型与特定数据集的特殊模式过于接近。

broom 包中的 glance() 函数可以生成模型总结信息。从之前提到的象似性模型中,我们可以看到 R^2 和调整 R^2 的相关性是很强的。这意味着没有过度拟合的问题。如果调整 R^2 的值比相应的 R^2 的值低得多,就说明存在无用的预测变量。

```
glance(icon_mdl_z)

  r.squared adj.r.squared    sigma  statistic      p.value
1 0.2124559     0.2092545 1.001714 66.36346 9.786184e-50
  df  logLik     AIC      BIC deviance df.residual
1  5 -1402.517 2817.035 2846.415 987.3758        984
```

6.6 小结

本章介绍了多元回归。多元回归是简单线性回归的延伸,能让你

---

① 该公式为 $R^2_{adj} = 1 - \dfrac{(1-R^2)(N-1)}{N-k-1}$。由此可见,调整 R^2 是 R^2 的变形。至关重要的是,该公式包含了模型中参数的数量项 k,N 表示的是数据的数量。

探究在其他变量保持不变的情况下某个预测变量的影响。为了让回归方程的斜率更具可比性,将预测变量标准化可能是个有用的方法。接着,我们转向多元回归的残差,通过可视化的方法进行探索。之后,本章介绍了共线性,这涉及预测变量间的相关性(dependency),相关性会加大模型系数的解读难度。最后,我们介绍了调整 R^2,它是 R^2 的一个更加谨慎的版本,会考虑预测变量的数量。

6.7 练习

6.7.1 练习:分析 ELP 数据

在 R 中加载名为 "ELP_full_length_frequency.csv" 的数据并对其进行回归建模,其中原反应时间为关于对数词频和词长的函数(和第六章第 6.1 节相同),然后查看方差膨胀因子。接下来,看看你的模型在多大程度上符合正态性假设和同方差假设。

第七章 分 类 变 量

7.1 引言

目前为止，本书讨论的所有变量都是连续变量。如果你想知道一个响应变量是否在两个或多个离散数据组（discrete group）之间存在差异，那该怎么办？例如，你可能想证明音调的高低因生理性别（女性与男性）的不同而不同，元音的音长因发音部位的不同而不同（如 /a/ 与 /u/），或者阅读时长因语态（主动与被动）的不同而不同。本章介绍了如何建立响应变量关于分类变量（categorical predictor）的函数模型。

7.2 建立味觉词和嗅觉词的情绪效价模型

这个例子来自 Winter（2016），探索了感官形容词（perceptual adjective）的评价功能。诚然，一个词的评价或"情感"特征可以从很多不同的重要维度衡量（Hunston, 2007; Bednarek, 2008），但我只关注积极/消极的维度，也就是说，一个词语从整体上看让人愉悦还是令人不快。为了从这个角度切入话题，我运用了 Warriner 等（2013）的情绪效价评分，这部分内容你在第三章已经接触过了。

有学者认为，嗅觉词整体上相对消极（Rouby & Bensafi, 2002: 148–149; Krifka, 2010; Jurafsky, 2014: 96），这在和味觉词对比时更加明显。我们还可以根据词出现的语境来判断。例如，味觉词"sweet"（甜蜜的）总是搭配一些令人愉悦的名词，如"aroma"（香气）、"music"（音乐）、"smile"（微笑）及"dream"（睡梦）。相反，嗅觉词"rancid"（变味的）通常搭配这些名词："smell"（臭味）、"odor"（气味）、"grease"（油垢）及"sweat"（汗水）。这些名词的情绪效价可用于衡量与之搭配的形容词的效价,在这里,我称"情绪效价"为"语境效价"(context valence)(见Winter, 2016; Snefjella & Kuperman, 2016)。例如,对与"sweet"搭配的名词而言,其语境效价的均值(5.7)比"rancid"对应的均值(5.1)更高。在本章,我们将建立一个线性模型来描述语境效价和感官模态(味觉词与嗅觉词)之间的关系。

图7.1描绘了味觉词(菱形)和嗅觉词(圆形)所搭配名词的语境效价[1]。如图所示,尽管两种感官词的语境效价分布存在大面积重叠,但是味觉词比嗅觉词更倾向于出现在积极的语境中。

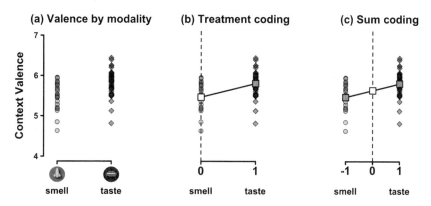

图7.1　(a)味觉词与嗅觉词所搭配名词的语境效价;(b)虚拟编码,嗅觉为0,味觉为1;(c)汇总编码,嗅觉=−1,味觉=+1,白色方块代表截距

回归可以很好地处理数集。为了将分类变量"模态"(modality)纳入回归模型,我们用数值标识符(numerical identifier)替换"味觉"和"嗅觉",这个过程被称为"虚拟编码"(dummy coding)。从图形上看,对分类变量赋予数字意味着将其置于坐标系中,如图7.1(b)所示。此时,嗅觉词位于$x=0$处,而味觉词位于$x=1$处。

图7.1(b)中的编码系统也称作"treatment coding"[2]。对于虚拟编码和其他编码系统而言,"对比"是一个非常重要的术语。在虚拟编码系统中,位于$x=0$的分类变量称作"参照水平",它表示回归模型中

---

① 感官模态的分类参照Lynott 和 Connell(2009)。
② "Dummy coding"是"treatment coding"的同义词。

的截距。该截距在图7.1（b）中由白色方块表示，此时指嗅觉词（语境效价）的均值。

　　现在，让我们回忆前面章节提到的两个事实：第一，在一个单变量数据集中，均值是最接近所有数据的数值；第二，回归试图最大限度地减少残差。两者结合来看，说明当回归模型中有两个分类变量时，两个变量的均值一定在这条回归线上。只有在离散点 $x = 0, x = 1$ 上，图7.1（b）中的回归线才有意义。

　　在第四章中，我提到可以把斜率理解为"上升距离除以奔跑距离"。那么，图7.1（b）中，"上升距离"体现在哪呢？从 $x = 0$ 移动到 $x = 1$ 时，情绪效价"上升"了0.3个单位，这也是两个均值之间的差值。"奔跑距离"又体现在哪呢？从 $x = 0$ 移动到 $x = 1$ 时，刚好"跑"了1个单位。根据"上升距离除以奔跑距离"这个公式，得到 $\frac{0.3}{1} = 0.3$。因此，模态预测变量的斜率刚好等于两组数据均值之间的差值。这说明，对于分类变量而言，回归斜率实际上就是数据之间的差值！根据图7.1（b）中的数据，可以得到下面的预测等式：

$$context\ valence = 5.5 \qquad + \qquad 0.3 * modality \qquad (E7.1)$$
$$（嗅觉词）\quad（从嗅觉词转向味觉词）$$

　　我们把相应的数值代入这个等式。模态为1时，得到 $5.5 + 0.3 * 1 = 5.8$。模态为0时，得到 $5.5 + 0.3 * 0 = 5.5$。你可以把后者理解为模型没有从味觉词转向嗅觉词。

　　参照水平的选择取决于使用者。你也可以将"味觉"作为参照水平，而不用"嗅觉"。此时，等式如下：

$$context\ valence = 5.8 + (-0.3) * modality \qquad (E7.2)$$

　　你可以把E7.1和E7.2看作从两个角度解读同样的数据。从嗅觉词的角度看，向"上"接近味觉词（E7.1），或者从味觉词的角度看，向"下"靠近嗅觉词（E7.2）。设定参照水平本质上是设置数据的表现形式[①]。

---

① 回到第五章的讨论，改变参照水平是一种线性变换，因为它没有改变数据之间的关系。

7.3 处理味觉和嗅觉数据

首先,加载相关数据。

```
library(tidyverse)
library(broom)

senses <- read_csv('winter_2016_senses_valence.csv')

senses
```

```
# A tibble: 405 x 3
   Word        Modality    Val
   <chr>       <chr>     <dbl>
 1 abrasive    Touch      5.40
 2 absorbent   Sight      5.88
 3 aching      Touch      5.23
 4 acidic      Taste      5.54
 5 acrid       Smell      5.17
 6 adhesive    Touch      5.24
 7 alcoholic   Taste      5.56
 8 alive       Sight      6.04
 9 amber       Sight      5.72
10 angular     Sight      5.48
# ... with 395 more rows
```

这些数据结合了Lynott和Connell(2009)的感官模态分类与Winter(2016)的语境效价测量值,我们不妨花一些时间来熟悉[1]。例如,可以把Modality(感官模态)一列的内容列成表格,这样就能知道每种感官模态下分别有多少个单词(见第二章)。还可以用range()、mean()和sd()函数了解Val(语境效价)这列数据的极差、均值和标准差。此外,直方图也方便我们大致了解数据。为了尽快讨论处理分类变量的方法,我将跳过以上步骤,但在后续操作前了解这些数据对你来说是有益的。

把tibble简化为只包括味觉词和嗅觉词的子数据集。

---

[1] 为了测量语境效价,我使用了Warriner等(2013)的情绪效价评级和《当代美国英语语料库》(Davies,2008)。

```
chem <- filter(senses, Modality %in% c('Taste', 'Smell'))
```

让我们验证一下刚刚的操作是否有效。下面的命令能把每种感官模态下的单词数量列成表格。可以发现,此时表格里只有味觉词和嗅觉词。

```
table(chem$Modality)
```

```
Smell Taste
  25    47
```

试着使用group_by()及summarize()函数计算两个分类各自的(语境效价)均值和标准差。第一个函数的作用是让电脑知道总结哪组数据。

```
chem %>% group_by(Modality) %>%
  summarize(M = mean(Val), SD = sd(Val))
```

```
# A tibble: 2 x 3
  Modality     M    SD
  <chr>    <dbl> <dbl>
1 Smell     5.47 0.336
2 Taste     5.81 0.303
```

不妨在报告中提及这些数据。例如,你可以这样写:味觉词语境效价的均值($M = 5.81, SD = 0.30$)高于嗅觉词($M = 5.47, SD = 0.34$)。

怎么将这些差异可视化? 一个办法是借助箱须图(见第3.6节)。在ggplot2中,将分类变量设定为x,连续响应变量设定为y。此外,你还可以将分类变量设置为fill的参数,这样一来,箱图上相应会有感官模态的名称。额外的命令scale_fill_brewer()中加入了调色盘,我们可以在http://colorbrewer2.org上找到很多种调色盘。这里的调色盘(叫作"PuOr",表示"紫色橙色")便于影印,在黑白印刷中,我们也可以明显区分两种颜色。图7.2(左)是最终的箱须图。

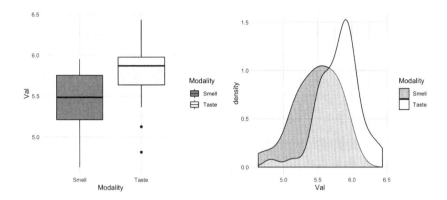

图7.2 （左）味觉和嗅觉情感效价差异箱须图；（右）相同数据的核密度图

```
chem %>% ggplot(aes(x = Modality, y = Val, fill = Modality)) +
  geom_boxplot() + theme_minimal() +
  scale_fill_brewer(palette = 'PuOr')
```

或者，你也可以绘制密度图（density graph）（图7.2右）。相较于直方图，它看上去更平滑（借助了"核密度估计"，这里我们不做解释）。将密度曲线（density curve）的alpha值设定为0.5会让曲线图更透明（试着设定不同的alpha值，并观察曲线的变化）。

```
chem %>% ggplot(aes(x = Val, fill = Modality)) +
  geom_density(alpha = 0.5) +
  scale_fill_brewer(palette = 'PuOr')
```

现在你对数据有了大致的了解，可以开始进行线性回归分析了。

7.4 R中的虚拟编码

让我们拟合一个回归模型，其中效价是关于模态的函数。

```
chem_mdl <- lm(Val ~ Modality, data = chem)
```

```
tidy(chem_mdl) %>% select(term, estimate)

          term  estimate
1   (Intercept) 5.4710116
2   ModalityTaste 0.3371123
```

注意,尽管在模型公式中,预测变量用Modality(模态)表示,但R输出的参数却是ModalityTaste(模态味觉)。经过虚拟编码后的分类变量经常会出现这种情况。虚拟编码会将输出斜率对应的分类变量(在本例中即Taste)编码为1。这说明未出现在系数输出结果中的分类变量被编码为"0",它隐藏在截距中。在本例中,截距表示嗅觉词的平均语境效价值。斜率(ModalityTaste)表示从截距(Smell)到Taste的变化。

拟合值表明这个模型只做了两个预测,每个预测结果对应一个分类变量水平。

```
head(fitted(chem_mdl))

       1        2        3        4        5        6
5.808124 5.471012 5.808124 5.471012 5.471012 5.808124
```

由于模型只做了两个预测(味觉词和嗅觉词分别对应一个固定不变的值),从fitted()函数的输出结果中,我们可以很快"读取"这个模型的预测值。但是,fitted()函数更适合处理复杂的模型,因此我们用predict()函数输出预测结果。在第四章中,我们已经接触了predict()函数。先制作一个数据框或tibble以供预测。

```
chem_preds <- tibble(Modality = unique(chem$Modality))
```

用unique()函数将Modality列简化为特定的类型[1]。

---

[1] unique()函数与level()函数十分相似,但后者只能运用于因子向量。这里的Modality列为字符向量。

```
unique(chem$Modality)
```

```
[1] "Taste" "Smell"
```

最后,计算出拟合值并将其插入 chem_preds tibble。

```
chem_preds$fit <- predict(chem_mdl, chem_preds)

chem_preds
```

```
# A tibble: 2 x 2
  Modality     fit
  <chr>      <dbl>
1 Taste       5.81
2 Smell       5.47
```

预测结果和我们本章之前讨论的内容一致。

7.5 动手完成虚拟编码

在实际数据分析中,你通常并不需要进行这个步骤,但是从教学的角度出发,自己动手完成虚拟编码十分有益。下面的代码用 ifelse() 函数在数据框里重新生成了一列数据,命名为 Mod01。如果符合陈述语句(即 Modality == 'Taste'),这个函数就会生成"1",相反,就会生成"0"。

```
chem <- mutate(chem,
      Mod01 = ifelse(Modality == 'Taste', 1, 0))
```

查看能否输出预期的结果:

```
select(chem, Modality, Mod01)
```

```
# A tibble: 72 x 2
Modality  Mod01
  <chr>   <dbl>
 1 Taste       1
```

```
 2 Smell      0
 3 Taste      1
 4 Smell      0
 5 Smell      0
 6 Taste      1
 7 Taste      1
 8 Taste      1
 9 Taste      1
10 Taste      1
# ... with 62 more rows
```

现在可以将新的Mod01列作为预测变量,来拟合线性模型。

```
lm(Val ~ Mod01, data = chem)
```

```
Call:
lm(formula = Val ~ Mod01, data = chem)

Coefficients:
(Intercept)    Mod01
     5.4710   0.3371
```

可以发现,输出的数值和之前讨论过的模型完全一致。这说明包含分类变量的回归和基于一组0和1的连续变量的回归是相同的。

7.6 改变参照水平

如果你想改变参照水平该怎么做呢?将Modality列转变为因子向量可以达到这个目的。在第二章第2.2节中,我们讨论过read_csv()函数及tibble的优势在于能将文本数据以字符向量的形式储存起来,字符向量比因子向量更容易处理。但当你想控制对比编码(contrast coding)方案时,就可能需要使用因子向量。

下面的mutate()命令首先将Modality列转变为因子向量,接着将'Taste'设为参照水平[1]。这些参照水平被改变了的向量储存在ModRe列。需要注意的是,第二步操作只有在完成第一步操作的

――――――――――

[1] 此时,factor()函数和as.factor()函数效果一致。

基础上才有效,即在mutate()函数中,先要将字符向量转变为因子
向量[①]。

```
chem <- mutate(chem,
     Modality = factor(Modality),
     ModRe = relevel(Modality, ref = 'Taste'))
```

用levels()函数查看两个因子向量。

```
levels(chem$Modality)
```

```
[1] "Smell" "Taste"
```

```
levels(chem$ModRe)    # 重新设定了参照水平
```

```
[1] "Taste" "Smell"
```

排在输出结果第一位的就是参照水平。因此,Modality列的参
照水平是Smell,而ModRe列的参照水平是Taste。如果没有其他操
作,R会按字母排序设定参照水平,所以Modality列的参照水平是
Smell。

我们用重新设定参照水平后的预测变量ModRe列来拟合模型。

```
lm(Val ~ ModRe, data = chem) %>%
  tidy %>%
  select(term, estimate)
```

```
        term    estimate
1 (Intercept)   5.8081239
2  ModReSmell  -0.3371123
```

此时,截距为味觉词的平均语境效价值(5.8)。斜率变成了负数,

---

① 除了使用relevel()函数,你还可以在创建因子时设定水平顺序。在下面的levels()
中,排在首位的参数就是参照水平。

```
chem <- mutate(chem,
        ModRe = factor(Modality, levels = c('Taste','Smell')))
```

因为此时它表示语境效价值从味觉词到嗅觉词的转变,结果为-0.3。

从数学的角度出发,将味觉词或者嗅觉词设为参照水平都是可行的。具体选择哪个,研究者可以自己决定!因此,你只要选择自己认为最适用于分析的参照水平就可以。

7.7　R中的求和编码

除了虚拟编码之外,"求和编码"(sum-coding)也是一种常用的编码方案。这些编码方案相比起来各有什么优势呢?第八章会讲到模型中存在交互作用时,求和编码更利于模型解释。现在,我们做一次"彩排",此时虚拟编码和求和编码都是合适的编码方案。随着对本书学习的深入,你将体会到灵活处理分类变量的重要性。

如图7.1(c)所示,对分类变量进行求和编码时,变量中的一个水平编码为-1,另一个水平编码为+1。在这种编码方案下,截距正好处于两个水平之间的中间位置。从概念上看,这类似于分类变量的"中心化"。截距的y值是两个水平各自均值的均值。换句话说,截距表示两个分类水平对应函数值的一半[①]。

我们可以运用"上升距离除以奔跑距离"这个公式。在y轴上"上升的距离"还是一样的,因为味觉词和嗅觉词对应的语境效价的均值之差没有改变。但是,在x轴上"奔跑的距离"发生了改变。从一个水平(-1)转到另一个水平(+1),差值为2,这意味着斜率变成了$\frac{0.3}{2}=0.15$,是均值差值的一半。你可以这样想,你坐在x = 0处,在两个水平的中间位置,向"上"看到味觉词,向"下"看到嗅觉词。

现在我们对Modality列进行求和编码。为保险起见,先将此列的数据转换为因子向量。

```
chem <- mutate(chem, Modality = factor(Modality))
```

---

① 如果数据是平衡的(即每个分类中的数据量完全相等),截距就是数据集的总均值。

```
# 检查一下：

class(chem$Modality) == 'factor'
```

```
[1] TRUE
```

通过contrasts()函数查看R对Modality列因子向量的默认编码方案。

```
contrasts(chem$Modality)
```

```
      Taste
Smell     0
Taste     1
```

按照这种编码方案编码的因子向量在进行线性模型拟合时，产生了一个新的变量Taste，此时嗅觉词编码为0，味觉词编码为1。因此，回归模型的输出结果是ModalityTaste，而不是Modality。

如前所述，R默认的编码方案是虚拟编码(0/1)。contr.treatment()函数可以直接对一组向量编码。这个函数必须填入一个参数，即编码的分类变量个数。查看一下该编码方案对二分变量(binary category)的编码情况。

```
contr.treatment(2)
```

```
  2
1 0
2 1
```

函数输出的矩阵展示了对分类变量的编码情况。具体而言，第一个分类水平（第一行）编码为0，第二个分类水平（第二行）编码为1。该列命名为"2"，因为虚拟变量是以第二个分类水平（在本例中则是ModalityTaste）的名字命名的。

使用contr.sum()函数进行求和编码。可以看出，分类变量包括两个水平时，求和编码将第一个水平编码为1，第二个水平编码为-1。此时，该列没有特殊的名字。

```
contr.sum(2)
     [,1]
1    1
2   -1
```

现在我们用求和编码对 Modality 因子向量进行编码,对编码后的这列数据拟合一个回归模型。首先,复制 Modality 列的数据到新列中,然后改变新列数据的编码方案,使用求和编码。

```
chem <- mutate(chem, ModSum = Modality)

contrasts(chem$ModSum) <- contr.sum(2)

lm(Val ~ ModSum, data = chem) %>%
  tidy %>% select(term, estimate)

        term     estimate
1 (Intercept)   5.6395677
2     ModSum1   -0.1685562
```

可以注意到,与虚拟编码的模型相比,该模型斜率减半,截距等于两个分类变量各自均值的均值,这可以通过以下操作验证。

```
chem %>% group_by(Modality) %>%
  summarize(MeanVal = mean(Val)) %>%
  summarize(MeanOfMeans = mean(MeanVal))

# A tibble: 1 x 1
  MeanOfMeans
        <dbl>
1        5.64
```

可以注意到,斜率被命名为"ModSum1"。在预测变量的名字后附上"1"是 R 的一种标注惯例,用来代表经求和编码后的预测变量的斜率。

下面的等式使用上述求和编码后模型中的系数,分别对预测变量的两个水平做出预测。

taste valence = 5.6 + (−0.2) * (+ 1) = 5.4

smell valence = 5.6 + (−0.2) * (−1) = 5.8　　　　　　　　(E7.3)

可以注意到，除了四舍五入引起的一些差异，该预测结果和虚拟编码后模型的预测结果完全一样。

7.8 两个水平以上的分类变量

目前我们讨论的例子都是二分变量。如果分类变量的水平数量大于二呢？回到senses tibble，它包括了五种感官词汇：视觉、触觉、听觉、嗅觉和味觉。

```
unique(senses$Modality)
```

```
[1] "Touch" "Sight" "Taste" "Smell" "Sound"
```

拟合一个有以上五个水平预测变量的线性模型，看看会发生什么。

```
sense_all <- lm(Val ~ Modality, data = senses)

tidy(sense_all) %>% select(term:estimate) %>%
 mutate(estimate = round(estimate, 2))
```

```
          term  estimate
1   (Intercept)     5.58
2 ModalitySmell    -0.11
3 ModalitySound    -0.17
4 ModalityTaste     0.23
5 ModalityTouch    -0.05
```

回归的输出结果有四个斜率，也就是和共同参照水平之间的四种差异[1]。刚刚接触回归模型的人通常会对模型系数表不太满意，因为它仅仅呈现了研究中不同水平之间的部分差异。一般来说，研究者会有

---

[1] 以下为相应的虚拟编码方案：

```
contr.treatment(5)
  2 3 4 5
1 0 0 0 0
2 1 0 0 0
3 0 1 0 0
4 0 0 1 0
5 0 0 0 1
```

兴趣对某些水平进行比较。这个问题有三个答案。第一，观察这样一个事实，即有一个参考水平和四个差异，你实际上可以计算所有五个分类水平的预测，这在后面会详细说明。第二，检验含有五个水平预测变量的总体效果是可行的，这在第十一章会进行解释。第三，进行成对比较（pairwise comparison）也是可行的，这也将在第十一章详细解释。现在，我想让你接受这样一个事实：你的回归模型代表了一个参照水平的五个类别，却只有四个差异。

在这个数据集中，哪一个水平是参照水平？我们可以从输出结果中判断：没有以斜率的形式出现的就是参照水平。鉴于我们没有指定参照水平，R就会按照字母顺序设置参照水平，在这个研究中，参照水平就是Sight（视觉）。因此，视觉词就以截距的形式出现。第一个斜率，ModalitySmell，指的就是视觉词的语境效价值和嗅觉词的语境效价值之间的差异。这个系数是负值，说明嗅觉词比视觉词更为消极。

我们可以从R的输出结果中得到模型的方程，从上往下读取estimate列，将系数逐个代入等式中：

$$
\begin{aligned}
Valence = 5.58 + (-0.11) * Smell + (-0.17) * Sound \\
+ 0.23 * Taste + (-0.05) * Touch
\end{aligned} \tag{E7.4}
$$

如果我们想知道嗅觉词的预测值，可以设预测变量Smell为1，其他水平为0：$5.58 + (-0.11) * Smell = 5.47$。此外，$5.58 + (-0.17) * Sound$表示听觉词的语境效价预测值，以此类推。视觉词的平均语境效价值就是截距。只有这个均值可以不经过任何数学运算，直接从系数表中读取。

我们可以经常使用predict()函数，以节省手动计算的时间。

```
sense_preds <- tibble(Modality =
            sort(unique(senses$Modality)))
sense_preds$fit <- round(predict(sense_all, sense_preds), 2)
sense_preds
```

```
# A tibble: 5 x 2
  Modality    fit
  <chr>     <dbl>
1 Sight      5.58
2 Smell      5.47
3 Sound      5.41
4 Taste      5.81
5 Touch      5.53
```

这串代码中,sort()函数将unique()的输出结果按感官模态首字母顺序排列。这个结果随后被保存到sense_preds tibble中的fit列。predict()函数得出了每个模态的预测值。这些数值并不是与参照水平Sight比较后得出的相对值,而是每个模态的实际预测值。

7.9 再次假设

现在,让我们通过sense_all模型来了解更多关于残差和与残差有关的回归假设的内容。以下代码再现了在第六章中讨论过的可视化诊断图。得到的图与图7.3相似。

```
par(mfrow = c(1, 3))

# 第一个图,直方图:

hist(residuals(sense_all), col = 'skyblue2')

# 第二个图,Q-Q图:

qqnorm(residuals(sense_all))
qqline(residuals(sense_all))

# 第三个图,残差图:

plot(fitted(sense_all), residuals(sense_all))
```

这个模型似乎非常符合正态分布假设:直方图中的残差呈正态分布,Q-Q图也显示模型和正态分布高度拟合(通常来说,残差会从Q-Q线上呈扇形散开一点,因为有更多极值)。但是,这个残差图在你

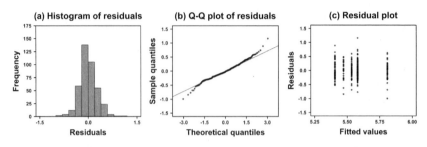

图 7.3　(a) 直方图；(b) Q-Q 图；(c) 评估 sense_all 模型的正态性和同方差假设的残差图

看来可能有点奇怪：这些残差遵循同方差假设吗？这些竖线又是怎么来的？这些线之所以存在，是因为 sense_all 预测了五个拟合值，每个水平对应一个拟合值。因此，残差图中没有介于两个水平之间的数值。对于验证同方差（"等方差"）假设而言，重要的是图 7.3（c）中的残差在每个分类水平中的分布几乎相同，这个数据集似乎就是如此。

7.10　其他编码方案

还有很多编码方案本书没有提及。例如，将有序的分类变量纳入模型时，赫尔墨特编码（Helmert coding）和前向差分编码（forward difference coding）能够发挥作用。赫尔墨特编码将一个分类变量的水平与该变量的下一个水平的均值进行比较，在 R 中，我们用 contr.helmert() 函数执行这种编码方案。对于有四个水平的变量而言，编码系统看起来像这样。

```
contr.helmert(4)

  [,1] [,2] [,3]
1   -1   -1   -1
2    1   -1   -1
3    0    2   -1
4    0    0    3
```

相应的回归输出结果中，第一个斜率表示第一个水平和第二个水平之间的差异。第二个斜率表示第三个水平与第一和第二个水平的差异。第三个斜率表示第四个水平与第一、第二及第三个水平的差异。也就是说,在一个有序的序列中,每个水平的均值都和前面水平的均值分别进行对比。比如,测试教育水平(博士 > 硕士 > 学士,等等)这类有序的预测变量时,这种编码方案很有用。

本章重点讨论的两种编码方案,即虚拟编码和求和编码,能够满足大部分需求。汇报带有分类变量的回归模型结果时,你必须提及使用的编码方案,这样读者才能理解论文中所有系数的估计值。明确这一点很有必要,即使使用的是R默认的编码系统(虚拟编码),我也建议这样做。

7.11 小结

本章介绍了如何将分类变量纳入回归分析框架。这允许用连续预测变量(continuous predictor),也可以用分类变量来拟合模型。和前者相比,分类变量拟合模型唯一的新颖之处在于,你必须小心解释其输出结果,理解分类变量转换为虚拟编码的过程。本章介绍了两种编码方案:虚拟编码和求和编码。

7.12 练习

7.12.1 绘图表示分类变量的差异

根据senses tibble,画出表示五种感官词汇对应效价的箱须图。接着,用geom_density()函数画出密度图,在图上标注具体的感官模态数据列,设置fill参数,并增加alpha值让图形更加透明。添加下列代码后,图片又会发生什么变化呢?

```
  + facet_wrap(~Modality)
```

7.12.2　象似性关于感官模态的函数

正如Winter等（2017）所探讨的那样（见第二章），将象似性作为关于感官模态的函数，可以评估感官词汇在象似性方面的差异程度。下面的代码加载了Lynott和Connell（2009）对形容词的感官模态评分和象似性评分（iconicity rating）。接下来，合并这两个tibble，使用select()函数提取其中的几列。

```
lyn <- read_csv('lynott_connell_2009_modality.csv')
icon <- read_csv('perry_winter_2017_iconicity.csv')

both <- left_join(lyn, icon)

both <- select(both, Word, DominantModality, Iconicity)

both
```

```
# A tibble: 423 x 3
   Word        DominantModality Iconicity
   <chr>       <chr>                <dbl>
 1 abrasive    Haptic                1.31
 2 absorbent   Visual               0.923
 3 aching      Haptic                0.25
 4 acidic      Gustatory             1
 5 acrid       Olfactory            0.615
 6 adhesive    Haptic                1.33
 7 alcoholic   Gustatory            0.417
 8 alive       Visual                1.38
 9 amber       Visual                0
10 angular     Visual                1.71
# ... with 413 more rows
```

拟合一个线性模型，在这个模型中，Iconicity是关于分类变量DominantModality的函数。尝试解释输出结果。截距代表什么？你能用系数推断出所有五个分类的预测值吗？将结果与描述性均值进行比较，为此你可以使用group_by()和summarize()函数。

第八章　交互作用和非线性效应

8.1　引言

　　交互作用指的是这样一种情况：一个预测变量对于响应变量的影响取决于另一个预测变量。也就是说，交互作用指的是预测变量之间的关系。这个概念探讨的是两个及两个以上的预测变量如何"共同"影响响应变量。McElreath（2016: 120）举了一个简单易懂的例子来解释交互作用：设想将植物的生长情况作为响应变量，"水分"和"光照"作为两个预测变量。这两个预测变量中任何一个都不能单独影响植物的生长状况。只有在水分和光照"均"充足的情况下，植物才可以不断生长。也就是说，"光照"这一预测变量产生的效果很大程度上取决于水分的多少，反之亦然。

　　在语言科学中，交互作用无处不在。例如，在 Winter 和 Bergen（2012）的研究中，我们要求以英语为母语的受试者阅读不同的描述距离的句子，例如 "You are looking at the beer bottle right in front of you"（你看着面前的啤酒瓶）（近）与 "You are looking at the beer bottle in the distance"（你看着远处的啤酒瓶）（远）。读完这两个句子中的任意一句后，受试者要么看到一个瓶子的大图像（近），要么看到一个小图像（远）。我们让受试者判断句子的描述和看到的图像是否吻合，并测量受试者做出判断的总时长。在我们的模型中，两个预测变量分别是"句子描述的距离长短"和"图片大小"。要注意，这两个预测变量是相互影响的：阅读"近"的句子后看一张大图像，受试者做出判断的速度更快，阅读"远"的句子后看一张小图像也是如此。相反，如果两个预测变量水平（predictor level）不匹配（"近"的句子/小图像，"远"的句子/大图像），受试者的反应则会变慢。这就是一个交互作用的例子，因为在这个模型中，影响最终结果的是不同预测变量水平之间的具体组合。

下面的方程式包含两个预测变量，即x1和x2（不含误差项）：

$$y = b_0 + b_1x_1 + b_2x_2 \tag{E8.1}$$

要体现两个预测变量的交互作用，在函数模型中加入交互项，需将两者相乘（$x_1 * x_2$）。然后，回归模型会估算这个新预测变量的斜率，即b_3。b_3的值描述了这种"乘数效应"（multiplicative effect）的强度。b_3离0越近，交互作用越弱。b_3离0越远，交互作用越强。

$$y = b_0 + b_1x_1 + b_2x_2 + b_3(x_1 * x_2) \tag{E8.2}$$

在心理学领域中，交互项有时被称为"调节变量"，因为它们"调节"了其他预测变量的效应。大家可以这样想：把两个预测变量相乘，我们就将两者"锁"了起来，而系数b_3则体现了这两个预测变量"锁"起来的方式。

有了例子后，就不难明白这一点。本章将向大家介绍不同类型的交互作用，首先是分类变量和连续变量之间的交互，然后是两个分类变量之间的交互，最后是两个连续变量之间的交互。本章的最后一节提及另一种"乘数"模型——多项式回归（polynomial regression）。

但是，开始本章的旅程之前，我想提个醒，好让大家有个心理准备。解读交互作用的含义非常困难，需要不少时间。与前几章相比，本章的运算量更大。如果大家刚接触回归建模的话，这章可能得多读几遍。

8.2　分类变量和连续变量之间的交互作用

让我们重温一下第六章中的象似性模型。回顾一下：象似性描述的是一个词的书写形式与其意义的相似程度。例如，像"bang"（猛敲、砸）和"beep"（发出哔哔声、发出嘟嘟声）这样的拟声词象似程度高，因为这些单词的发音模仿了词本身所描述的声音。第六章的分析得出了很多结论，其中一个是：给人感官刺激更强的单词更具有象似性。

图8.1分别表示名词和动词的象似性与感官经验评分（SER）之间的关系。图中的线条拟合了简单二元回归模型（Iconicity ~ SER），图（a）拟合的是名词，图（b）拟合的是动词。从这两张图中，你可以很容易发现，动词的感官经验和象似性之间的关系比名词的更强。线性回归模型估计，动词的SER斜率为 + 0.63，名词为 + 0.12。SER对象似性的影响因单词词性的不同而不同，这就表示名词和动词之间存在交互作用，但你不能仅仅比较不同模型的斜率（关于这一点，Vasishth & Nicenboim, 2016一文做了充分讨论）。相反，建模过程中应该明确标出这种交互作用。

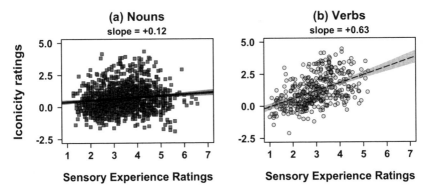

图8.1 名词（图a）和动词（图b）的感官体验评分与象似性之间的关系，注意动词模型的斜率较陡，用阴影标出的95%置信区间将在第九至十一章中进行解释

首先，在R中载入学习第五章时使用的数据。

```
library(tidyverse)
library(broom)

icon <- read_csv('perry_winter_2017_iconicity.csv')

icon

# A tibble: 3,001 x 8
   Word      POS       SER CorteseImag Conc Syst  Freq
   <chr>     <chr>     <dbl>      <dbl> <dbl> <dbl> <int>
 1 a         Grammati… NA           NA  1.46   NA  1.04e6
```

```
 2 abide     Verb       NA        NA 1.68 NA 1.38e2
 3 able      Adjective  1.73      NA 2.38 NA 8.15e3
 4 about     Grammati…  1.2       NA 1.77 NA 1.85e5
 5 above     Grammati…  2.91      NA 3.33 NA 2.49e3
 6 abrasive  Adjective  NA        NA 3.03 NA 2.30e1
 7 absorbe…  Adjective  NA        NA 3.1  NA 8.00e0
 8 academy   Noun       NA        NA 4.29 NA 6.33e2
 9 accident  Noun       NA        NA 3.26 NA 4.15e3
10 accordi…  Noun       NA        NA 4.86 NA 6.70e1
# ... with 2,991 more rows, and 1 more variable:
#   Iconicity <dbl>
```

该数据中的大多数列与当前的分析无关。我们需要的是Iconicity(响应变量)、SER(预测变量1)和POS(预测变量2)这几列。

让我们用unique()函数来看看不同词类("词性")的名称。

```
unique(icon$POS)

[1] "Grammatical" "Verb"       "Adjective"  "Noun"
[5] "Interjection" "Name"       "Adverb"      NA
```

用table()函数查看每种词性的单词总数。如果你把sort()函数嵌套在table()函数外,输出的结果就会按照每个词性的单词数量进行升序排列,可以看出,名词比动词多得多。

```
sort(table(icon$POS))

      Name Interjection    Adverb Grammatical
        15           17        39          80
  Adjective         Verb      Noun
        535          557      1704
```

对该tibble进行筛选,只取名词和动词。

```
NV <- filter(icon, POS %in% c('Noun', 'Verb'))
```

检查一下上述操作的结果如何。

```
table(NV$POS)
```

```
Noun Verb
1704  557
```

table() 函数输出的结果显示，目前数据集里只剩名词和动词。

出于教学目的，这里构建的第一个回归模型的预测变量为 SER 和词性，响应变量为象似性，不含任何交互项。

```
NV_mdl <- lm(Iconicity ~ SER + POS, data = NV)

tidy(NV_mdl) %>% select(term, estimate)
```

```
        term    estimate
1 (Intercept)  -0.1193515
2         SER   0.2331949
3     POSVerb   0.6015939
```

和前面一样，你需要花时间来解读这些系数。首先，截距预测了感官经验评分为 0 的名词的象似性。在上述语句输出的结果中，第三行的名称为 POSVerb，这是因为在字母表中，"n"排在"v"之前，因此名词处于截距（参照水平）这个位置。POSVerb 的系数为正（+ 0.60），也就是说动词的象似性高于名词。

其次，SER 的斜率预计为 + 0.23，这表明象似性和感官经验之间呈正相关。记住前面讨论的名词模型的 SER 斜率是 + 0.12，而动词模型 SER 的斜率是 + 0.63。目前模型的斜率为 + 0.23，介于"仅考虑名词"和"仅考虑动词"两个模型的斜率之间，因为名词比动词多，所以斜率更接近于名词。这个模型确实"知道"名词和动词可能有着不同的 SER 斜率，但由于忽略了两者的交互作用，该模型最终描述这两个词类的 SER 斜率会是错误的。

图 8.2 是 NV_mdl 函数的可视化模型。白色方块表示 SER = 0 时的截距，位于拟合名词数据的函数模型上，动词（虚线）的象似性高于名词。由于这两条线互相平行，无论 SER 值是多少，这一预测——动词的象似性高于名词——均成立。

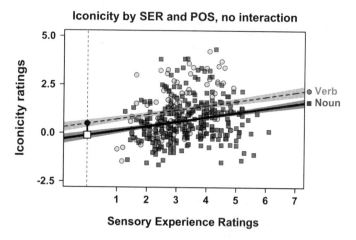

图8.2　象似性关于感官经验评分的函数；回归线表示的模型为`Iconicity~SER+POS`，不包括交互作用项；白色方块代表整个模型的截距；为增加清晰度，每组只随机显示25%的数据点

　　图8.3（a）展示了一个更复杂的模型，该模型包括一个交互项。图8.3与图8.2最显著的区别是，两条线不再平行。这意味着感官经验的估计值对名词和动词的象似性影响不同。同样，这表示名词和动词在象似性方面的差异程度取决于SER值。因此，你不能再单独解释每个预测变量。这两个预测变量相互制约，必须一起解释。

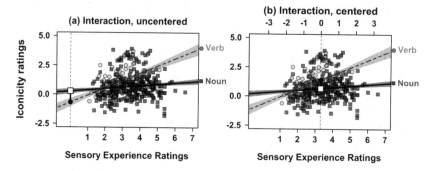

图8.3　（a）`Iconicity~SER*POS`模型；（b）`Iconicity~SER_c*POS`模型（SER进行了中心化）；注意截距（白色方块所在位置）的变化，这表示名词和动词之间差异的测算方式和图8.2不同；本图的绘制受Schielzeth（2010）启发

要拟合图8.3这样的模型，你需要在模型公式中加入一个交互项，用星号"＊"表示即可[①]。

```
NV_int_mdl <- lm(Iconicity ~ SER * POS, data = NV)

tidy(NV_int_mdl) %>% select(term, estimate)

        term    estimate
1 (Intercept)  0.2739423
2         SER  0.1181651
3     POSVerb -0.9554158
4 SER:POSVerb  0.5083802
```

和前面一样，花一些时间来解读这些系数。当你的模型中有交互项时，需要花更多时间。

首先，看看一共有多少个系数：每个预测变量有两个系数（SER和POSVerb），还有一个独立的交互项系数（SER：POSVerb）。其次，时刻注意截距的含义。和之前的模型一样，截距预测了SER值为0的名词的象似性。

值得注意的是，现在两条线不再平行，系数SER和POSVerb的含义也发生了变化。SER斜率现在只是名词感官经验的斜率。人们通常会误以为系数SER是名词和动词SER的平均斜率，事实并非如此。其实，可以看到SER与之前讨论过的仅有名词的模型斜率相同（＋0.12）。

同样，POSVerb系数指的是，感官经验值为0的名词和动词之间的差异。将图8.3（a）与系数表相比较可以看到，在白色方块所在位置，即截距处，名词的象似性实际上高于动词（POSVerb = －0.96）。但是，不能因此就认为名词的象似性总体上高于动词，情况恰恰相反。名词和动词象似性评分的差异（即象似性的高低）取决于SER的值。

[①] 在模型公式中有两种指定交互的替代方法：

```
lm(iconicity ~ SER * POS, data = NV)
# 等同于：
lm(iconicity ~ SER + POS + SER:POS, data = NV)
```

后者有效输出更为紧凑的SER ＊ POS具体内容，强调交互模型中还包含第三项，即SER:POS。

图8.3凸显了系数表中的差异,即白色方块(截距)到黑色圆点的距离(图中用加粗黑线标出的部分)。如果我们在脑海中沿着两条回归线滑动这两点,就会注意到名词和动词之间差异的变化情况:事实上,动词的象似性会转而高于名词。

交互项SER:POSVerb的系数又该如何解释呢?在这种情况下,我们应该把这个系数看作一个"斜率调整项"(slope adjustment term)。交互项系数是+0.51,这意味着对动词来说,SER这条线更陡。将交互项的斜率+0.51和名词的斜率+0.12相加,得出动词的斜率是+0.63。换句话说,动词在系数SER方面得到了额外提升。

连续变量经中心化后,解读带有交互作用的模型会更加容易。回顾一下第五章的知识点,将连续变量中心化,截距就等于x为均值时对应的y值。如图8.3b所示,如果将感官经验评分(SER)中心化,截距就变成了数据点中心。从图8.3中我们可以看到,将SER值进行中心化处理后,动词的象似性实际上高于名词。相较于在SER为0时计算名词和动词之间的差异性,中心化后的模型更加真实地反映了名词和动词之间差异的特征,因为SER的最小值是1,根本不存在等于0的情况。因此,让我们首先将SER中心化,再重新构建模型。

```
# 将SER中心化:

NV <- mutate(NV, SER_c = SER - mean(SER, na.rm = TRUE))

# 用中心化的预测变量拟合模型:

NV_int_mdl_c <- lm(Iconicity ~ SER_c * POS, data = NV)

# 查看系数:

tidy(NV_int_mdl_c) %>% select(term, estimate)

          term    estimate
1  (Intercept)   0.6642298
2        SER_c   0.1181651
3      POSVerb   0.7237133
4 SER_c:POSVerb  0.5083802
```

感官经验评分中心化后,系数POSVerb变负为正,由原来的

−0.96转变成现在的 + 0.72。这样一来,解读这个系数就更有意义:这个系数指的是感官经验评分处于平均位置的名词和动词之间的象似性差异,而不是感官经验评分等于0的名词和动词之间的差异。系数POSVerb为正表明,对于感官经验评分处于平均位置的词来说,动词比名词更具有象似性。我们改变模型的呈现方式之后,系数POSVerb解释起来就更容易了。解读交互作用时,如果大家不确定是否应该中心化,我建议:"遇事不决,就中心化。"

8.3 分类变量之间的交互作用

基于Winter和Matlock(2013)进行的一项实验研究,本节探讨两个分类变量之间的交互作用。这项研究采用了2×2("二乘二")的实验设计;也就是说,这个实验有两个分类变量,每个变量都有两个水平。"Their views on this issue are far apart"(他们对此事的观点相去甚远)这个表达采用了隐喻,反映了人们会将概念上相似和物理上相近的东西联系在一起,我们对这一点很感兴趣(另见Casasanto, 2008; Boot & Pecher, 2010)。在其中一个实验中,受试者需要阅读以下文字:

The city of Swaneplam has just finished its annual budget, and so has the city of Scaneplave. Swaneplam decided to invest more in education and public healthcare this year. It will also contribute generously to its public transportation system. Similarly, Scaneplave will increase funding for education and healthcare. Also like Swaneplam, Scaneplave will dramatically expand funds for transportation this year.(斯瓦内普兰市刚刚规划好其年度预算,斯坎普勒夫市也是如此。斯瓦内普兰市决定今年加大对教育和公共卫生保健的投资,大力建设公共交通系统。同样,斯坎普勒夫今年也将增加对教育和医疗的资助,大幅投资交通系统。)

请注意,该段落反复强调两个城市之间的相似性。我们的实验还构建了另一个情景,强调两个城市之间的不同之处。阅读完"两个城市相似"或"两个城市不相似"的段落后,受试者需要在一个岛屿的地图上画两个X(分别代表两个城市)。这两个X之间的距离是该实验的响应变量。我们推断,对这些城市的描述相似时,受试者在地图上画的两个X距离会更近。我们将这种情况称为"语义相似"操纵。除此之外,我们还增加了一个"语音相似"的情况。在语音相似情况下,两个城市的名字分别是Swaneplam和Scaneplave;在语音不同情况下,两个城市的名字听起来不太一样,分别为Swaneplam和Mouchdalt。

考虑到我们的研究问题,我们希望以两个城市之间的距离为响应变量,语音相似和语义相似为预测变量,以此来构建模型。此外,这两个预测变量相互影响。为了证实这一点,首先在当前的R会话中载入数据。

```
sim <- read_csv('winter_matlock_2013_similarity.csv')
sim
```

```
# A tibble: 364 x 3
   Sem       Phon       Distance
   <chr>     <chr>         <int>
 1 Different Similar          76
 2 Different Different       110
 3 Similar   Similar         214
 4 Different Different        41
 5 Different Different        78
 6 Different Similar          87
 7 Similar   Different        49
 8 Different Similar          72
 9 Similar   Different       135
10 Different Similar          78
# ... with 354 more rows
```

这个tibble中每一行都代表一个受试者。实验采用组间(between-participants)设计,也就是说,每个受试者只接触一种情况。Sem列和Phon列包含了关于语义相似和语音相似的信息,这两列为预测变量。Distance列为响应变量,即两个城市之间的距离,以毫米为单位。

用count()函数来查看每种情况的个数。

```
sim %>% count(Phon, Sem)
# A tibble: 4 x 3
# Groups:   Phon, Sem   [4]
  Phon      Sem              n
  <chr>     <chr>        <int>
1 Different Different       91
2 Different Similar        86
3 Similar   Different       97
4 Similar   Similar        90
```

最后，Distance列的总数如何计算？我碰巧知道这一列至少有一个缺失值，可以用is.na()函数进行检验（见第2.6节）。检验结果是一个逻辑向量，如果有NA值，返回TRUE，如果有实际值，则返回FALSE。对逻辑向量使用sum()函数时，如果逻辑为真（TRUE），输出1，如果逻辑为假（FALSE），则输出0。

```
sum(is.na(sim$Distance))
```

```
[1] 1
```

因此，Distance列中只有一个缺失值。以下两个filter()函数均可以排除这个缺失值。

```
sim <- filter(sim, !is.na(Distance))
# 等同于：
sim <- filter(sim, complete.cases(Distance))
```

让我们验证一下，新的tibble确实少了一行。

```
nrow(sim)
```

```
[1] 363
```

那么,要想感受一下距离的长短,可以用range()函数。

```
range(sim$Distance)
```

```
[1]   3 214
```

所以说,受试者画的两个X之间的距离短的只有3 mm,长的有214 mm。我们来构建一个函数模型,暂且先不考虑交互作用。

```
sim_mdl <- lm(Distance ~ Phon + Sem, data = sim)

tidy(sim_mdl) %>% select(term, estimate)
```

```
          term    estimate
1 (Intercept)   79.555653
2 PhonSimilar    5.794773
3  SemSimilar  -10.183661
```

因为字母表中"d"排在"s"之前,所以R将Different定为两个分类变量的参照水平,因此现在斜率表达的是从Different(不同)到Similar(相似)的变化。像之前一样,你需要弄清楚截距的含义。这个模型的截距预估了语音不同和语义不同时(即两个预测变量都为0时)两个城市之间的距离(79.6 mm)。相应地,系数PhonSimilar和SemSimilar代表相对于参照水平Different(语音和语义都不同)的变化。因为这个模型不含交互项,所以这些差异都可以单独解读。该模型预测,在语义相似的情况下,距离会减少10.2 mm,在语音相似的情况下,距离会增加5.8 mm。

现在让我们来拟合一个带有交互项的函数模型:

```
sim_mdl_int <- lm(Distance ~ Phon * Sem, data = sim)

tidy(sim_mdl_int) %>% select(term, estimate)
```

```
                    term    estimate
1            (Intercept)   78.400000
2            PhonSimilar    8.022680
3             SemSimilar   -7.818605
4 PhonSimilar:SemSimilar   -4.592965
```

同样,由于这个函数模型中有交互项,你应该放慢脚步,仔细思考每个系数的意义。千万要提醒自己,你不能再单独解释这两个预测变量的效应了。

首先,截距表示什么含义?你没有改变参照水平,所以截距指的仍然是语音不同及语义不同时的情况。接下来,回想一下,系数PhonSimilar和SemSimilar与该截距是有关联的。然而,由于现在的模型带有交互项,系数PhonSimilar(+ 8 mm)反映的不再是语音"相似"或"不同"所对应的平均距离。相反,PhonSimilar只反应语义"不同"情况下语音"相似"和"不同"所对应的"距离"差异。同样地,系数SemSimilar描述的是语音"相似"情况下语义"相似"和"不同"分别产生的效应。上表中系数PhonSimilar和SemSimilar被称为"简单效应"(simple effect),这个术语用来描述一个预测变量对另一个预测变量特定水平的影响。研究人员感兴趣的通常是"主效应",即一个预测变量的平均效应,他们不考虑另一个预测变量的水平。将简单效应误解为主效应是语言学中的一个严重问题(另见Levy, 2018)。

交互项系数又该怎么解读?系数PhonSimilar:SemSimilar是-4.6 mm。这表明变化只适用于语音相似和语义相似的单元。在处理2×2设计中的交互作用时,我发现画一个2×2的表格并手动填写系数的估计值对我们解读系数大有帮助。表格一画,系数的含义就变得十分明显,所以让我们看看表8.1。首先,注意所有单元格都包括截距。其次,在"语音相似"这一列每一格中都加上系数PhonSimilar(+ 8.0),在"语义相似"这一行每一格中都加上系数SemSimilar(−7.8)。但

表 8.1　带有交互项模型的系数,最右边一列和最下面一行
显示的是行均值和列均值

	语音不同	语音相似	
语义不同	78.4	78.4 + 8.0	行均值 = 82.4
语义相似	78.4 +(−7.8)	78.4 + 8.0 +(−7.8)+(−4.6)	行均值 = 72.3
	列均值 = **74.5**	列均值 = **80.2**	

是，这两个数据并不是行间或列间的平均差异，因为在计算这些均值时，还必须包括交互项（加粗显示的文字）。表的右侧和下方显示了每行和每列的均值。这表明，语义相似性的平均效果实际上是 + 10.1，而不是上面系数表中的 + 8.0。同样，一旦将交互作用考虑在内，语音相似性的平均效应是−5.7，而不是−7.8。

　　如果大家对自己的计算不放心，可以用 predict() 函数进行检验。使用 predict() 函数前先要创建一个数据集，才能输出相应的预测值。下面的代码定义了两个向量：一个是 Phon（包含语音的情况），一个是 Sem（包含语义的情况）。然而，你需要确保获得这两种情况下所有的"相似"与"不同"的组合。要做到这一点，rep() 函数就派上用场了，它可以重复一个向量（因此得名）。如果我们指定参数 each = 2，一个向量的每个元素都将重复两次。如果我们指定参数 times = 2，整个向量将重复两次。因此，这两个参数不同，输出的结果顺序也不同。对于目前的需求来说，rep() 函数帮了大忙，因为它可以创建所有的条件组合。

```
# 创建向量"不同,不同,相似,相似":
Phon <- rep(c('Different', 'Similar'), each = 2)
Phon
```

```
[1] "Different" "Different" "Similar"  "Similar"
```

```
# 创建向量"不同,相似,不同,相似":
Sem <- rep(c('Different', 'Similar'), times = 2)
Sem
```

```
[1] "Different" "Similar"  "Different" "Similar"
```

　　得到两个向量之后，放进同一个 tibble。

```
newdata <- tibble(Phon, Sem)

newdata
```

```
# A tibble: 4 x 2
  Phon      Sem
  <chr>     <chr>
1 Different Different
2 Different Similar
3 Similar   Different
4 Similar   Similar
```

这个tibble有两列，每列代表实验的一种情况。表中四行加在一起，把可能的条件组合都列出来了。然后，将这个tibble和相应的sim_mdl_int模型一起输入predict()函数中。

```
# 将预测值补进tibble:

newdata$fit <- predict(sim_mdl_int, newdata)

newdata
```

```
# A tibble: 4 x 3
  Phon      Sem          fit
  <chr>     <chr>      <dbl>
1 Different Different   78.4
2 Different Similar     70.6
3 Similar   Different   86.4
4 Similar   Similar     74.0
```

可以用上面输出的预测值计算均值。比方说，语义相似的情况和语义不同的情况之间的平均差异是多少？

```
newdata %>% group_by(Sem) %>%
  summarize(distM = mean(fit))
```

```
# A tibble: 2 x 2
  Sem        distM
  <chr>      <dbl>
1 Different   82.4
2 Similar     72.3
```

因此，这个模型估计，在语义相似的情况下，相较于读到两个城市名称发音不同的受试者，读到两个城市名称发音相似的受试者所画的两个X之间的距离要少10 mm。

还有一个方法有助于解释主效应,即模型存在交互项时,将编码方案从虚拟编码(R的默认编码)改为求和编码。回想一下,虚拟编码将分类函数中的类别分别设定为0和1,而求和编码则设定为−1和+1(见第七章)。从概念上讲,你可以这么想,求和编码就是将分类变量中心化。就我们的目的而言,求和编码最重要的特点是,0不再代表任何一个类别,因此,两个预测变量之间的变化就是针对特定分类的变化。相反,求和编码使0处于两个类别的中间位置。只有在实操中才能体现出求和编码的好处。下列代码用mutate()函数来定义两个新的列——Phon_sum列和Sem_sum列,将条件变量(condition variable)转换为因子向量。经过这样的操作之后,这些因子向量的编码方式通过contr.sum()函数变成了求和编码。

```
# 将条件变量变为因子向量:

sim <- mutate(sim,
              Phon_sum = factor(Phon),
              Sem_sum = factor(Sem))

# 把编码方式改为求和编码:

contrasts(sim$Phon_sum) <- contr.sum(2)
contrasts(sim$Sem_sum) <- contr.sum(2)
```

现在,用经过求和编码的因子向量重新拟合模型。

```
# 用求和编码过的预测变量重新拟合模型:

sum_mdl <- lm(Distance ~ Phon_sum * Sem_sum, data = sim)

tidy(sum_mdl) %>% select(term, estimate)

                 term    estimate
1         (Intercept)   77.353797
2           Phon_sum1   -2.863099
3            Sem_sum1    5.057543
4  Phon_sum1:Sem_sum1   -1.148241
```

Sem_sum1的系数是什么意思?这是语义相似和语义不同之间

差异的一半。将该系数乘以2,结果大约为10 mm,这就是语义不同和语义相似之间的平均差异。为什么这只是平均差异的一半呢？这是因为在求和编码中,从一个类别(−1)变为另一个类别(+1)相较于虚拟编码变化更大,变化了2个单位而不是1个单位(虚拟编码的变化单位)。如果忘记了这一点,就回头复习一下第七章的内容。无论怎样要记住,一旦对分类变量使用求和编码,系数表列出的就是"主效应"而不是"简单效应"[①]。

　　求和编码中系数的正负符号时常让人感到困惑。首先,我承认,为了快速掌握求和编码模型的含义,我忽略了主效应的符号。之所以这样做是因为,如果一切都"从中间开始",无论是"向上"移动平均差的一半,还是"向下"移动平均差的一半,都无关紧要。我自己建模的时候主要使用虚拟编码,因为使用虚拟编码更容易进行运算(数据乘以0时,得到的结果为0)。只有当我想在论文中说明主效应时,我才会改用求和编码。只要你知道如何解释这些系数,采用求和编码还是虚拟编码全凭自己的选择。对大家来说,哪一种更容易理解就选哪一种。也就是说,在输出结果时,必须说明具体的编码方式,只有这样,读者才能正确地理解系数。如果大家对解释编码方式(这需要时间和实践)把握不大,不要忘记使用predict()函数。

8.4　连续变量之间的交互作用

　　最后来说说两个连续变量之间的交互作用。首先,我们要回到Sidhu和Pexman(2018)所做分析的第一步。这些研究人员考察了感官经验对象似性的影响(见第六章)。此外,他们还考虑了心理语言学研究者所说的"语义邻域密度"(semantic neighborhood density)的影响。这个术语描述了这样一个观点:在心理词典里,有一些区域是相当"拥挤"或"密集"的,有很多词含义相似从而相互联系。

[①]　鉴于设计的四种情况包含的数据量大致相同,截距现在大约为总均值(grand mean,即响应变量的总体均值),在这种情况可以直接这样解释:截距是城市间的平均距离。

Gasser（2004）及Christiansen和Chater（2016）认为，象似性可能会导致混淆，因为许多单词拼写方式类似，意思相似，发音听起来也差不多。Sidhu和Pexman（2018）推断，处于语义密集邻域的单词象似性更高，更容易造成混淆。在语义稀疏的邻域，象似性的影响不大，不易造成混淆。

在R中载入Sidhu和Pexman（2018）的数据。他们的论文（于2017年提前发表）有个时髦标题《孤独又耸人听闻的图标》（"Lonely Sensational Icons"），所以我们可以把这个tibble命名为"lonely"。

```
lonely <- read_csv('sidhu&pexman_2017_iconicity.csv')

lonely
```

```
# A tibble: 1,389 x 4
   Word    SER   ARC Iconicity
   <chr> <dbl> <dbl>     <dbl>
 1 one    1.55 0.702      1.85
 2 him    2.55 0.689     0.583
 3 she    1.60 0.687     0.714
 4 me     2.33 0.664     0.600
 5 he     1.40 0.694      1.06
 6 mine   2.08 0.641      1.50
 7 near   2.10 0.674     0.538
 8 spite  2.91 0.625      2.86
 9 few    1.55 0.697      2.50
10 none   1.73 0.661     0.833
# ... with 1,379 more rows
```

这个tibble有四列。经过本章和第六章的学习，Word、SER和Iconicity这几列，相信大家已经很熟悉了。ARC列代表"average radius of co-occurrence"，即平均共线半径。ARC是如何测量的，在此我不再赘述，你只需要知道，这是一个语义邻域密度的衡量标准，取自Shaoul和Westbury（2010）。小的ARC值表示语义邻域稀疏（混淆的可能性较小），ARC值大表示语义邻域密集（混淆的可能性较大）。鉴于象似性会导致混淆，ARC值大的词（在密集的邻域中）象似性应该不太明显。

在构建模型前, Sidhu 和 Pexman（2018）排除了象似性评分较低的单词[①]。

```
lonely <- filter(lonely, Iconicity >= 0)
```

让我们以 SER 和 ARC 作为预测变量, 构建一个包含两者交互项的函数模型。

```
lonely_mdl <- lm(Iconicity ~ SER * ARC, data = lonely)

tidy(lonely_mdl) %>% select(term, estimate)

        term    estimate
1 (Intercept)  1.3601014
2         SER  0.3612026
3         ARC -0.7929281
4     SER:ARC -0.5255308
```

要谨记, 每个系数显示的值都是其他变量为0时的情况。上表中的截距预测的是感官经验为0、语义邻域密度（ARC）为0的词的象似性评分。ARC 效应的斜率（−0.79）表示 SER 为0的情况。同样, SER 效应的斜率显示了 ARC 为0的情况。

这个模型解释起来比较困难。首先, 连续变量没有中心化, 也就是说, 输出的斜率预测的是 $x = 0$ 时 SER 和 ARC 的效应。对于感官经验评分处于平均位置的词而言, 解读 ARC 效应会更加合理。同样, 对于语义邻域密度处于平均位置的词来说, 解读 SER 效应会更好。其次, 因为每个变量的度量单位不同, 很难比较 SER 和 ARC 斜率的大小, 所以系数解释起来比较困难。换句话说, 一个单位的变化对每个变量来说都是不同的。因此, 我们需要把这两个预测变量标准化（回忆一下第五章的内容, 标准化的变量也经过了中心化处理）。下面的 mutate() 函数将两个连续变量标准化。

---

① 象似性低的单词缺乏所谓的"建构效度"（construct validity）。受试者对于象似性为负的单词解释是否连续, 目前尚不明确。Sidhu 和 Pexman（2018）使用了一个更复杂的决策方式来排除象似性较低的单词。

```
# 将连续变量标准化：

lonely <- mutate(lonely,
                 SER_z = (SER - mean(SER)) / sd(SER),
                 ARC_z = (ARC - mean(ARC)) / sd(ARC))
lonely
```

```
# A tibble: 1,389 x 6
    Word    SER   ARC Iconicity   SER_z   ARC_z
   <chr> <dbl> <dbl>     <dbl>   <dbl>   <dbl>
 1 one    1.55 0.702      1.85   -1.74    1.16
 2 him    2.55 0.689     0.583  -0.745    1.06
 3 she    1.6  0.687     0.714   -1.69    1.05
 4 me     2.33 0.664      0.6    -0.956   0.871
 5 he     1.4  0.694      1.06    -1.89   1.10
 6 mine   2.08 0.641       1.5    -1.21   0.691
 7 near   2.1  0.674     0.538    -1.19   0.949
 8 spite  2.91 0.625      2.86   -0.382   0.567
 9 few    1.55 0.697       2.5    -1.74   1.13
10 none   1.73 0.661     0.833    -1.56   0.842
# ... with 1,379 more rows
```

现在你已经拥有标准化的预测变量了。重新拟合模型，将新模型命名为lonely_mdl_z。

```
# 用标准化的预测变量拟合模型：

lonely_mdl_z <- lm(Iconicity ~ SER_z * ARC_z,
                   data = lonely)

tidy(lonely_mdl_z) %>% select(term, estimate)
```

```
        term     estimate
1 (Intercept)   1.15564895
2     SER_z    0.07115308
3     ARC_z   -0.32426472
4 SER_z:ARC_z  -0.06775347
```

在这个模型中，系数ARC_z和SER_z表示各自的均值，因为对这两个变量来说，0的含义发生了变化。标准化之后，0 SER表示平均感官经验评分，0 ARC表示平均语义邻域密度。在处理交互项之前，我们先解释一下系数ARC_z和SER_z。首先，ARC的斜率为负。这意味着，如Sidhu和Pexman（2018）预测的那样，在密集（ARC值较高）的邻域中,单词的象似性确实较低。此外,SER_z的斜率为正,证实了感官词通常更具象似性(Winter et al., 2017)。

继续来看交互项,注意这个项数的斜率是负数(SER_z: ARC_z: −0.07)。我们可以这样解读:当SER_z和ARC_z同时增加时,根据模型的预测,单词的象似性会降低。我们可以把这看成两个效应相互抵消了。每次只思考一个变量,考虑交互项对该变量意味着什么,也能帮助我们解读系数。例如,由于SER_z的斜率为正,但交互项系数SER_z:ARC_z为负,所以ARC水平较高时,SER的效应减少了。换句话说,在密集的语义邻域,感官经验产生的效应较少。

Sidhu和Pexman(2018)倾向于将交互项的效应可视化。他们选取了具有代表性的ARC值,即ARC均值减去1.5个标准差和加上1.5个标准差的数据来反应SER和象似性之间的关系,绘制了Iconicity ～ SER的关系图。图8.4(a)是他们绘制的其中一幅图。

图8.4(a)显示,对于高水平的ARC(密集的语义邻域),感官经验和象似性之间的关系基本上为零(一条水平线)。对于中等密度的语义邻域(ARC = 0),两者虽呈正相关,但联系较弱。在稀疏的语义邻域(ARC = −1.5)中,SER和象似性之间有明显的正相关。

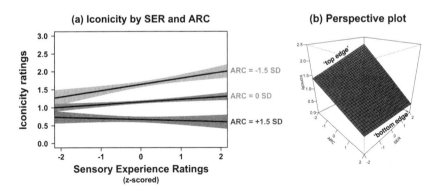

图8.4 (a)显示了语义邻域密度(ARC)的值不同时,SER和象似性之间的交互关系;(b)象似性、ARC和SER之间关系的模拟回归平面,z轴(高度)表示象似性(位置越高,象似性越高,位置越低,象似性越低),x轴和y轴分别表示连续变量SER和ARC

虽然图8.4（a）可以帮助我们解释系数，但请注意，它只呈现了该模型实际情况中的部分数据。该图只显示了ARC等于三个任意值时，象似性和感官经验评分之间的关系。然而，我们可以通过该图呈现出来的效果来预测全部ARC值的情况。

图8.4（b）是上述关系的三维预测图。我们也需要花一些时间来理解这幅图，所以我先给大家解释一遍。我们要意识到，有了两个连续的预测变量，就可以用预测变量的值构建一个二维平面。例如，取ARC = 0, 1, 2，对于每个ARC值，SER = 0, 1, 2，以此类推。回归模型使我们可以对预测变量值所有可能的组合进行预测。这些预测值可以用高度来表示，向上延伸到第三个维度。由此产生的平面被称为"回归平面"（regression plane）。

为了理解像图8.4（b）所示的三维图，首先我们要单独看每个轴。把我们的注意力集中在SER这一预测变量上。当观察图8.4（b）中的底边时，SER和象似性之间没有特别强的关系。这是语义密集区域的回归线（ARC值较高）。我们观察顶边时，SER和象似性之间呈正相关。因此，ARC的值不同，SER效应的斜率会也会随之改变。这也就意味着，在图8.4（b）中看到的回归平面是扭曲的。

所有这些三维图像对于理解连续变量之间的交互作用非常有用。图8.5（a）显示，当没有交互作用时，该平面是直的。两个连续变量之间可能有许多不同的交互作用，图8.5（b）呈现了其中一个。请注意，在这种情况下，平面不再是平面，有些部分弯曲了。这样的概念图和大家在学习分类变量和连续变量的交互作用时看到的图类似，其中互相平行的线表示没有交互作用，而不平行的线则表示存在交互作用。

图8.5（b）显示了一个特定的交互作用，体现出一个有趣的特性：当预测变量2的值较低时，预测变量1和响应变量呈负相关；当预测变量2的值较高时，预测变量1和响应变量呈正相关。因此，如果我们沿着预测变量2移动，预测变量1的斜率就会变负为正。在语言学中，很多情况下，一个连续变量的系数正负会因为另一个连续变量而发生改变。例如，在Perry等（2017）的研究中我们发现：如果受试者为幼

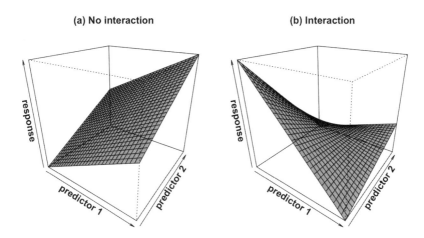

图8.5　（a）没有交互项的平直的回归平面；（b）带有交互项的有弧度的回归平面；注意图（b）显示的是诸多可能的交互关系中的一种

儿，象似性和单词出现频率呈正相关；如果受试者为大龄儿童，象似性和单词出现频率呈负相关。因此，频率和象似性之间的关系受到连续变量——年龄的调节。

8.5　非线性效应

讨论乘数效应时，我们也有必要讨论一下非线性效应的情况。如果构建的函数模型中，数据的走势并不是一条直线怎么办？就像交互作用一样，这种非线性关系的模型可以通过将预测变量反复相乘来构建。

Vinson和Dale（2014）撰写的一篇论文荣获Yelp数据集挑战奖（Yelp Dataset Challenge Award）。他们两位将Yelp上用户对餐厅的评价分为积极、消极和中立三类，研究了用户的情感态度对评论信息密度的影响。Vinson和Dale（2014）采用了好几种方法来计算Yelp上评论的信息密度。在我们的学习中，我只会提及其中一个方法，即平均条件信息（average conditional information, ACI），它量化了一个单词相较于其前面一个单词的意外程度。在信息论中，"意外性"可以衡量某件事情的信息量大小。他们将这一衡量标准与用户每条评论打分

（Yelp使用五星系统）相关联。

　　Vinson和Dale（2014）对大量数据进行了分析，在这里我给大家提供的数据只是其中一个很小的子集。这个tibble共有10,000行，其中每一行都代表了一条评论。across_uni_info列是整个评论的平均ACI。这个值越高，评论包含的信息量就越大。

```
vinson_yelp <- read_csv('vinson_dale_2014_yelp.csv')

vinson_yelp
```

```
# A tibble: 10,000 x 2
   stars across_uni_info
   <int>           <dbl>
 1     2            9.20
 2     1           10.2
 3     4            9.31
 4     3            9.27
 5     3            9.34
 6     4            9.68
 7     4            9.79
 8     4            9.47
 9     3           10.6
10     5            9.23
# ... with 9,990 more rows
```

　　让我们以Yelp评分星级为预测变量，信息密度的均值作为响应变量来构建函数模型。可以通过以下代码构建函数。在这个管道中，首先用group_by()函数对vinson_yelp这一tibble的数据按照评分星级（stars）进行分组。分完组后，用summarize()函数计算每个等级中评论的平均信息密度，并命名为AUI_mean。然后以不同的等级为x轴，AUI_mean为y轴绘图，得到图8.6。

```
vinson_yelp %>% group_by(stars) %>%
  summarize(AUI_mean = mean(across_uni_info)) %>%
  ggplot(aes(x = stars, y = AUI_mean)) +
  geom_line(linetype = 2) +
  geom_point(size = 3) +
  theme_minimal()
```

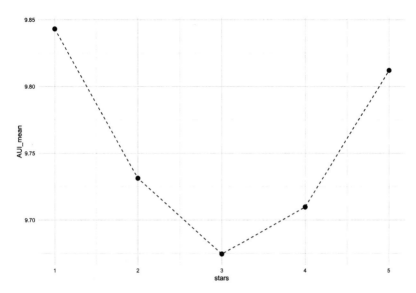

图8.6　用户对餐厅的评分星级（来自**Yelp**）为预测变量，平均信息密度为响应变量；本章的分析提取了**Vinson**和**Dale**（**2014**）研究数据中的一个子集

图8.6显示，评论越不中立，包含的信息越多。简单来说，评论越是积极/消极，包含的不可预测的词汇就越多。

为了构建这样一个折线回归模型，我们需要将多项式效应考虑在内。通过目测图8.6可以发现，这组数据存在二次（"抛物线"）效应。将预测变量x进行自乘可以得到函数$f(x) = x^2$这样的抛物线。下面的图表明了这一点（见图8.7左）。数字序列−10:10被储存在向量x中，然后这个向量通过^2这个幂符号进行自乘。

```
x <- -10:10
plot(x, x ^ 2, type = 'b')
```

同样，将一连串数字进行三次幂运算，就会出现典型的S形三次曲线（cubic curve）（见图8.7右）。

```
x <- -10:10
plot(x, x ^ 3, type = 'b')
```

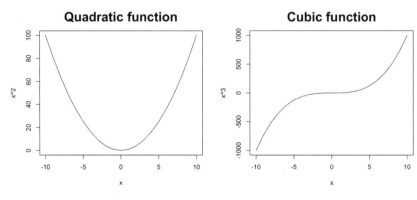

图8.7　二次曲线和三次曲线

多项式回归的诀窍是构建一个一元n次的多项式函数。例如,方程8.3包含了x的二次幂运算,然后回归模型根据实际数据估计这个二次幂变量的系数。这个变量的系数量化了x和y之间的抛物线形状。在方程式E8.3中,二次幂的系数为β_2,当β_2的值为正时,抛物线为U型曲线;当β_2为负时,抛物线为倒U型曲线。β_2越是接近于0,抛物线的弧度越不明显,即逐渐变成一条直线。

$$y = \beta_0 + \beta_1 x + \beta_2 x^2 \tag{E8.3}$$

换句话说:根据预测,我们可以指定多项式的形式(在这个例子中,是二次方),而数据会根据我们指定的多项式形式所构建出来的模型,来估计每个系数的值。如果数据中实际上没有二次或三次的关系,相应系数的估计值将非常小。

因此,如果要对Vinson和Dale(2014)的Yelp评论数据进行这样的操作,首先要中心化评分星级这一个变量,然后将这个变量自乘得到二次项。

```
# 将评分星级中心化并平方:

vinson_yelp <- mutate(vinson_yelp,
                stars_c = stars - mean(stars),
                stars_c2 = stars_c ^ 2)
```

这样一来,就可以构架一个以 star_c 和 star_c2 为预测变量,
评论信息密度(across_uni_info)为响应变量的回归函数模型。

```
yelp_mdl <- lm(across_uni_info ~ stars_c + stars_c2,
               data = vinson_yelp)

tidy(yelp_mdl) %>% select(term:estimate)
        term     estimate
1 (Intercept) 9.69128114
2     stars_c  0.04290790
3    stars_c2  0.03736348
```

二次方项的系数为正。要解释这个模型,最简单的方法是计算预
测值。下面的代码使用我们熟悉的 predict() 函数来计算每个星级
的拟合值。

```
# 创建 tibble 来使用 predict():

yelp_preds <- tibble(stars_c =
                       sort(unique(vinson_yelp$stars_c)))
# 平方评分星级:

yelp_preds <- mutate(yelp_preds, stars_c2 = stars_c ^ 2)
# 加入模型拟合值:

yelp_preds$fit <- predict(yelp_mdl, yelp_preds)

yelp_preds
```

```
# A tibble: 5 x 3
  stars_c  stars_c2    fit
    <dbl>     <dbl>  <dbl>
1   -2.68      7.21   9.85
2   -1.68      2.84   9.73
3  -0.685     0.469   9.68
4   0.315    0.0992   9.71
5    1.32      1.73   9.81
```

大家注意一下 fit 列中的数字是如何先变小后变大的。根据这些
拟合值,我们可以绘制一个预测图,看起来与图 8.6 几乎完全一样。预

测值很明显呈U型分布。

```
yelp_preds %>%
  ggplot(aes(x = stars_c, y = fit)) +
  geom_point(size = 3) +
  geom_line(linetype = 2) +
    theme_minimal()
```

　　我们可以增加额外的多项式来建立更复杂的曲线模型。例如，一个模型可以构建成"$y \sim x\_1 + x\_2 + x\_3 + x\_4$"这样的形式，其中$x\_2$是二次幂$(x * x)$，$x\_3$是三次幂$(x * x * x)$，$x\_4$是四次幂$(x * x * x * x)$，以此类推。添加这样的"高阶"多项式意味着模型更加真实，呈现出来的图像更加曲折。但是，使用这种方法时要留个心眼，因为高阶多项式往往很难解读。此外，我们需要记住，多项式只是一个数学概念，特别是高阶多项式可能与任何语言学理论都没有关系。在我自己的实践中，我经常用二次项进行建模，因为特定的理论往往与这种模式有关。例如，在记忆研究中，有"首因效应"（primacy effect）和"近因效应"（recency effect），由于这两个效应的影响，人们更容易记住列表开头和结尾的部分，对于整个列表的记忆情况呈U型曲线。以"数据在表中的位置"（list position）作为预测变量，构建二次函数模型可以很容易地反映出人们的记忆情况。在Hassemer和Winter（2016）及Littlemore等（2018）的研究中，我们使用多项式建模，发现在某些效应的影响下，数值较高的值会产生高原反应，即逐渐趋于平缓。

　　如果你纯粹对高信度的非线性轨迹建模感兴趣，可以考虑使用广义加性模型（generalized additive model, GAM）。这些是回归模型的延伸，比多项式回归的限制要少得多。对GAM的介绍超出了本书的讨论范围，但这里学到的概念为我们拟合GAM做好了准备。幸运的是，有大量关于GAM的教程可供参考（Winter & Wieling, 2016; Soskuthy, 2017; Wieling, 2018）。

8.6　高阶交互作用

至此,本章介绍了两个变量之间的交互作用。我们也可以在两个以上的变量之间构建交互作用。在某些情况下,这样的模型有理论支撑。然而,带有交互项的模型的系数本来就难以解读,对于更复杂的交互作用,解释起来会更加困难。假设有三个预测变量,A、B和C,我们在三者之间构建交互作用(A＊B＊C)。在这种情况下,三个预测变量都不能单独解释。此外,每一对预测变量(A:B、B:C和A:C)之间的双向交互作用都会受到第三个预测变量的调节。

在某些情况下,三元交互作用有理论支撑。有时,四项交互也具有意义,可以用其构建的模型预测数据。然而,一般来说,我们最好还是避免拟合模型时加入非常复杂的交互作用,尤其是在我们还是统计建模新手的情况下。重点关注那些有明确理论依据的交互作用。

你也可以巧妙地使用模型公式来限制交互作用的数量。请看下面的符号:

y ~ (A + B)＊C

这个模型在A和C之间以及B和C之间构建起交互作用,但它排除了第三项的影响,也并未构建起A和B之间的交互关系。

在这种情况下,最好记住星号"＊"只是一个缩写,可以用冒号":"分别指定每个单独的交互项。上面的模型公式和下面的回归模型相同:

y ~ A + B + A:C + B:C

8.7　小结

本章介绍了交互作用,通过解读交互项系数可以对交互作用进行估算。我们可以把交互作用看作两个预测变量互相"锁"了起来,合力对响应变量产生影响。如果我们的模型含有交互项,就不能再单独解读参与交互作用的预测变量。在交互作用存在的情况下,一个预测变量对于响应变量的影响取决于另一个预测变量。

我已经向大家介绍了三种类型的交互作用:连续变量与分类变量之间的交互,分类变量与分类变量之间的交互以及连续变量与连续变量之间的交互。通过这些例子,大家已经知道,对预测变量进行重新编码(如将连续变量中心化或对分类变量进行求和编码)有助于解读模型系数。此外,我们应多多使用predict()函数来理解自己的模型,并且将模型系数与数据的可视化或描述性均值进行比较。

最后,我展示了如何拟合多项式来为非线性数据建模。总的来说,通过学习这一章的内容,我们的统计模型表达能力大大提高,我们也能为更复杂的数据集和更复杂的理论建模。

8.8 练习

8.8.1 练习1:含有多个水平的分类变量之间的交互作用

回到我们筛选icon这个tibble来创建NV的这一步,该tibble筛选出只包含名词和动词的数据。创建一个新的子集,把形容词也加进去,这样一来POS列就有了三个类别。用词性作为交互项来重新构建模型。现在有多少个交互系数?

8.8.2 练习2:对带有交互项的分类变量进行手动编码

为了加强编码能力,请为本章所讨论的象似性模型重新创建虚拟编码。一般来说,不建议手动创建,因为虚拟编码是R的默认编码,但出于教学原因,手动创建有助于我们理解:当R为两个分类变量构建交互关系时,背后的原理到底是什么。下面的代码使用ifelse()函数,创建了两个新列,然后将这两列相乘得到了交互项int01。

将输出结果和本章中用虚拟编码构建的函数模型进行比较。

```
sim <- mutate(sim,
              phon01 = ifelse(Phon == 'Similar', 1, 0),
              sem01 = ifelse(Sem == 'Similar', 1, 0),
              int01 = phon01 * sem01)

tidy(lm(Distance ~ phon01 + sem01 + int01, data = sim))
# 结果不在此展示
```

第九章　推断统计学1：显著性检验

9.1　引言

本章将第一次明确讨论推断统计学。我曾在第三章中简要提到，在做推断统计时，我们可以用样本估计值来进行预测、推断总体参数。大多数时候，研究人员研究的样本有限。每个样本都是总体参数中截取的"快照"。从总体样本中随机抽取不同的样本意味着每个样本产生的估计值都略有不同。因此，对总体样本推断的过程总是充满不确定性。Gelman和Hill（2007: 457）称，不确定性"反映了对一个参数缺乏完整的了解"。推断统计学将这种不确定性量化，这样就可以确切表达我们对总体样本的不确定程度。

图9.1是推断过程的图解。在第三章中，我曾提过：样本均值$\bar{x}$是对总体均值μ的估计，而样本标准差s是对总体标准差σ的估计。就回归模型来说，每个回归系数b是对总体参数中相应的回归系数β（发音为"beta"）的估计。

在语言学中，什么是"总体样本"，实际上是一个不容小觑的问

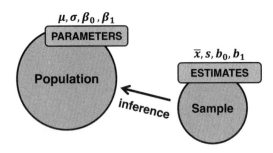

图9.1　从特定的总体样本中抽取样本的图解，样本估计值（罗马字母）被用来推断总体参数（希腊字母）

题。在社会语言学和心理语言学研究中，研究对象往往是某一特定语言的所有使用者的集合。例如，我们可能已经收集了90个有"Brummie"（英国伯明翰的方言）口音的英语母语者的语音数据。这个由90人组成的样本对研究对象群体来说远远不够（伯明翰是英国的第二大城市）。尽管如此，我们还是想评估自己的研究结果究竟在多大程度上反映了所有说话带Brummie口音者的情况。

对于许多语言学应用来说，研究对象指的不是一群会某种语言的人，而是这一群人说话的一些语言学特征。事实上，在我自己的大部分研究（语料库分析和词汇统计）中，我主要是从特定语言的词汇数据中抽样，而不是从说话者数据中抽样。在这种情况下，所有英语单词的集合就是我们要进行推断的相关数据。在实验研究的背景下，我们还必须考虑"研究内容"，因为实验研究的不仅是受试者，还包括受试者的一些语言特征。

我们要解决的一个重要问题是：如何对总体样本进行推断？事实上，不同学派的理念不同，回答这个问题的方式也不同（更为详尽的讨论见Dienes, 2008）。使用得最多的方法或许就是零假设显著性检验（null hypothesis significance testing），其缩写通常为NHST。

NHST无处不在，但在此我也需要声明，零假设显著性检验也招致很多批评（例如Goodman, 1999；Krantz, 1999；Nickerson, 2000；Sterne & Smith, 2001；Gigerenzer, 2004；Kline, 2004；Thompson, 2004；Hubbard & Lindsay, 2008；Cumming, 2012, 2014；Morey et al., 2016；Vasishth & Gelman, 2017，等等）。我认为，统计学教材在教授显著性检验时不提及这种方法存在的争议，这大有问题。我将在后面讨论其中的一些问题。

随着时间的推移，我们今天使用的NHST源于几个不同的历史分支，并不断发展。它融合了Ronald Fisher、Jerzy Neyman、Egon Pearson等人的观点。Perezgonzalez（2015）回顾了今天我们称为"显著性检验"的概念，它实际上融合了Fisberian的显著性检验传统和Neyman-Pearson方法，只是这两者的逻辑不同。尽管对显著性检验的不同分支进行全面解读超出了本书的介绍范围（见Perezgonzalez, 2015），但我将尽力向大家解释显著性检验的含义,从而避免某些常见的思维陷阱。此外,根据Cumming(2012,2014)的建议,本章我将重点强调效应量,下一章的重点则是区间估计,以尽量缓解一些有关NHST的担忧。

显著性检验的核心是对概率的一种特殊看法,有时被称为"频率论"(frequentism)。频率学派用长期相对频率来解释概率。我将用掷硬币的例子来解释一下这是什么意思。对于频率论者来说,头朝上的概率是$p = 0.5$。这个结论仅仅靠掷一次硬币是不可能得出来的,因为掷硬币要么正面朝上,要么反面朝上。相反,频率论者认为,概率$p = 0.5$是无限次掷硬币的长期相对频率。当我们掷硬币的次数越来越多时,相对频率会向0.5靠拢。NHST的设计考虑到了这种长期频率,目的是让关于总体的错误推断率保持在一个较低水平。NHST的美妙之处在于,如果使用得当,对于某一项统计检验,研究者可以保证一个特定的错误发生率。

9.2   效应量:科恩d值

首先,我们举个具体的例子,以两个群体之间的差异为模型。设想女性和男性在发声频率上存在差异。我们的耳朵所感知到的"声调"(voice pitch),通常以"基本频率"(fundamental frequency)来测量,单位是"赫兹"(Hz)。想象一下,针对100名女性和100名男性,我们做了一项研究,发现他们的基本频率平均相差100 Hz。问题是,抽样本身是一个随机的过程。每当我们从研究对象中抽取任意两组样本时,由于抽样过程是随机的,不同数据之间肯定会存在微小的差异。即便在总体样本一模一样的情况下,随机抽样的两组数据也会有差异。因此,100 Hz的差异是大还是小?此外,我们可以通过抽样调查的结果来确定整个群体中男女之间存在差异吗?一般来说,哪些因素会动摇我们"总体样本中存在差异"的推论?

接下来,我将围绕影响我们有关总体样本推断的三个关键"因素"展开论述:

1 差异的规模

在其余条件相等的情况下，两组数据的差异越大，你就越应该期待总体样本中存在差异。

2 数据的变异性

在其余条件相等的情况下，抽样数据内部的变异性越小，你就越能确定自己准确预估出了总体样本中存在的差异。

3 样本大小

在其余条件相等的情况下，样本越大，我们测量出的差异越准确。

让我们重点关注第一个因素，即效应的规模。在声调的例子中，效应的原始规模（raw magnitude）为 100 Hz。这个效应量的测量结果未经过标准化操作。所有形式的推断统计或多或少都有将效应量考虑在内。在其他条件相同的情况下，效应越强，推断越可信。如果男女之间的声调差异只有 5 Hz 而不是 100 Hz，我们肯定就没那么确定"总体样本中一定存在差异"了。

还有一些测量效应量的标准化方法，目前我们已经了解的方法有：R^2（第四章和第六章）、皮尔逊相关系数 r（第五章）和标准化回归系数（第六章）。这些测量效应量的标准化方法在具体的研究中解释起来更加容易。在我们的这次讨论中，我将介绍另一种测量效应量的标准化方法，即科恩 d 值（Cohen's d），它用于测量两个均值（$\bar{x}_1$ 和 $\bar{x}_2$）之间的差异大小。科恩 d 值的计算公式是：两个均值之差（效应的原始规模）除以两组数据的标准差（数据的整体变异性）。和我们在本书中看到的其他统计方法一样，标准化操作即除以某个衡量变异性的数据（在这种情况下是标准差 s）。

$$d = \frac{\bar{x}_1 - \bar{x}_2}{s} \tag{E9.1}$$

请注意，这个公式实际上由两部分构成，即因素 1 和因素 2（"效应的规模"和"数据的变异性"）。当组间均值的差异非常大或标准差 s 非常小的时候，科恩 d 值就会很大。虽然不太正规，但我喜欢把这个公式看作信号与噪声之比。只要信号非常强（差异大）或者"噪声"非常弱（标准差小），我们就能测量出强烈的效应。

Cohen（1988）提供了一个经验法则，根据这个法则，"小""中""大"效应分别为对应 d = |0.2|, |0.5|, |0.8|。在数学中，竖线表示绝对值，这意味着效应量既可以为正，也可以为负（ d = 0.8 和 d = −0.8 的效应都很大）。 d 是正是负，取决于是大的均值减去小的均值还是相反。

事实上，我们已知的另一个测算效应量的标准化测量方法与科恩 d 值的概念结构类似，即皮尔逊相关系数 r（第五章）。 r 的计算公式如下：

$$r = \frac{s_{x,y}^2}{s_x s_y} \tag{E9.2}$$

$s_{x,y}$ 是分子（分数线上的数字），描述了 x 和 y 的"协方差"（co-variance）。顾名思义，协方差衡量两组数据在多大程度上一起变化[1]。分母（分数线下的除数）包含了变量 x 和 y 的标准差（ s_x 和 s_y ）的乘积。标准差给出时总是带着数据的单位。正因为如此，用协方差 $s_{x,y}^2$ 除以 s_x 和 s_y 的乘积，就可以把数据的单位从这个数据中去除，得到一个可以在不同数据集之间进行比较的无单位统计量，即皮尔逊相关系数 r 。

和科恩 d 值一样，皮尔逊相关系数 r 实际上考虑了两个因素，即"效应的规模"和"数据的变异性"。因此，从概念上讲，这个公式实际上与科恩 d 值具有相同的信号-噪声结构。如果两个变量的共变性很强（"信号"强）， r 就会很大。如果 s_x 和 s_y 的变异性很小（"噪声"小），那么 r 也会很大。因此，总的来说，分子（"信号"）非常大，或分母（"噪声"）非常小时，皮尔逊相关系数 r 和科恩 d 值都会变大。

图9.2有助于我们理解这些概念。对于这个图，我允许大家做一些其他情况下不允许做的事情，那就是暂时假装我们可以从一张图中

---

[1] 协方差的公式是 $s_{x,y}^2 = \frac{1}{n-1} \sum_{i=1}^{n} (x_i - \bar{x})(y_i - \bar{y})$ 。 $(x_i - \bar{x})$ 这一项测量了每个数据点在 x 轴上与 x 的均值之间的距离， $(y_i - \bar{y})$ 这一项计算了每个数据点在 y 轴上与 y 的均值之间的距离。我向大家解释一下，如果两个变量强烈正相关，这个公式该怎么理解。如果一个数据点远高于 x 的均值，也远高于 y 的均值，那么两个差的乘积使协方差增大。如果一个数据点低于 x 的均值，也低于 y 的均值，情况也是如此，因为负负得正。

得出关于总体样本的结论。想一想这样一个问题：我们有多大把握认为，同一张图中的两个分布（密度曲线）来自同一个数据集？然后，问问自己，用肉眼容不容易观察出两组数据存在的差异。

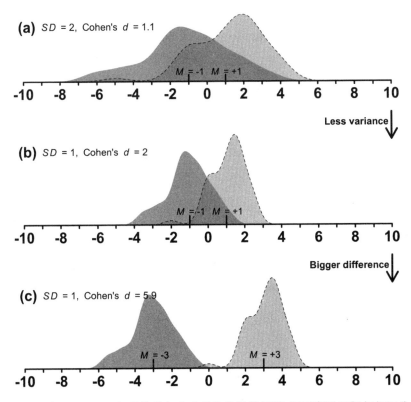

图9.2　该图显示了两组均值的组内方差和差异的规模，可以帮助理解如何区分这两个分布

从图9.2（a）到图9.2（b），标准差减少了一半，因此两个分布之间重叠的部分减少了，这样就更容易区分两组数据的差异。这告诉我们，即使均值没有任何变化，如果标准差减小，我们就会更加确定两组数据之间存在差异。最后，如果组间差异（group difference）增加（图9.2c），两组数据的分布会更容易区分。因此，这一连串的图显示了效应的规模和数据的变异性之间的相互作用。我们要注意，当方差减少时，科恩d值会增加，而当组间差异增加时，科恩d值又会进一步增加。

9.3 在R中计算科恩*d*值

让我们用第七章中的taste/smell数据集来计算科恩*d*值。首先在当前的R会话中载入Winter(2016)的数据。

```
library(tidyverse)

chem <- read_csv('winter_2016_senses_valence.csv') %>%
  filter(Modality %in% c('Taste', 'Smell'))
chem %>% print(n = 4)

# A tibble: 72 x 3
  Word        Modality     Val
  <chr>       <chr>        <dbl>
1 acidic      Taste        5.54
2 acrid       Smell        5.17
3 alcoholic   Taste        5.56
4 antiseptic  Smell        5.51
# ... with 68 more row
```

effsize包(Torchiano, 2016)中的cohen.d()函数可以用来计算科恩*d*值,让我们用这个函数来看一看味觉词和嗅觉词之间效价差异的大小。

```
library(effsize)

cohen.d(Val ~ Modality, data = chem)

Cohen's d

d estimate: 1.037202 (large)
95 percent confidence interval:
    inf       sup
0.5142663 1.5601377
```

味觉词和嗅觉词之间的差异效应量大,$d = -1.04$。

9.4 标准误差和置信区间

注意,科恩*d*值或皮尔逊相关系数*r*的公式中没有关于样本量*N*

的项, 这意味着在非常小的样本中也可以观测到很大的效应。要证明这一点很容易, 我们用以下代码试一试。下面的代码只用两个数据就创建了一个高度契合的相关关系, 得到了最高的相关系数, $r = 1.0$。

```
# 将 [1, 2] 和 [2, 3] 关联起来:
x <- c(1, 2)   # 生成x值
y <- c(2, 3)   # 生成y值
# 执行相关性函数:
cor(x, y)
```
[1] 1

如果这个数据集是我们的样本, 大家有多少把握可以肯定总体样本也符合这样高度契合的相关关系? 鉴于只有两个数据, 任何关于总体样本的论断都站不住脚, 这表明仅考虑效应量是明显不足的。有三个因素影响我们对总体样本的推断, 但测量效应量的标准化方法, 如科恩 d 值和皮尔逊相关系数 r, 只考虑了其中两个因素 ("效应量"和"数据变异性"), 没有将样本量考虑在内。

标准误差 (standard error) 将 N 纳入我们的推断统计中, 这是关键的计算步骤。用样本均值 x 来估计总体均值 μ 时, 标准误差的计算公式如下[1]:

$$SE = \frac{s}{\sqrt{N}} \tag{E9.3}$$

标准误差考虑了两个因素, 即"数据的变异性"(分子)和"样本量"(分母 $\sqrt{N}$)。虽然不太正式, 但我们可以这样解读: 标准误差测量了一个数据的精确度。标准误差越小, 测量的相应参数 (如均值) 更精确。或者说, 标准误差越大, 表明我们对自己的估计越没有把握。如果 N 值大或 s 值小, 标准误差也小。换句话说, 如果数据很多或者变化很小, 我们就可以精确地测量一个均值。

---

[1] 其他类型标准误差 (例如回归系数) 的公式与此不同, 但在概念上来看, 总体逻辑是一样的。

标准误差可以用来计算95%置信区间。尽管存在批评的声音
（Morey et al., 2016），置信区间还是有很多优点（Cumming，2012，
2014）。置信区间的计算方法是：取样本估计值（本例中是均值），并
计算出该样本估计值上下约1.96倍标准误差的边界[①]：

$$CI = [\bar{x} - 1.96 * SE, \bar{x} + 1.96 * SE] \tag{E9.4}$$

我们用一些具体数据来举个例子：对一个均值为100、标准误差
为10的样本来说，95%置信区间的下限是100−1.96 * 10 = 80.4，上限
是100 + 1.96 * 10 = 119.6。因此，基于这个均值和标准误差，95%置信
区间是[80.4, 119.6]。

因为置信区间是根据标准误差来计算的，所以它也取决于同样的
两个因素，即标准差和N，见图9.3。请注意，当数据增多时，置信区间
缩小（中间的数据集）。当数据集的方差增加时，置信区间又变大了
（图9.3右边的数据集）。

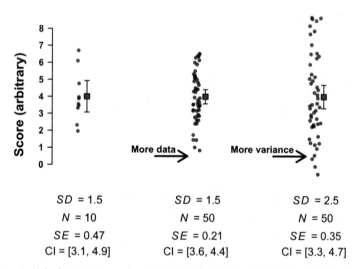

图9.3　误差条表示95%置信区间，区间随着数据点数量的增加而缩小；如果标
　　　　准差增加，区间会进一步加大

[①] 我在这里跳过了一些重要的细节。在此示例中，我使用值"1.96"来计算95%置信区间，
　　但精确值因样本量而异。样本量越大，这个值会逐渐向1.96收敛。

但是，95%置信区间到底是什么意思？这个问题有点棘手。95%置信区间与本章前面提到的频率学派的统计学理念有关。这种概率观认为单一事件不能合理地解释客观概率，抛硬币要么是正面朝上，要么是背面朝上。同样，实际的总体样本参数可能在、也可能不在置信区间内——实际上我们永远无法确定这一点。但是，如果我们设想一个可以重复无数次的实验，每次实验都计算出一个置信区间，那么在95%的情况下，这个区间会包含真正的总体参数。

图9.4将这个概念以图的形式展现出来，呈现了Cumming（2012，2014）所说的"置信区间之舞"（dance of the confidence intervals）。为了构建图9.4，我每次都从同一个总体分布中抽出60个数据。该分布的总体均值$\mu = 2$，总体标准差$\sigma = 5$。我们可以把这看作多位研究人员为了确定总体样本参数的位置而进行的尝试，每个研究人员抽取了不同的样本。

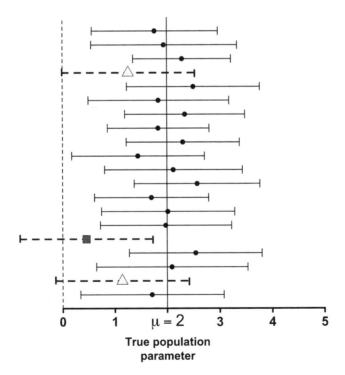

图9.4　"置信区间之舞"（Cumming, 2012, 2014）

用虚线画出的置信区间中,有三角形的虚线表示置信区间包含0,有正方形的表示置信区间不包括真实的总体样本均值。因此,通过使用不同样本估计值画出相应的置信区间,我们就可以知道,大多数情况下总体均值 μ 是多少。从长远来看,尽管我们对这样的操作步骤有把握,但对手头的某个特定数据集,还是不能太自信地给出论断。

9.5 零假设

在进行零假设的显著性检验时,我们是在给图9.4所示的置信区间强加一个硬性的决策规则。换句话说,我们把置信区间的区间性质束缚在一个程序中,这个程序会产生两种结果:"是"或"否"。虽然这从概念上来看可能很吸引人,因为规则很简单,但根据数据来做出是或否这一判断的做法也招致了对显著性检验的一个主要批评。有些学者认为这样做会导致"二分法思维"(Cumming, 2012, 2014)、"懒惰思维"(Gardner & Altman, 1986: 746)或"无意识的……统计仪式"(Gigerenzer, 2004)。然而,我们必须进行显著性检验,因为很多文献都讨论了与显著性检验相关的 p 值[1]。

首先我们要说明零假设(H_0)和相应的备择假设(alternative hypothesis)的具体内容。对两个组别之间的差异进行显著性检验时,零假设通常为:

H_0:两组之间没有差异

备择假设(H_A)通常指的是研究人员自己相信的论断。在本例中,备择假设为:

H_A:两组之间有差异

用数学公式可以将上述假设表示为:

---

[1] 免责声明:必须强调的是,这里规定的程序是学术圈所采用的,它并不遵循原始创造者的意图(见 Perezgonzalez, 2015)。

$$H_0: \mu_1 = \mu_2$$
$$H_A: \mu_1 \neq \mu_2$$

换句话说，如果数据符合零假设的话，μ_1 和 μ_2 两者相等。零假设公式的另一种写法为：

$$H_0: \mu_1 - \mu_2 = 0$$

通俗地说，这就是"假定两组数据均值之间的差异为零"，即假定两组完全相等。零假设是否为真并不是问题所在。上述公式中有一个关键细节需要注意：我使用希腊字母来描述零假设，这表明零假设是关于总体样本的一个假设（见第3.2节）。

一旦明确了对于总体样本的零假设，我们就会从自己的研究中寻找特定的样本，来衡量实际数据与这个初始假设是否相同。也就是说，在进行零假设显著性检验时，我们要测量数据与零假设的不兼容性（incompatibility）。然而，我们的论断只能和数据有关——零假设是真是假，这不在大家的考虑范围之内。零假设本身就是虚构的，我们永远无法直接进行测量。我喜欢把零假设看作"统计学上的替罪羊"，是为了证明论点才提出来的。零假设的存在是为了有东西可供争论。

9.6 使用 t 检验来测量数据与零假设的不兼容性

一旦明确了零假设和备择假设的具体内容，我们就需要测量数据与零假设的不兼容性。这就是"检验统计"发挥作用之处。在显著性检验的"食谱法"（cookbook approach）中（见第十六章的批判性讨论），有一系列令人困惑的统计检验，每个都有自己的检验统计方法，如 t、F、X^2 等等。本书的主要目的并不是教授测试方法框架，所以大家不必学习所有这些测试方法。就我们的目的而言，学习其中的 t 检验就足够了。t 检验通常用于测试两组之间的差异。

$$t = \frac{\bar{x}_1 - \bar{x}_2}{SE} \tag{E9.5}$$

请注意，t将前面提到的三种因素都考虑在内。分子包含两组均值之间的差异，也就是未标准化的效应量（第一个因素）。分母表示的是标准误差，上一节中提到，标准误差考虑了两个因素——数据的变异性和样本量。这个公式看起来与科恩d值非常相似（见前文方程式E9.1）。唯一的区别是，t的分母是标准误差而不是标准差。由于这一变化，t考虑了样本量（而科恩d值忽略了这一点）。图9.5直观地显示了这三种因素对t的影响。

$$t = \frac{\bar{x}_1 - \bar{x}_2}{\dfrac{s}{\sqrt{N}}}$$

⟵ **t grows if the difference grows**

⟵ **t shrinks if the *SD* grows**

⟵ **t grows if *N* grows**

图9.5 影响t值的三个因素，t值越极端，表明与等均值零假设的不兼容性越大[1]

值得关注的是，我在t检验的公式中使用了罗马字母而不是希腊字母。这是因为t值是一个从样本中产生的实际估计值。t将决定数据之间的差异是否显著——我们要用这个值来论证数据和零假设不兼容（不符）。然而，现在有一个新问题：t值的大小意味着什么？ t值要多大才能让我们得出样本与零假设不一致的结论？ 为了能够回答这些问题，我们需要知道t是如何分布的。

9.7 使用t分布来计算p值

t值在零假设下有自己的分布，如图9.6所示[2]。我不会展开说明这个分布来源的细节，但是要注意，t分布和正态分布非常相似。事实上，这个分布看起来几乎与正态分布完全一样。唯一的区别是，与正态分布相比，"尾巴"（向左延伸和向右延伸的部分）更长一些，这意味着可能产生非常大或非常小的值。

---

[1] 这是一个简化的公式，因为对于不同类型的t检验（配对与非配对），分母中误差的计算方式不同。

[2] 图9.6中的t分布显示了100个自由度。

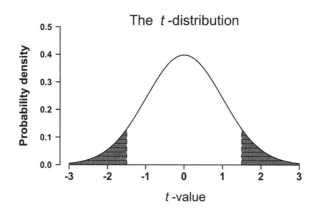

图9.6　t分布, 条纹区表示获得大于或等于 + 1.5(右尾)和小于或等于−1.5(左尾)的值的概率; 两个区域加在一起等于双尾显著性检验的p值, 观察到的值为1.5

　　t分布反映了均值相同的零假设为真的情况下, 特定t值的概率。有鉴于此, 思考一下, 从概念上来看, t分布的形状代表什么含义? 这个分布的钟形曲线基本上说明, 在均值相同的零假设下, 不太可能出现非常大或非常小的t值。也就是说, 随机抽样样本具有极端t值的情况非常之少。相反, 在组均值相等的零假设下, t值接近零的可能性要大得多。这与以下陈述意思相同: 总体样本中不存在任何组间差异(H_0)的情况下, 大多数随机抽取的样本将只在两个组均值之间表现出非常微小的差异。

　　要想明白这个问题, 我们可以从一个分布中随机抽取样本, 在这个分布中, 零假设实际上为真。如果我们选取了大量样本, 大多数被选中样本的t值都会接近0。随机抽样很少会产生极端的t值。

　　t分布可以用来计算p值。p值是一个条件概率(conditional probability), 即相关的检验统计值(在这种情况下即t)在零假设为真的情况下的概率。t = 1.5时, p值为p = 0.14。将图9.6中阴影部分的面积相加即可获得这一数据。也就是说, p值是t = ±1.5或更极端的数值时曲线下区域的数值[1]。

---

[1]　这就是所谓的"双尾检验"(two-tailed test), 因为这个检验涉及t分布的两个尾巴。在进行双尾检验时, 大家忽略了t值的符号。也就是说, 大家测试的是一个非定向假设。这是大多数心理和语言应用中的标准步骤, 这两个领域的研究者们很少考虑单尾检验(one-tailed test)。由于我们想要进行显著性检验, 因此双尾检验是保守的首选。

尽管 $p = 0.14$ 这个数字看起来很低，但由于各种历史原因，这个数据不足以证明零假设为假。科学界已经就 p 值的规定达成了共识，即只有 p 值低于 0.05 这个阈值时，才能证明零假设为假。这个阈值被称为"α 水平"。通常来说，$\alpha = 0.05$ 为阈值。如果 $p < \alpha$，零假设则为假。使 p 值小于 α 阈值的具体 t 值也被称为"临界值"（critical value）。在我所举的例子中，临界值为 $t = 1.98$。如果一个样本生成的 t 值大于这个值（或小于 $t = -1.98$），p 值就会低于 0.05。

一旦 $p < \alpha$，我们就可以称这个结果为"统计学上显著"。这就等于说，数据与零假设充分不一致。如果用 t 检验得到了显著的结果，研究者可能会表现得好像总体样本中真的存在组间差异一样。

让我们回顾一下到目前为止学习的有关显著性检验的内容。我们定义了一个研究对象，比如所有讲英语的人，并从这个总体样本中抽样。检验两组之间的差异时，我们要说明总体样本的零假设 $\mu_1 = \mu_2$。我们从自己的样本中计算出 t 值。最后，我们研究了在组间差异相等的零假设下，这个 t 值有多大的可能性。如果 $p < 0.05$，就可以认为零假设不成立。

请注意，在这个过程中，我们没有直接计算与备择假设有关的统计量。所有数据都是针对零假设计算的。研究人员通常认为，$p < 0.05$ 时，备择假设为真。然而，这只是看起来如此，因为显著性检验只测量了数据与零假设的不兼容性。

9.8　小结

本章从推断统计学中的基本概念开始讲起，即在推断统计学中，我们可以用样本估计值来推断总体参数。本章介绍了零假设显著性检验的基本知识。零假设可以帮助找出总体样本中某一现象的特征，如两组数据的均值相等（$\mu_1 = \mu_2$）。然后，收集样本数据，看看样本是否与这个原始假设不一致。有三个因素可以帮助研究者判断自己的数据是否符合零假设：效应的规模、数据的变异性和样本量。测量效应量的标准化方法，如科恩 d 值和皮尔逊相关系数 r 结合了其中的两个因素（规模和变异性），但它们忽略了样本大小。标准误差和置信区间结合了变异性和样本量。显著性检验中使用的检验统计量（如t）结合了所有三个因素，可以用它来计算p值。一旦p值达到一定的公认标准（如$p < 0.05$），研究者就可以称自己的模型与零假设不符。

9.9　练习

9.9.1　练习1：测量对科恩d值的直觉

在这个练习中，试着生成一些随机数据来衡量我们对科恩d值的直觉。

```
# 数据量:
n <- 50

# 随机y值:
y <- c(rnorm(n, mean = 5, sd = 1),
    rnorm(n, mean = 2, sd = 1))

# 预测变量x的参照水平:
x <- rep(c('A', 'B'), eac= n)

# 结合x, y:
df <- tibble(x, y)

# 计算Cohen's d:
cohen.d(y ~ x, df)
```

赋予变量n不同的均值，然后改变n的值，运行代码。然后，改变两组或其中一组的标准差，以评估这一操作对d值的影响。

9.9.2　练习2：测量对r的直觉

在这个练习中，试着生成一些随机数据来测量我们对皮尔逊相关

系数 r 的直觉。代码与第四章类似。

```
x <- rnorm(50)
y <- 3 * x + rnorm(50, sd = 2)   # 斜率为3
plot(x, y, main = cor(x, y))
```

改变标准差和斜率后，看看相关系数有何变化。

9.9.3　练习3：测量对 t 检验和显著性的直觉

在这个练习中，我们将生成一些随机数据，以测量自己对 t 检验的 t 值和显著性检验的直觉。以下是对10个受试者进行的 t 检验。组间差异为2，标准差也是2。请注意，下面的代码使用了分号来堆叠同一行中的命令。

```
# 设值：
n <- 10; meandiff <- 2; my_sd <- 2
# 执行t检验：
t.test(rnorm(n, sd = my_sd),
        rnorm(n, sd = my_sd) + meandiff)
```

多次执行上述代码块，你会得到哪些 t 值？ t 检验结果为"显著"的次数有多少？更改 n、meandiff 和 sd 的值重复此代码，结果将向你展示这三个值如何影响检验统计数据及生成的 p 值。

第十章　推断统计学 2：显著性检验中的问题

10.1　对 p 值的常见误解

本章讨论显著性检验中的问题。首先谈谈对 p 值的一些常见误解，这一点至关重要，因为对于 p 值的解读很容易出错。

一种常见的误解是 p 值表示零假设为真的概率，但事实并非如此。要牢记，零假设是一个假设，它的真实性无从得知。

另一种常见误解是 p 值表示效应强度。上一章讨论了测量效应量的标准化方法，如科恩 d 值。显著性检验中使用的统计量（比如 t）实际上包含了效应量，但也考虑到了样本量。像 t 和结果 p 这样的测量值将第九章中讨论的三个重要因素浓缩到单个数字中。因为 p 值结合了所有因素，所以我们无法只读出其中任何一个因素产生的影响。尤其是在样本量很大的情况下，一个非常小的效应依然可能有一个很低的 p 值。因此，从效应量的角度看，"显著"的结果可能会非常"不显著"。这就是为什么在显著性检验的结果旁边总是会提到一些测量效应量的方法，这是很重要的一步（Cumming, 2012, 2014）。

最后一个值得提及的误解是，如果 p 值小于 0.05，那么我们就有理由更加坚定自己的假设。但事实并非如此，原因有二。第一，p 值测量的是与零假设 H_0 的不兼容性，因此无法根据 p 值大小得出有关备择假设 H_A 的任何直接结论。第二，p 值小于 0.05 并不能具体说明手头的数据，这与频率学派的统计学理念一致；相反，从长远来看，按照这一阈值操作可以确保你在 95% 的情况下做出正确的决定（见 Dienes, 2008: 76）。从哲学上来讲，这的确不如人意。因此，p 值小于 0.05 的逻辑经常被颠倒，而研究人员对这一数字的解释仿佛是在衡量数据能在多大程度上支持他们想要的理论（而不是解释数据与零假设 H_0 的不兼容程度），这些都不足为奇了。

10.2   统计效力和 I 、II 、M 和 S 类错误

进行零假设显著性检验时可能会出现几类错误。虚假的显著结果称为"I 类错误"。也就是说，即便零假设的确是总体数据的真实特征，数据也会产生显著的效果。II 类错误指，即使零假设为假，也未能获得显著效果。I 类错误也称为"假阳性"，II 类错误为"假阴性"。

表 10.1 有助于阐明 I 类错误和 II 类错误。表 10.1 的行显示了世界的两种状态：一种是零假设为真，另一种是零假设为假。在实际分析中，世界的状态是未知的。列表示两种不同的情况：一种是研究人员所抽样本的 p 值小于 0.05，另一种是研究人员所抽样本的 p 值大于 0.05。

表 10.1   假设检验中的 I 类错误（假阳性）和 II 类错误（假阴性）

		样本结果	
		$p < 0.05$	$p > 0.05$
世界两种状态（总体样本）	**无结果（H_0 实际为真）**	犯 I 类错误	正确（没有说明结果）
	有结果（H_0 实际为假）	正确（说明结果）	犯 II 类错误

让我们使用 t.test() 函数在 R 中生成一个 I 类错误，该函数可检验组间差异是否显著（见附录 A）。下面的命令对比了两组随机数，即 rnorm(10) 和 rnorm(10)。rnorm() 函数的默认值为 $\mu = 0$。这意味着下面的命令所比较的两组随机数是从均值相同（即分布相同）的正态分布中抽取的。set.seed() 命令只是用来确保我们获得的"随机"数字相同（见第 6.4 节）。

```
set.seed(42) # 设定随机数种子
t.test(rnorm(10), rnorm(10)) # 结果不在此展示
t.test(rnorm(10), rnorm(10)) # 结果不在此展示
t.test(rnorm(10), rnorm(10)) # 结果不在此展示
t.test(rnorm(10), rnorm(10)) # p < 0.05
```

```
        Welch Two Sample t-test

data: rnorm(10) and rnorm(10)
t = 2.3062, df = 17.808, p-value = 0.03335
alternative hypothesis: true difference in means is not
equal to 0
95 percent confidence interval:
0.06683172 1.44707262
sample estimates:
mean of x mean of y
0.5390768 -0.2178754
```

　　将上述代码原封不动地连续运行四次，在第四次产生了显著的检验结果。随机抽样出现一个虚假的显著结果。我们知道这就是Ⅰ类错误，因为已指定分布的均值相同（$\mu_1 = \mu_2$），所以照理说应该没有任何差异。如果我们采用公认的显著性阈值（significance threshold），预计有5%的概率会获得Ⅰ类错误。现在我们意识到，将显著性水平设置为$\alpha = 0.05$相当于我们愿意承担获得Ⅰ类错误的概率为5%。其实可以将显著性水平设得更低，例如$\alpha = 0.01$。在这种情况下，预计出现Ⅰ类错误的概率为1%。

　　在思考这些步骤时，我们要牢记频率学派的理念，这十分重要。对于任何给定结果，永远无法排除Ⅰ类错误。概率抽样（chance sampling）可能总会产生明显导致虚假显著结果的数据，但是你可以控制自己愿意犯Ⅰ类错误的频率。也就是说，即便你总是对手头的任何给定数据集抱有不确定的态度，但是从长远来看，你对制定显著性检验的步骤是有把握的。

　　下一步，让我们用R来模拟Ⅱ类错误。下列代码将一组数据初始化，设定均值为1，另一组均值为0。这样一来，两组数据在总体上存在差异，任何p值大于0.05的结果都会构成假阴性。下图是t.test()函数运行三次后的结果，其p值为0.057。

```
set.seed(42)
t.test(rnorm(10, mean = 1), rnorm(10, mean = 0))
t.test(rnorm(10, mean = 1), rnorm(10, mean = 0))
t.test(rnorm(10, mean = 1), rnorm(10, mean = 0))
```

```
        Welch Two Sample t-test
data: rnorm(10, mean = 1) and rnorm(10, mean = 0)
t = 2.0448, df = 16.257, p-value = 0.05742
alternative hypothesis: true difference in means is not
equal to 0
95 percent confidence interval:
-0.03405031 1.95683178
sample estimates:
mean of x mean of y
0.97978465 0.01839391
```

尽管非常接近0.05，但如果你严格遵循步骤，鉴于预设的显著性水平，你就判定零假设为假。你不能认为该结果是显著的，否则提前指定的显著性水平就完全无效了，而显著性水平的大小决定了你对实验结果的确定性。如果有些人算出的 p 值微微超过0.05，他们会称之为"边缘显著"（marginally significant）效应，但这么做完全违背了先前设定好的阈值。

Ⅱ类错误率由字母 β 表示，即漏掉实际效应的概率。β 的补码就是所谓的"统计效力"，即 $1-\beta$，有时用字母 π（发音为"pai"）表示。检验程序的效力描述了它检测真实效应（true effect）的能力。许多研究人员的目标是 $\pi > 0.8$，也就是说，在出现实际效应的情况下，有80%的概率产生显著效应。

就像显著性一样，统计效力受三个因素（效应量、变异性、样本量）的影响。这意味着你有三种增加效力的方式：增加效应量（例如让你的实验操作更加极端）、减少样本的变异性（例如使样本更加同质[homogeneous]）或收集更多数据，增加你的样本量。可以说，样本量是最容易控制的。因此，在实践中，为了提高统计效力，研究人员往往会选取更多样本。

无论结果是否显著，过分重视低效力研究十分危险，尤其是低效力研究更有可能产生所谓的M类错误（Type M error）和S类错误（Type S error）（这两个术语由Gelman和Carlin于2014年提出）。估计效应量规模时会出现M类错误，例如当你的样本显示的效力远远大于总体实际特征时。S类错误更严重，它表示未能捕捉到正确的效应迹象。例如，你的样本可能表明味觉词比嗅觉词更积极，但实际上总体样本中的情况恰恰相反。Kirby和Sonderegger（2018）对语言学中M类错误和S类错误进行了发人深省的讨论。增加统计效力不仅降低了犯Ⅱ类错误的概率，而且还降低了M类和S类的错误率。

统计效力对于研究的解释至关重要。许多语言学研究的样本量非常小，因此基于这些样本得出的理论结论令人难以信服。"不完全中和"（incomplete neutralization）这一语音现象就是一个典型例子。我不会在这里详细介绍这个（极具争议的）话题，但问题是有很多研究发现支持"不完全中和"的结果，还有相当多的研究未能发现任何效应。这引发了一场激烈的辩论，一些研究人员说存在不完全中和，而其他人则说它不存在。Nicenboim、Roettger和Vasishth（2018）认为，不同研究中的各项证据表明，有理由相信"不完全中和"是存在的。

这也指出了小样本量的另一个问题：如果研究的效力低，研究人员所谓的"零结果"（$p > 0.05$）基本上是无法解释的。我们通常用一句格言来说明这种现象，即"没找到证据不等于不存在效力"。这意味着，你不能因为找不到显著效应，就说某些东西不存在。因为存在这样的思维误区，所以许多研究称上文提到的"不完全中和"现象不存在。这些研究的样本量很小，有时样本仅仅只有五个说话者或者几个单词，因此得出了这样的结论。鉴于这些研究的统计效力较低，因而未能发现显著效果也就不足为奇了。

借此机会，我可以肯定地说，大多数语言学研究都不够有力，这在任何科学领域都是非常危险的（Ionnadis, 2005）。某些时候，低效力是不可避免的，例如在对一种濒临灭绝的语言进行实地调查时，仅剩几个人会说这种语言。然而，在许多其他情况下，没理由只有少数受试者，因为研究人员可以轻易收集到更多数据。收集更多数据会带来巨大回报，因为这意味着理论结论来源于可靠的证据。简而言之，样本量越大，信息量越多。

但是什么是小样本？什么是大样本？我们如何计算效力？如前

所述,统计效力受到三个因素的影响,即效应的原始规模、现象的变异性和样本量。但问题是,我们无法得知像效应量这些数量的真实数值。因此,为了估计效力,我们最好能够根据过去的研究对效应量形成合理预期。此外,还可以计算多种效应量(从最佳情况到最坏情况)的功效,从而确定合理的样本量。

话是这么说,但很遗憾本书并没有指导如何计算真实的效力。这是因为用于计算统计效力的现有公式仅适用于简单的显著性检验,不适用于本书中提到的许多更复杂的模型,例如线性混合效应模型(第十四和十五章)。为了绕过这一瓶颈,可以通过生成用于预测的随机数据集来模拟统计效力。遗憾的是,这需要学习更多的R编程,而本书所教的知识不足以应对。我推荐大家阅读Kirby和Sonderegger(2018)、Brysbaert和Stevens(2018)这两本书,书中有通过语言学应用进行效力模拟(power simulation)的实用建议,第二本书还介绍了simr包(Green & MacLeod, 2016),simr包有助于模拟混合模型的效力。

10.3　多重检验

由于所有显著性检验都有Ⅰ类错误率,因此研究人员进行的检验越多,Ⅰ类错误出现的次数就越多。这被称为"多重检验"(multiple testing)或者"多重比较"(multiple comparison)问题。"总体错误率"(family-wise error rate)指在给定数量的检验中获得至少一个Ⅰ类错误的概率[①]。在下面的公式中,κ 表示在指定显著性水平下进行的检验次数(在这种情况下 $\alpha = 0.05$)。

$$FWER = 1-(1 - 0.05)^{\kappa} \tag{E10.1}$$

$(1 - 0.05)^{\kappa}$ 表示在进行 κ 次检验后,不犯Ⅰ类错误的概率。在仅进行一次检验的简单情况下,计算的结果为 $(1 - 0.05)^1 = 0.95$。这个计

---

① 还有一个与"错误发现率"(false discovery rate)有关的概念,指在所有具有显著结果的检验中Ⅰ类错误的预期比例。还有其他比率,各有不同的纠正方法。"多重检验"的相关话题非常广泛,限于篇幅,本书只能触及皮毛。

算结果得出的结论我们之前就知道了：如果零假设实际上是正确的，则很有可能无法获得显著结果（这是一件好事）。1减去这个数字得到的结果就是Ⅰ类错误率：$1 - 0.95 = 0.05$。

为了感受一下这个公式，让我们在R中执行它并计算在执行单个检验时获得Ⅰ类错误的概率（$\kappa = 1$）。

```
1 - (1 - 0.05) ^ 1
[1] 0.05
```

显著性检验的次数（κ）越多，该公式呈现出来的结果就更加有趣。让我们看看如果研究人员进行2次或20次检验会发生什么：

```
1 - (1 - 0.05) ^ 2
[1] 0.0975
```

```
1 - (1 - 0.05) ^ 20
[1] 0.6415141
```

请注意，总体错误率增加得非常迅速。只进行两次检验，出现至少一个Ⅰ类错误的概率已达到10%。进行20次显著性检验时，概率一直上升到64%。进行100次显著性检验，基本上肯定会得到至少一个虚假显著的结果。

多重检验问题给研究型论文的解释带来了灾难性后果。Austin、Mamdani、Juurlink和Hux（2006）通过检测人们所属星座的一系列健康相关变量，证明了进行大量显著性检验存在危险。做了这么多检验（对象是所有星座和许多健康指标），他们肯定会发现某些显著性结果。事实上，狮子座的人消化道出血的概率更高，而射手座的人肱骨骨折的概率更高。然而，即便做了如此多的检验，这些"发现"也有可能是虚假的。

演示多重检验问题也很有趣：Bennett、Baird、Miller和Wolford（2011）在《偶然和意外的结果杂志》上发表了一篇论文，题为《死后的大西洋鲑鱼的种间视角的神经相关性》。这篇论文表明,将死去的鲑鱼放入脑部扫描仪时,它大脑的某些区域会显示对人类社会互动视频的神经反应。当然,这只是一个统计假象。检验大脑活动是一个充满干扰的过程,在此过程中会出现 I 类错误,这意味着对单个大脑区域进行大量显著性检验会增加总体错误率。

在十二星座研究和死鲑鱼研究中,一旦研究人员"校正"了多重检验,虚假关联(spurious association)就会消失。关于校正多重检验的文献有很多,方法也不尽相同。这些校正程序的总体逻辑是使显著性检验更加保守,具体取决于研究人员进行的检验次数。邦费罗尼校正(Bonferroni correction)通俗易懂,使用最为广泛。邦费罗尼校正要求我们根据检验次数 κ 值来重置显著性水平。显著率(alpha rate)只需用显著性水平值 α 除以检验次数 κ 即可得出:$\frac{\alpha}{\kappa}$。假设你进行了两次检验,在这种情况下,你就能获得经过邦费罗尼校正后的新显著性水平,即 $\frac{0.05}{2} = 0.025$。在这个新的显著性水平下,p 值必须低于 0.025 才能被视为显著。所以若 $p = 0.03$,则 p 值将不再被视为显著。

在进行邦费罗尼校正时,有时读者会感到困惑,因为他们看到 p 值非常低但并没有被看作显著。所以你还可以选择根据邦费罗尼校正后的显著性水平来相应提高 p 值。以下的命令使用 p.adjust() 函数来调整两个检验的 p 值($p = 0.03$),结果出现新的 p 值($p = 0.06$)。按照原始的显著性水平,这并不显著。

```
p.adjust(0.03, method = 'bonferroni', n = 2)
```

[1] 0.06

对于邦费罗尼校正之类的多重检验校正,并非没有批评的声音,而且关于什么时候使用这些校正方法,也存在相当大的争议。目前有大量文献谈到了是否应该校正,以及具体哪种校正方法最佳(例如,Rothman, 1990; Nakagawa, 2004)。要解决多重检验难题,最简单的方法是在研究的设计阶段限制检验次数。如果大家的研究只有少量检验,且每一次检验的都是有理论支撑的不同假设,那么Ⅰ类错误出现的概率就会大大减少。

10.4　停止规则

最后要讨论的话题与多重检验问题的逻辑结构类似。想象一下,一个研究者想进行一项心理语言学研究,但没有事先决定好他们要收集多少数据。收集了30名受试者的数据后,研究人员未能发现显著效果,于是决定再收集30名受试者的数据。增加数据带来的变化似乎是无害的——毕竟,统计效力不是越大越好吗?

问题是,增加更多数据取决于第一次检验是否显著。通常情况下,拥有的数据越多越好,但如果根据是否获得显著结果来决定自己的样本量,那就有问题了。

要理解为何样本量波动会存在危险,我们需要知道一个重要事实:假如零假设为真,则p值均匀分布在0和1之间。换句话说,0和1之间的任何数值都有同样的概率会成为p值!

研究人员对递增的样本量重复进行显著性检验,这种行为很容易模拟(见Simmons et al., 2011)。图10.1是对10名受试者、11名受试

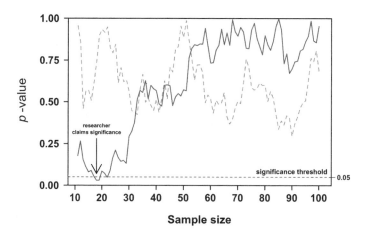

图10.1　假设零假设为真,如果不断增加样本量,p值最终会超过显著性阈值;实线则表示,数据再次增加,p值就会再次上升

者、12名受试者等等反复进行*t*检验的结果。数据经过初始化后，在总体上没有实际差异。由此产生的一系列*p*值组成了一条随机游走的曲线，图10.1显示了两条这样的曲线。实线表示，将8名受试者添加到样本后，研究人员获得了显著结果。如果在这一阶段停止收集数据，就会出现一个错误的显著性结果。模拟结果表明，在这种特殊情况下，*p*值在超过阈值后会再次上升。

Dienes（2008: 68–69）谈到科学家需要一个专门的"停止规则"（stopping rule），用来决定何时停止数据收集。换句话说，应该事先决定样本量。特别是在心理学方面，人们对这个停止规则问题重新产生了兴趣，现在许多期刊要求作者写出样本量选取的理由。如果大家通过OSF这个网站预先注册自己的研究，必须要事先说明样本量，并说明为什么这个样本量适合研究。在某些情况下，根据以前的研究来论证给定的样本量可能比较合适。例如，我刚刚和我的学生预注册了一项研究，根据我们之前在相同样本量的实验中发现的显著效果，我们决定了样本量的大小。效力分析（power analysis）是论证特定样本量合理性的一个更加科学的方式，对此，Kirby和Sonderegger（2018）及Brysbaert和Stevens（2018）提供了有益指导。

10.5　小结

学习完本章后，你就知道了显著性检验中的许多问题，包括Ⅰ类错误（假阳性）、Ⅱ类错误（假阴性）、M类错误（弄错效应的规模）和S类错误（弄错效应的符号）。此外，本章还介绍了多重检验的问题和专门用来规定何时结束数据收集的停止规则。本章有三个重要的信息值得关注。首先，目标应放在高效力的研究上。其次，在没有校正显著性水平的情况下，不要进行大量没有理论支撑的假设检验（如果我们限制基于理论推理的检验数量，生活会更轻松）。最后，不要把数据收集作为获得显著结果的条件——事先决定好你想收集多少个受试者的数据。

10.6 练习

10.6.1 练习：测量对邦费罗尼校正法的直觉

想象一下，你获得的p值为$p = 0.001$，相当低！但事实上，这个p值只是众多p值之一。实际的研究进行了100次显著性检验。用邦费罗尼校正对检验了100次后的p值进行修正，得到$p = 0.1$，这时已经不再具有显著性。

```
p.adjust(0.001, method = 'bonferroni', n = 100)
```
[1] 0.1

试一试不同的p值和不同的检验，大家会对邦费罗尼校正的保守程度有一个直观的认识。你会发现，它相当保守！这是多重检验校正方法的一个重要问题：检验的次数越多，显著性水平就会降得越低。在这种情况下，统计效力也会缩减。

第十一章 推断统计学3：回归背景下的显著性检验

11.1 引言

前两章已经向大家介绍了零假设显著性检验。本章将这些概念应用于回归建模。这一章的代码繁杂，更注重执行，而非概念。你需要学习如何将零假设显著性检验应用于回归模型和绘制置信区间。

请记住，一个特定参数的位置在哪，你的样本是否正确预判了它，这两点总是存在不确定性。有两种方法可说明模型的不确定性：一种是说明预估参数（尤其是回归系数）的不确定性，另一种是说明预测值的不确定性。

本章介绍了如何从R的线性模型里提取这些信息。在这一章中，我们将再次使用第二、四和五章中的数据。

11.2 标准误差和回归系数的置信区间

首先重温一下Winter等（2017）的象似性数据。学习第六章时，你创建了一个模型，其中象似性受四个不同的预测变量影响：感官经验评分、可表象性、系统性和对数词频。此外，为了使系数更容易比较，你要先将不同的预测变量标准化。下面的步骤会重复这一分析。与第六章相比，本章有一个额外变化，即用format.pval()函数对p.value这一列的数据进行处理，使输出结果更容易理解[1]。此外，代

---

[1] SER列的p值非常小时，R将以"科学计数法"的形式呈现出来。例如，数字8.678e−01指的其实是0.8678，而8.678e + 02表示的则是867.8。"e"代表"乘以10的指数"。因此，"e + 02"表示我们必须乘以10的二次方，即$10^2 = 100$；"e−02"表示必须除以100（因为$10^{-2} = 0.01$）。因此，这个符号指定了小数点要移多少位。

码还用round()函数对estimate列及std.error列的数据进行了处理，以便后续讨论。

```
library(tidyverse)
library(broom)
```

```
icon <- read_csv('perry_winter_2017_iconicity.csv')

icon %>% print(n = 4)
```

```
# A tibble: 3,001 x 8
  Word   POS          SER CorteseImag  Conc  Syst     Freq
  <chr>  <chr>        <dbl>     <dbl> <dbl> <dbl>    <int>
1 a      Grammatical NA          NA    1.46   NA  1041179
2 abide  Verb        NA          NA    1.68   NA      138
3 able   Adjective   1.73        NA    2.38   NA     8155
4 about  Grammatical 1.2         NA    1.77   NA   185206
# ... with 2,997 more rows, and 1 more variable:
#   Iconicity <dbl>
```

```
# 将预测变量标准化:

icon <- mutate(icon,
               SER_z = scale(SER),
               CorteseImag_z = scale(CorteseImag),
               Syst_z = scale(Syst),
               Freq_z = scale(Freq))

# 拟合模型:

icon_mdl_z <- lm(Iconicity ~ SER_z + CorteseImag_z +
                 Syst_z + Freq_z, data = icon)

# 查看系数表:

tidy(icon_mdl_z) %>%
 mutate(p.value = format.pval(p.value, 4),
        estimate = round(estimate, 2),
        std.error = round(std.error, 2),
        statistic = round(statistic, 2))
```

```
        term estimate std.error statistic p.value
1 (Intercept)     1.15      0.03     33.34 < 2e-16
2       SER_z     0.53      0.04     12.52 < 2e-16
```

```
3 CorteseImag_z   -0.42        0.04    -10.72 < 2e-16
4        Syst_z    0.06        0.03      1.79 0.07354
5        Freq_z   -0.36        0.11     -3.20 0.00142
```

　　现在你对推断统计学有了更深刻的理解,可以分析回归表(regression table)的全部输出结果。首先是熟悉的 term 列和 estimate 列,然后是 std.error 列,它表明衡量相应系数的准确程度。statistic 列包含 t 值,这些值是由 estimate 值除以各自的标准误差得来的。最后,p.value 列表示 p 值,它来自在 t 分布上查找的 t 值(见第九章)。

　　有一点很重要,在牢牢掌握相应系数之前,如果看到这样的系数表,你需要把目光从 p 值上移开。如果你不了解某个特定系数的含义,可能会从相应的假设检验中得出错误结论。这一点在处理相互作用时尤其棘手(第八章)。让我们暂时把注意力放在 SER 列,来证明这些假设检验的逻辑。p 值非常低(<2e-16),也就是说:"假设 SER 斜率为0,实际观察到的斜率(+0.53)或任何比这更极端的斜率都不太可能出现。"

　　对我们而言,现在最重要的是,可以使用标准误差来计算每个回归系数的95%置信区间。estimate 列的数据加减 1.96 倍标准误差即可得到95%置信区间(见第九章)。对于 SER 这一预测变量,这个区间是 [0.53−1.96 * 0.04, 0.53 + 1.96 * 0.04],这就得到了95%置信区间 [45, 61](结果经过四舍五入)。

　　在报告一个回归模型的结果时,一般都会写明系数估计值和标准误差。我写论文的时候经常这样表述:"SER 与象似性呈正相关 (+0.53, $SE = 0.04$, $p < 0.001$)。"我甚至会用更为详细和概念化的语言来描述结果:"感官经验评分每增加一个标准差,象似性评分就会增加0.53($b = 0.53$, $SE = 0.04$, $p < 0.001$)。"

　　图 11.1 显示了一个系数图,又称"点须图"(dot-and-whisker plot),它绘制了象似性模型的每个系数及其相应的95%置信区间。本质上,这是一个系数表的图形显示。由于侧重于置信区间,该图鼓励人们思考区间估计值,而不仅仅关注每个回归斜率的点估计值(Cumming, 2012, 2014)。这就像一个视觉提醒,提醒我们点估计值不太可能准确反映总体参数。

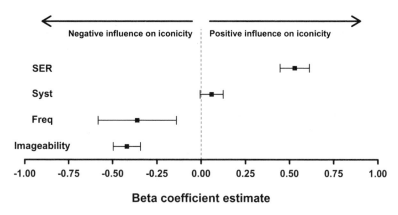

图11.1 回归系数的点估计值（黑色方块）和对应的95%置信区间

让我们在R中绘制这张图。首先，在指定参数conf.int时，broom
包中的tidy()函数很方便，可以直接计算每个回归系数的95%置信区
间。此外，下面的代码使用filter()函数去掉有截距的行，在本例中
我们不想绘制有截距的行。

```
mycoefs <- tidy(icon_mdl_z, conf.int = TRUE) %>%
  filter(term != '(Intercept)')
```

接着，这个tibble可以用来创建一个点须图。除了下面要解释的
一些差异，这张图看起来与图11.1类似。这段代码乍看之下可能有
悖常理，因为使用了coord_flip()函数。顾名思义，这个函数对调了
绘图的坐标。原来的x轴变成了新的y轴，而原来的y轴变成了新的
x轴。如果大家对这一点感到困惑，请删去coord_flip()这行代码
再运行一次。这有助于理解为何term列首先被绘制到x轴上，以及
为何估计值和置信区间的上下限被映射到y轴上，尽管由于coord_
flip()，它们最终会出现在x轴上。

```
mycoefs %>% ggplot(aes(x = term, y = estimate)) +
  geom_point() +
  geom_errorbar(aes(ymin = conf.low, ymax = conf.high),
                width = 0.2) +
```

```
geom_hline(yintercept = 0, linetype = 2) +
coord_flip() + theme_minimal()
```

　　这张图仍有改进的空间。也许最重要的是,如果像图11.1那样,将系数按大小排序,那这张图看起来就不那么"随机"。你可以将term列转换为因子向量,这样就可以给这一列手动指定一个特定的顺序。下面的代码使用arrange()函数对系数表进行升序排序,并将term列提取出来。输出的pred_order向量包含了按对应估计值大小排序的斜率名称。然后,使用factor()函数将term列转化为指定水平顺序的因子向量。

```
# 按估计值排列 tibble 并按顺序排列 term 列：
pred_order <- arrange(mycoefs, estimate)$term

pred_order
```

```
[1] "CorteseImag_z" "Freq_z"      "Syst_z"      "SER_z"
```

```
mycoefs <- mutate(mycoefs,
                  term = factor(term, levels = pred_order))
```

　　现在重新运行上面的ggplot()指令,我们将得到一个漂亮的分类系数图,如图11.1。

11.3　多层次分类变量的显著性检验

　　如果一个分类变量有两个以上的水平,那么怎么进行显著性检验呢?让我们重温下第七章的模态数据。这一分析研究了味觉词和嗅觉词的语境效价(一个词是否出现在整体积极或消极的语境中)。本节分析将涵盖所有五官。

　　让我们把数据再次加载到我们当前的R会话中。

```
senses <- read_csv('winter_2016_senses_valence.csv')
```

```
senses %>% print(n = 4)
```

```
# A tibble:  405 x 3
  Word        Modality    Val
  <chr>       <chr>       <dbl>
1 abrasive    Touch       5.40
2 absorbent   Sight       5.88
3 aching      Touch       5.23
4 acidic      Taste       5.54
# ... with 401 more rows
```

```
senses_mdl <- lm(Val ~ Modality, data = senses)
```

我们来看看系数表。下面的代码使用了四舍五入法，以便讨论。

```
tidy(senses_mdl) %>%
  mutate(estimate = round(estimate, 2),
         std.error = round(std.error, 2),
         statistic = round(statistic, 2),
         p.value = format.pval(p.value, 4))
```

	term	estimate	std.error	statistic	p.value
1	(Intercept)	5.58	0.02	295.31	< 2.2e-16
2	ModalitySmell	-0.11	0.06	-1.93	0.05489
3	ModalitySound	-0.17	0.04	-4.64	4.663e-06
4	ModalityTaste	0.23	0.04	5.30	1.958e-07
5	ModalityTouch	-0.05	0.04	-1.21	0.22688

解释系数输出结果时，你必须提醒自己：在这种情况下，参照水平是Sight。右栏中的p值对应零假设，即Sight和Smell之间的差异等于0，Sight和Sound之间的差异等于0，以此类推。因此，系数表仅仅呈现了研究中的局部差异。

为了检验感官模态的整体效应，你可以对比有Modality的模型和没有Modality的模型。在这种特殊的情况下，由于没有其他预测变量，用于比较的模型（我们可以称之为"零模型"）仅有截距。将自己的模型与零模型进行比较时，你要看看两者的效价测量值是否有差异，有时这被称为"多项检验"（omnibus test）。

如果想要在R中进行这样的检验，我们首先需要创建一个零模型。时刻牢记"1"是截距的占位符，比较起来就不是很困难。

```
senses_null <- lm(Val ~ 1, data = senses)
```

接下来，anova() 函数可用于模型比较。这个函数的名字来自"方差分析"（ANOVA）。这一基本的显著性检验评估了 Modality 变量的方差与总体方差。在目前的情况下，这相当于将带有 Modality 变量的模型与没有该变量的模型进行比较。如果要比较的两个模型仅有一个预测变量不同，那么每个模型观察到的方差差异大小就取决于这个预测变量。

```
# 比较模型:

anova(senses_null, senses_mdl)
```

```
Analysis of Variance Table
Model 1: Val ~ 1
Model 2: Val ~ Modality
  Res.Df    RSS Df Sum of Sq       F    Pr(>F)
1    404 33.089
2    400 28.274  4    4.8145 17.028 6.616e-13 ***
---
Signif. codes:
0 '***' 0.001 '**' 0.01 '*' 0.05 '.' 0.1 ' ' 1
```

你可以这样报告 F 检验的结果："统计学中，有一个可靠的模态效应（modality effect）（$F(4,400) = 17.03$, $p < 0.0001$）。"t 用于测量组间差异（t 检验）和回归系数，而 F 用于比较方差。就像 t 一样，F 在零假设下有自己的分布，可以用来推导出 p 值。对于模态效应，F 值是 17.03，相应的 p 值远远低于 0.05。数字 4 和 400 是"自由度"。数字 400 对应这个数据集中独立数据的总数[①]。数字 4 是两个模型之间估计参数数量之间的差异。全模型（full model）senses_mdl 比零模型 senses_null 多了四个系数，后者只包含一个截距。

在只有一个预测变量的情况下，你也可以使用 glance() 来观察

[①] 这个数字总是低于实际数据的数量，个中原因我就不在此加以说明了。但是一般来说，我们估计的参数越多，失去的自由度越多。

整个模型的特征。glance()函数输出的F统计量和p值与anova()比较模型输出的结果相同。如果你的模型拥有多个预测变量,情况就变了。这时,glance()将整个模型(包括所有预测变量)与没有任何预测变量的模型(零模型)进行模型比较(F检验),这意味着你不能再将p值与任何特定的预测变量联系起来。你可以把这种比较理解为在问这样的问题:假如全模型和零模型的表现同样好(零假设),人们对全模型所解释的样本方差量会有多惊讶? 或简单来说:所有预测变量加起来去捕捉响应变量中的方差,会有多好的表现?

```
glance(senses_mdl)
```

```
  r.squared adj.r.squared    sigma statistic     p.value
1 0.1455037     0.1369588 0.2658678  17.02801 6.616243e-13
  df    logLik      AIC       BIC deviance df.residual
1  5 -35.62837 83.25674 107.2801 28.27428         400
```

所以,你现在知道如何解释glance()的输出结果了吧,它关系到模型的整体特征。如果你想对指定的多层次预测变量进行显著性检验,可以使用anova()进行模型比较。在这种情况下,必须要构建两个模型,一个有预测变量,一个没有。如果你的模型不包含多层次预测变量,就没有必要进行这些额外操作。如果是连续和二元分类变量,你可以只依靠线性模型输出系数中的显著性检验。

在某些领域,尤其是心理学,研究人员需要评估所有成对比较的显著性,比如视觉与听觉、视觉与触觉、视觉与味觉等等。这时,你必须牢记多重检验的问题(见第十章):研究者进行的检验越多,其中任何一项检验都更有可能是显著的。现在,让我们对感官数据进行一次全面的成对比较。

有大量的包可以帮助你轻松计算成对比较,其中一个特别有用的包是emmeans包(Lenth,2018)。以下是对所有水平的Modality预测变量进行成对比较。这时,adjust参数指明特定的校正方法,即邦费罗尼校正。

```
library(emmeans)

emmeans(senses_mdl, list(pairwise ~ Modality),
        adjust = 'bonferroni')
```

```
$'emmeans of Modality'
 Modality    emmean          SE  df lower.CL upper.CL
 Sight     5.579663  0.01889440  400 5.542518 5.616808
 Smell     5.471012  0.05317357  400 5.366477 5.575546
 Sound     5.405193  0.03248092  400 5.341338 5.469047
 Taste     5.808124  0.03878081  400 5.731884 5.884364
 Touch     5.534435  0.03224121  400 5.471052 5.597818

Confidence level used: 0.95

$'pairwise differences of Modality'
 contrast            estimate          SE  df t.ratio p.value
 Sight - Smell     0.10865148  0.05643072  400   1.925  0.5489
 Sight - Sound     0.17447036  0.03757671  400   4.643  <.0001
 Sight - Taste    -0.22846083  0.04313872  400  -5.296  <.0001
 Sight - Touch     0.04522812  0.03736969  400   1.210  1.0000
 Smell - Sound     0.06581888  0.06230922  400   1.056  1.0000
 Smell - Taste    -0.33711231  0.06581321  400  -5.122  <.0001
 Smell - Touch    -0.06342336  0.06218459  400  -1.020  1.0000
 Sound - Taste    -0.40293120  0.05058618  400  -7.965  <.0001
 Sound - Touch    -0.12924225  0.04576577  400  -2.824  0.0498
 Taste - Touch     0.27368895  0.05043260  400   5.427  <.0001

P value adjustment: bonferroni method for 10 tests
```

　　该函数也会生成预测结果，这将在本章的后半部分介绍。我们现在关注的是标题为 "$'pairwise differences of Modality'" 这部分。校正后存在六个显著的成对差异：视觉/听觉、视觉/味觉、嗅觉/味觉、听觉/味觉、听觉/触觉和味觉/触觉。

　　然而，我不得不承认，我不喜欢对一项研究中的所有比较进行检验，即使这些检验经过了邦费罗尼校正。尤其是对于这个数据集，我想不出有任何理论上的必要来比较视觉词和听觉词，或者触觉词和视觉词的情感效价。找不到理论来进行特定比较时，所做的分析基本上是探索性的（关于验证性分析与探索性分析的更多内容，见第十六章）。我有论文专门讨论这一数据（Winter, 2016）。文中我回顾了一些文献，这些文献表明味觉词和嗅觉词可能有所区别（总体上味觉词比嗅觉词更积极），但是有关这一话题的文献还不够多，无法对其他成对比较做出具体预测。因此，在分析中，我选择只对比味觉词和嗅觉词（恰好是你在第七章中所做的分析）。我没有修正这个结果的p值，因为这只是一个单次检验。

我不喜欢进行全套成对比较的原因不止上述这一个。例如，一个指定的二元对比（binary contrast）（如A对B）的显著性是否应取决于对完全不相关的对比（C对D）进行的假设检验，这从哲学的角度来看，是一个棘手的问题。此外，还有一个统计效力的问题：进行的检验越多，邦费罗尼校正就越严格，就越有可能犯Ⅱ类错误（假阴性）。最后，我反对进行全套成对比较是因为，这种做法支持一种常见观点，即所有结果都应该附有p值。现在已经有很多人在强调这些数字了，而进行成对比较则进一步助长了仅仅依靠p值来对数据进行判断的做法。

在解释你的模型时，我建议不要进行一系列的二元显著性检验，而是要根据系数、预测值、效应量等数据来解释模型。这些数据更加科学，可以提供更多信息。此外，像第十章提到的那样，我建议在研究设计阶段保持较少的检验数量，在收集数据之前就制定出带有动机的假设，然后只检验这些假设。

11.4 另一个例子：味觉词和嗅觉词的绝对效价

我将带领大家完成Winter（2016）的分析，这是我处理这类问题的另一个例子。除了预测味觉词应比嗅觉词更积极外，有关这一主题的文献还提供了如下预测：相较于其他感官词，味觉词和嗅觉词这两个变量包含更多感情，传递了更多想法。为了验证这一点，我使用了一个名为"绝对效价"（absolute valence）的测量标准。请记住，在对数据进行标准化后，数量是以偏离均值的方式表示的。如果我们取这个标准化后的测量绝对值（见第1.2节），消极词就会变负为正，变成积极词。由此得出的绝对效价测量值表示词语在语境效价量表上的极端程度——不管它们极端的方式是"好"还是"坏"。绝对效价得分低的词总体来说更加中性。

让我们重构这一测量过程并进行多项检验：

```
# 将效价值标准化并取绝对值:

senses <- mutate(senses,
                 Val_z = scale(Val),
                 AbsVal = abs(Val_z))

# 多项检验:

abs_mdl <- lm(AbsVal ~ Modality, data = senses)

# 在不直接指定零模型的情况下比较模型:

anova(abs_mdl)
```

```
Analysis of Variance Table

Response: AbsVal
           Df  Sum Sq Mean Sq F value    Pr(>F)
Modality    4  14.611  3.6527  9.9715 1.061e-07 ***
Residuals 400 146.524  0.3663
---
Signif. codes:
0 '***' 0.001 '**' 0.01 '*' 0.05 '.' 0.1 ' ' 1
```

请注意，如果将anova()函数嵌套在模型之外，就会自动对零模型进行检验，glance()函数也有这个功能。Modality变量对新的绝对效价测量值而言是显著的。这是Winter(2016)呈现的一个重要结果；但是，该检验并没有告诉我们五种感官中的哪些感官彼此之间存在显著差异。我没有进行全部的成对比较，而是选择只检验有理论支撑的假设，即味觉词和嗅觉词的集合与视觉词、触觉词和听觉词有所不同。下面的代码通过创建一个新的ChemVsRest列来实现这一点，这一列将"化学感觉"（味觉和嗅觉）与其余三种分开。为此，下面的代码使用ifelse()函数，将所有满足逻辑语句Modality %in% chems的词贴上Chem标签，而向量chems包含所有味觉词和嗅觉词。

```
# 创建 taste/smell vs. sight/sound/touch 的预测变量:

chems <- c('Taste', 'Smell')
```

```
senses <- mutate(senses,
                 ChemVsRest = ifelse(Modality %in% chems,
                                     'Chem', 'Other'))
```

让我们检查一下上述代码能否运行。下面的指令使用了 with()
函数，这样一来，就可以用 table() 函数计算出 senses 这个 tibble 中每
个模态的个数和分类，避免了多次重复输入 "$senses"（见第 5.6 节）。

```
with(senses, table(Modality, ChemVsRest))

         ChemVsRest
Modality Chem Other
   Sight    0   198
   Smell   25     0
   Sound    0    67
   Taste   47     0
   Touch    0    68
```

上述指令快速地对 ChemVsRest 这个新变量进行了细致的检查。
事实上，Chem 中只包含味觉词和嗅觉词，Other 中包含剩余的三种感官
模态。新创建的 ChemVsRest 变量可以用作线性模型中的预测变量。

```
# 检验这个预测变量：

abs_mdl <- lm(AbsVal ~ ChemVsRest, data = senses)

tidy(abs_mdl)

              term    estimate   std.error statistic
1      (Intercept)   1.0558262 0.07289898 14.483414
2 ChemVsRestOther  -0.3422975 0.08039460 -4.257718
          p.value
1 1.440064e-38
2 2.572230e-05
```

正如你所看到的，这种比较意义重大。斜率为负，由于 Chem 是参
照水平——在字母表中 "C(Chem)" 排在 "O(Other)" 前面，这意味着
其他感官词的效价平均值要低于化学感官词。

在把视觉、听觉和触觉归为"其他"(other)时,我们必须承认,这个比较相当粗略。但是,这种比较直接证实了味觉和嗅觉这两者加起来没有其他感官这么客观。因此,与全套的成对比较相比,我的比较是有理论支撑的。

11.5　阐明分类变量的不确定性

让我们再看看这个数据,像在第七章做过的那样,用predict()函数计算Modality变量中每个水平的预测量。在这个特定例子中,我们使用的是senses_mdl(带有效价测量及全部五个感官的模型,而不是带有绝对效价测量的模型)。

```
newpreds <- tibble(Modality =
                    sort(unique(senses$Modality)))
# 检查:

newpreds
```

```
# A tibble: 5 x 1
  Modality
  <chr>
1 Sight
2 Smell
3 Sound
4 Taste
5 Touch
```

```
# 生成预测值:

fits <- predict(senses_mdl, newpreds)

fits
```

```
        1        2        3        4        5
5.579663 5.471012 5.405193 5.808124 5.534435
```

fits预测了newpreds tibble中的模态。为了能手动计算95%置信区间,需要预测均值的标准误差。因此要重新运行predict()函数,增加参数 se.fit = TRUE。输出结果是一个已命名的列表。我们可以用 $se.fit 来索引这个列表，检索标准误差。

```
# 预测值的标准误差：

SEs <- predict(senses_mdl, newpreds,
               se.fit = TRUE)$se.fit

SEs
```

```
         1          2          3          4          5
0.01889440 0.05317357 0.03248092 0.03878081 0.03224121
```

现在我们的工作环境中多了两个新向量：fits 代表拟合值，SEs 代表相应的标准误差。让我们把这两个向量放入同一个 tibble，这样更容易算出 95% 置信区间。

```
CI_tib <- tibble(fits, SEs)

CI_tib

# A tibble: 5 x 2
    fits    SEs
   <dbl>  <dbl>
1   5.58 0.0189
2   5.47 0.0532
3   5.41 0.0325
4   5.81 0.0388
5   5.53 0.0322
```

现在所有东西都在同一个 tibble 中，mutate() 可用来计算 95% 置信区间，置信区间大约是均值上下 2 倍的标准误差（见第 9.4 节）。

```
# 计算置信区间：

CI_tib <- mutate(sense_preds,
                 LB = fits - 1.96 * SEs, # 下限
                 UB = fits + 1.96 * SEs) # 上限

CI_tib
```

```
# A tibble: 5 x 4
   fits     SEs    LB     UB
  <dbl>   <dbl>  <dbl>  <dbl>
1  5.58  0.0189  5.54   5.62
2  5.47  0.0532  5.37   5.58
3  5.41  0.0325  5.34   5.47
4  5.81  0.0388  5.73   5.88
5  5.53  0.0322  5.47   5.60
```

知道如何手动计算当然很好,但是指定参数interval = 'confidence'时,predict()函数实际上可以一次就自动算出预测均值的95%置信区间[1]。在下面的输出结果中,lwr和upr分别是均值95%置信区间的下限和上限。

```
sense_preds <- predict(senses_mdl, newpreds,
                       interval = 'confidence')

sense_preds
```

```
         fit       lwr       upr
1  5.579663  5.542518  5.616808
2  5.471012  5.366477  5.575546
3  5.405193  5.341338  5.469047
4  5.808124  5.731884  5.884364
5  5.534435  5.471052  5.597818
```

由于四舍五入的关系,数字有所不同。但是,我们还需要注意到,由于样本量不同,predict()将根据与1.96略有不同的数值来计算95%置信区间(原因在此不做讨论)。大多数情况下,这不会造成很大差异。安全起见,请使用predict()函数。

还需要一个步骤来创建带有各自95%置信区间的均值图。要想在x轴上绘制分类模态标签,在y轴上绘制预测变量,tibble需要将模态标签放在一个单独的列中。为此,我们可以使用cbind()函数将newpreds tibble(包含模态标签)与sense_preds的预测值结合起

---

[1] 我们也可以将参数指定为prediction,它将计算出所谓的"预测区间"。这个区间不同于置信区间。置信区间表示对均值的不确定性,而预测区间表示对未来观测值的不确定性。也就是说,95%预测区间告诉你下一个采样的数据点有哪些可信的值。预测区间总是比置信区间宽。

来。这个函数需要两个二维的R对象（比如两个tibble），并将这两个 tibble按列连接在一起。使用该函数有一个要求——这两个对象的行数相同，我们这里的例子符合这一条件。

```
sense_preds <- cbind(newpreds, sense_preds)

sense_preds
```

```
# A tibble: 5 x 4
  Modality    fit   lwr   upr
  <chr>     <dbl> <dbl> <dbl>
1 Sight      5.58  5.54  5.62
2 Smell      5.47  5.37  5.58
3 Sound      5.41  5.34  5.47
4 Taste      5.81  5.73  5.88
5 Touch      5.53  5.47  5.60
```

最后，一切准备就绪，可以创建预测均值及其95%置信区间的图。下面的指令生成了图11.2（左）。

```
sense_preds %>%
  ggplot(aes(x = Modality, y = fit)) +
  geom_point() +
  geom_errorbar(aes(ymin = lwr, ymax = upr)) +
  theme_minimal()
```

注意，这个指令为geom_errorbar()定义了一组新的美学映射。这些映射将误差条的y最小值分配给来自sense_preds tibble的下限（LB），将误差条的y最大值分配给上限（UB）。

无论是从审美还是从功能角度来看，所生成的图都有一些不尽如人意之处。首先，模态按字母顺序显示。如果一切都按照效价增序（从最消极到最积极）的方式排列，会好得多。为此，你可以按照从最消极到最积极的顺序（升序），重新编码Modality变量。下面的指令通过从排序后的tibble中提取Modality列来达到这一目的。

```
# 编排为升序：
```

```
sense_order <- arrange(sense_preds, fit)$Modality

# 改变Modality的排序:

sense_preds <- mutate(sense_preds,
                      Modality = factor(Modality,
                                    levels >= sense_order))
```

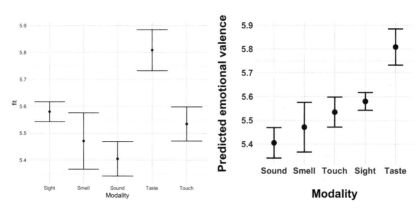

图 11.2 预测的情绪效价和对应的 **95%** 置信区间:(左)未排序;(右)已排序

接下来,还有一些外观上的改进:x轴和y轴标签的字体可以放大,这样更方便阅读。误差条的宽度可以缩小,从而减少不同模态之间的重叠部分。调大x轴和y轴标签的字号也有它的道理。注意,下列指令里xlab()和ylab()中的\n(见指令第六行和第七行)其实是换行符的意思,加入这一代码可以拉大标签与x轴和y轴之间的距离。这个方法有点粗糙,但是可以快速实现我们想要的效果。运行以下代码即可得到图11.2(右)。

```
sense_preds %>%
 ggplot(aes(x = Modality, y = fit)) +
   geom_point(size = 4) +
   geom_errorbar(aes(ymin = lwr, ymax = upr),
                 size = 1, width = 0.5) +
   ylab('Predicted emotional valence\n') +
   xlab('\nModality') +
   theme_minimal() +
   theme(axis.text.x =
```

```
        element_text(face = 'bold', size = 15),
      axis.text.y =
        element_text(face = 'bold', size = 15),
      axis.title =
        element_text(face = 'bold', size = 20))
```

11.6　阐明连续预测变量的不确定性

如何绘制连续预测变量的预测图呢？让我们再来看看第四至第六章中讨论过的英语词汇数据库数据。现在我们将重新绘制反应时间与频率的关系图，并手动指定 95% 置信区间。

让我们重做分析的第一个步骤：

```
ELP <- read_csv('ELP_frequency.csv')

# 对预测变量进行对数词频变换:

ELP <- mutate(ELP, Log10Freq = log10(Freq))

ELP
```

```
# A tibble: 12 x 4
   Word       Freq    RT Log10Freq
   <chr>     <int> <dbl>     <dbl>
 1 thing     55522  622.     4.74
 2 life      40629  520.     4.61
 3 door      14895  507.     4.17
 4 angel      3992  637.     3.60
 5 beer       3850  587.     3.59
 6 disgrace    409  705      2.61
 7 kitten      241  611.     2.38
 8 bloke       238  794.     2.38
 9 mocha        66  725.     1.82
10 gnome        32  810.     1.51
11 nihilism      4  764.     0.602
12 puffball      4  878.     0.602
```

```
# 创建线性模型:

ELP_mdl <- lm(RT ~ Log10Freq, ELP)
```

接下来,我们需定义要生成预测值的数据。让我们生成一个从0到5的对数词频序列。

```
newdata <- tibble(Log10Freq = seq(0, 5, 0.01))
```

这可以用来计算predict()的预测值。和前面的例子一样,interval = 'confidence'这一参数能确保计算出预测值周围95%置信区间。

```
preds <- predict(ELP_mdl, newdata,
                 interval = 'confidence')
head(preds)
```

```
       fit       lwr       upr
1 870.9054 780.8520 960.9588
2 870.2026 780.4127 959.9926
3 869.4999 779.9732 959.0266
4 868.7971 779.5334 958.0608
5 868.0943 779.0935 957.0952
6 867.3916 778.6534 956.1298
```

为了便于绘图,拟合值应该储存在同一个R对象中。

```
preds <- cbind(newdata, preds)

head(preds)
```

```
  Log10Freq Log10Freq      fit      lwr      upr
1      0.00      0.00 870.9054 780.8520 960.9588
2      0.01      0.01 870.2026 780.4127 959.9926
3      0.02      0.02 869.4999 779.9732 959.0266
4      0.03      0.03 868.7971 779.5334 958.0608
5      0.04      0.04 868.0943 779.0935 957.0952
6      0.05      0.05 867.3916 778.6534 956.1298
```

最后,一切准备就绪,可以开始绘图了。图11.3是大家第一次用ggplot2绘制包含两个tibble的图(这两个tibble即实际数据的tibble和预测数据的tibble)。请注意,在下面的代码中,被指定的

geom_text()从不同的tibble（ELP）中绘图，而其他的geoms则从preds
中绘图。geom_ribbon()用于绘制置信区域（confidence region），该区
域的ymin（下限）和ymax（上限）为美学映射。alpha参数确保置信区
域是透明的。最后，请注意色带层先于文本绘制，这样文本就不会被色
带遮挡住。

```
preds %>% ggplot(aes(x = Log10Freq, y = fit)) +
  geom_ribbon(aes(ymin = LB, ymax = UB),
              fill = 'grey', alpha = 0.5) +
  geom_line() +
  geom_text(data = ELP, aes(y = RT, label = Word)) +
  theme_minimal()
```

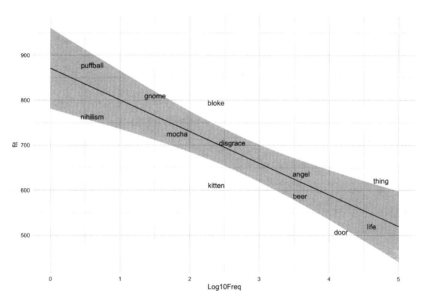

图11.3　散点图和回归拟合，置信区域用geom_ribbon()函数创建

如何解释置信区域？如前所述，在估计总体截距和斜率时，样本
之间总是会有变化。每次我们抽取不同的词语（或说话者）样本时，
系数估计值就会不同，基于这些系数的预测值也会不同。请你想象一
下，你有可能得到很多条线，每条线都是基于略有不同的截距和斜率
（样本差异 sampling variation）得出的。我们希望大部分线都能穿过灰

色区域（由回归线周围的95%置信区间组成）。这样的回归相当于第九章中讨论的"置信区间之舞"（Cumming, 2012, 2014）。因此，你可以用置信区域作为一个直观的提示，回归线的实际位置是不确定的。

11.7 小结

本章讨论了对回归系数显著性的解释。此外，本章还告诉你如何从R的模型中提取相关信息（关于回归系数和预测值的不确定性）。你绘制了一个回归斜率的点须图，并画出了回归系数的置信区间。此外，你还计算了R中各类模型的预测值与置信区间。学会本章讨论的技能，你就能更加灵活地绘制模型。把数据和模型结合起来，才能画出最好的图。

11.8 练习

11.8.1 练习：创建非标准化估计值的（坏）系数图

学习本章时，你为象似性模型的标准化回归系数创建了一个点须图。如果用未经标准化的回归系数绘制点须图，结果又会怎么样呢？重新创建模型，去掉标签为"_z"的预测变量，然后绘制系数图。看了这张图之后，想必你能理解为什么我在第五章会提到，在某些情况下标准化很重要。

第十二章 广义线性模型1: 逻辑回归

12.1 认识广义线性模型

截至目前所学, 所有模型均涉及连续响应变量。第七章展示了如何合并分类变量, 但如果响应变量本身就是分类变量呢?

图12.1是这种分类响应的一个例子。这是假设的数据(但受一项真实研究的启发: Schiel, Heinrich, & Barfüsser, 2012), 将有无言语失误建模为关于血液酒精浓度(BAC)的函数: "0"对应"无言语失误", "1"对应"有言语失误"。为了提高单点的可视性, 图中有些y值散点分布在数值0和1周围。该图显示, 平均而言, 喝醉的人比清醒的人犯更多的言语失误。

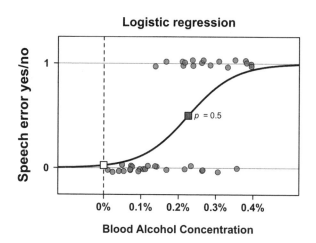

图12.1 言语失误关于血液酒精浓度的函数, 采用二分变量叠加逻辑回归拟合(粗曲线); 白色方块表示截距, 中间的方块表示出现言语失误比不出现言语失误的可能性大

基于"逻辑回归"这一模型,图12.1的曲线预测了出现言语失误的概率。本章将帮助你学会拟合逻辑回归模型。逻辑回归在语言学中普遍存在。例如,心理语言学经常使用逻辑回归对"二选一强迫选择"(two-alternative forced choice, 2AFC)的速度或准确性进行建模。其他应用包括:社会语言学变量的存在与否(Drager & Hay, 2012; Tagliamonte & Baayen, 2012),格标记(case marking)的存在与否(Bentz & Winter, 2013),或两种句法结构之间的选择(Bresnan, Cueni, Nikitina, & Baayen, 2007; Bresnan & Hay, 2008)。

12.2　理论背景:数据生成过程

在学习逻辑回归之前,让你的大脑回顾一下前面章节所探讨的回归模型。还记得在第四章的回归中,误差被假定为正态分布吗?响应变量并不一定是正态分布的,这在第四章中也有所提及。图12.2清晰地解释了这一点。粗实线显示正偏态,但这种分布实际上可以从多个正态分布中产生,如虚线所示。

将y ~ group形式的模型与该数据进行拟合,将得出每组的预测结果。这些预测均值的偏差,即残差,呈正态分布——这点十分重要。这进一步证实了正态分布假设与响应变量本身无关,而与残差有

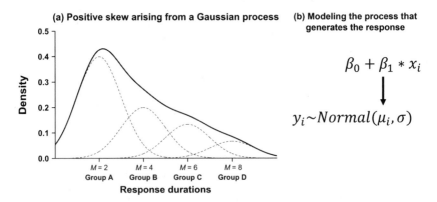

图12.2 (a)将多个正态分布(虚线)集中在一起,可能会呈现正偏态(粗实线);
(b)在线性回归中,人们假设数据生成过程为正态分布

关的观点。在某些情况下，响应变量看起来是倾斜的，但满足正态分布假设。

现在，我们要重新连接你的大脑了。考虑这一点的另一种思路是，正态分布假设与残差本身无关，而与数据产生过程有关。具体来讲，在拟合线性模型时，假设响应变量y由高斯（正态）过程生成。因此，"我们假设存在高斯误差"（残差）和"我们假设数据是由高斯过程模型生成的"这两种说法并不冲突。如果取值于正态分布，则残差也呈正态分布。

图12.2（b）概括了上述观点。首先，我们忽略子索引i，先来分析$y \sim Normal(\mu, \sigma)$部分。这个公式可以解释为，假设$y$由正态分布过程生成，其均值为$\mu$，标准差为$\sigma$。因其产生于正态分布过程，残差也在$\mu$周围呈正态分布，分布范围由$\sigma$决定。

均值μ可以以一个或多个预测变量为条件，例如x。图12.2（b）中的子索引i是一个占位符，表示x有不同的值。例如，第一个数据是$x_{i=1}$，第二个是$x_{i=2}$，以此类推。你可以把i想成计数变量（counter variable），通过数据序列进行计数。不同的数据对应不同的i值。子索引在公式中非常重要，它使得y值依赖于x值。例如，x_1与x_2数值不同，就会造成y_1与y_2数值不同。本质上，这个公式预测了一个变化的均值。也就是说，均值作为x值的函数移动，如何移动就取决于斜率β_1。注意我用的是希腊字母，因为此处讨论内容均与参数的假设有关。回归的工作就是提供相应的估计值（b_1对应β_1，等等）。

其实，这与之前所学并无不同。我只是请大家思考生成数据的过程。这种思维方式潜力巨大。如果生成数据的过程不遵守正态分布呢？"广义线性模型"（generalized linear model）对线性模型框架进行了概括，包含了遵循任何分布的数据生成过程。你要学习的第一种广义线性模型是逻辑回归，它假设响应变量y呈二项分布（binomial distribution），如方程式E12.1所示。

$$y \sim binomial(N=1, p) \tag{E12.1}$$

二项分布有N和p两个参数。N为"试验"参数，描述试验次数；p为概率参数，在当前情况下描述y为0或1的概率。出于研究目的，我们可以将N固定为1。这样的二项分布描述了观察单个事件的概率，例如是否发生了言语失误。在本章中，你将只使用逻辑回归来对单个试验水平的数据建模。所以从现在起，我们不再考虑参数N。事实上，N = 1的二项分布有一个特殊的名字，叫"伯努利分布"（Bernoulli distribution）。因此，方程式E12.1可以简化为：

$$y \sim bernoulli(p) \tag{E12.2}$$

换句话说，我们这里使用的逻辑回归假设y是由遵循伯努利分布的过程生成的。图12.3（a）展示了对于p = 0.2，p = 0.5和p = 0.8这三个不同参数，在伯努利分布中出现"0"和"1"的概率。

在逻辑回归中，p大多被当作一个或多个预测因子，来进行函数建模。比如，你对发生言语失误的概率建模，即p(y = 言语失误)，这是关于血液酒精浓度的函数；对第二语言考试的通过率建模，即p(y = 通过人数)，这是关于语言背景、年龄和教育背景的函数；对受试者将单词标记为突出感知的概率建模，即p(y = 突出)，这是关于声学变量（如音调和响度）的函数（Baumann & Winter, 2018）。

我们想要得到一个像$p_i = \beta_0 + \beta_1 * x_i$这样的等式，即不同x值代表不同的概率。然而，这是有条件的。等式$\beta_0 + \beta_1 * x_i$可以预测任何连续值，但概率区间必须在0到1之间。因此，你需要一种方法来约束回归的预测值，将$\beta_0 + \beta_1 * x_i$的输出值"压缩"至[0, 1]区间。在许多科

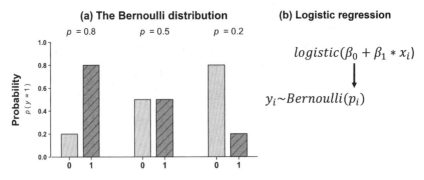

图12.3 （a）参数p为三个不同值时的伯努利分布；（b）逻辑回归：假设响应变量为伯努利分布，并将参数p置于一组预测变量集合中

学领域（包括数学、统计学、计算机科学、人工智能研究）中，当连续度
量必须压缩至[0，1]区间时，会使用一个特定的go-to函数（即"逻辑
函数"），并以此命名"逻辑回归"。所以，与其将参数p直接建模为预
测变量的函数，不如通过逻辑函数对预测方程的输出结果进行变换，
如图12.3（b）所示。图12.4显示了逻辑函数的效果。注意负数，如−1
（底部灰线）在经过逻辑函数变换后是正数，并且在区间[0，1]内。

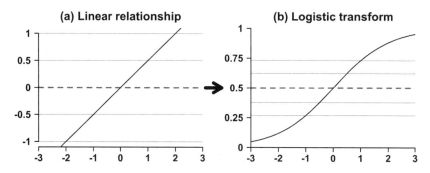

图12.4 （a）y与x的线性关系，y值由逻辑函数变换而来；（b）将y值限制在0到
1之间，虚线对应0.5的概率（本图受McElreath，2016启发而作）

下面将逻辑函数应用于示例值−2、0和 + 2：

logistic $(-2) \approx 0.12$

logistic $(0) = 0.5$

logistic $(+ 2) \approx 0.88$

注意，如图12.4所示，函数的输出值不会超出[0，1]区间。另
外注意，输入0得到0.5，对应于图中的虚线。在R中，逻辑函数以
plogis()函数实现。

```
plogis(-2)
```

[1] 0.1192029

```
plogis(0)
```

[1] 0.5

```
plogis(2)
```

```
[1] 0.8807971
```

欢迎你输入更多的数值，认真体会逻辑函数。即使你在 `plogis()` 输入了非常极端的数，如 10,000 或 -10,000，它也会返回 0 到 1 之间的数。

12.3　对数优势比函数与 logit

在拟合自己的逻辑回归模型之前，你要先学习一些数学知识。你要了解"对数优势比"（log odds，也称作"logit"）。定义如下：

$$log\ odds = \log\left(\frac{p}{1-p}\right) \tag{E12.3}$$

此处，log 函数是自然对数（底数为 e）。在括号内的项就是优势比，即：

$$odds = \frac{p}{1-p} \tag{E12.4}$$

优势比表示事件发生的概率（p）与事件不发生的概率（$1-p$）之比。其实在日常语言中，我们已经对它非常熟悉了。我们经常说"对半分"，也就是事件发生概率为 50%。我们把 $p = 0.5$ 代入等式 12.4 中，会得到：

$$\frac{0.5}{1-0.5} = \frac{0.5}{0.5} = 1 \tag{E12.5}$$

为什么方程式 E12.4 中的优势比变换为了对数？我们将优势比变换为对数，会得到从负无穷到正无穷的连续范围。表 12.1 展示了一些代表性数值的概率、优势比及对数优势比的对应数值。

熟练掌握对数优势比要耗费大量的时间，但不用担心，接下来会做许多练习。我们要铭记一点，对数优势比值为 0 时，对应的概率为 0.5；对数优势比为正值，则 $p > 0.5$；对数优势比为负值，则 $p < 0.5$。比

表 12.1　表头依次为概率、优势比和对数优势比；优势比和对数优势比四舍五入保留小数点后两位，注意 0.5 的概率值对应的对数优势比为 0

Probability	Odds	Log odds ('logits')
0.1	0.11 to 1	−2.20
0.2	0.25 to 1	−1.39
0.3	0.43 to 1	−0.85
0.4	0.67 to 1	−0.41
0.5	**1 to 1**	**0.00**
0.6	1.5 to 1	+ 0.41
0.7	2.33 to 1	+ 0.85
0.8	4 to1	+ 1.39
0.9	9 to 1	+ 2.20

如，我们对出现言语失误进行建模，若得到正值，则表明言语失误更可能发生。

讨论对数优势比的全部意义在于，它将概率置于一个连续的尺度上，这更易于回归建模。因此，逻辑回归实际上预测了对数优势比，如方程式 E12.6 所示。缩写"logit"用来表示"log odds"。

$$logit\,(p_t) = \beta_0 + \beta_1 * xi \tag{E12.6}$$

当需要报告概率模型时，你需要用逻辑回归方程来预测模型的对数优势比。逻辑函数是对数优势比函数的反函数[1]。由于互为反函数，对数优势比函数和逻辑函数会抵消彼此的影响，如图 12.5 所示[2]。

如果你第一次学习逻辑回归，所学学科与数学关联性不强，那最后一节可能对你来说有些吃力。但没关系！下文介绍了逻辑回归的

---

[1]　因为逻辑函数是对数优势比函数的反函数，其他课程用 logit^{-1} 来表示逻辑函数，上标"−1"代表"逆"。

[2]　我们已经学习了一对互为反函数的函数：对数函数和指数函数（见第五章）。我们可以通过依次取幂来"撤销"对数变换，也可以通过依次应用对数来"撤销"幂。

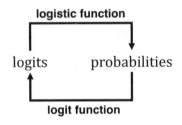

图12.5 概率与对数优势比的对应关系；逻辑函数将对数优势比压缩
到范围 [0, 1]；logit 函数表示从负无穷到正无穷范围内的概率

三种应用，我们会反复操练同一程序，直至你熟练掌握并且理解概率
和对数优势比之间的对应关系。

12.4 言语失误和血液酒精浓度

让我们使用图 12.1 所示的（人为控制的）血液酒精浓度数据来
拟合第一个逻辑回归模型。该数据包含在 "speech_errors.csv" 文
件中。

```
library(tidyverse)
library(broom)

alcohol <- read_csv('speech_errors.csv')

alcohol
```

```
# A tibble: 40 x 2
      BAC speech_error
    <dbl>        <int>
 1 0.0737           0
 2 0.0973           0
 3 0.234            0
 4 0.138            1
 5 0.0933           0
 6 0.262            1
 7 0.357            0
 8 0.237            1
 9 0.352            1
10 0.379            1
# ... with 30 more rows
```

BAC列包含血液酒精浓度，作为预测变量。speech_error列包含有（1）或无（0）言语失误的信息，作为逻辑回归模型的响应变量。glm()（代表广义线性模型）为拟合逻辑回归模型的函数。你可以像以前一样指定模型公式，但另外还要通过"族参数"（family argument）指定数据生成过程的假设分布。关于"族"的含义，你可以把任何基础分布形状（如均匀分布、高斯分布及二项分布）想象成一个族分布，通过更改参数来创建相同分布的多种版本。你把其中族参数定义为二项分布（伯努利分布是二项分布的一种特殊情况）[1]。

```
alcohol_mdl <- glm(speech_error ~ BAC,
                   data = alcohol, family = 'binomial')
```

现在你已经将拟合模型存储在对象alcohol_mdl中，可以使用broom包的tidy()函数来获取系数表，就像你在线性回归中所习惯的那样。

```
tidy(alcohol_mdl)
          term  estimate std.error statistic        p.value
1  (Intercept) -3.643444  1.123176 -3.243878 0.0011791444
2          BAC 16.118147  4.856267  3.319041 0.000903273
```

与前文一样，我们要花大量时间解释estimate列。本例中，估计值以对数优势比的形式给出。首先要看每个系数的正负。请注意，BAC的斜率为正，这表示血液中酒精浓度增加，言语失误的对数优势比也会增加。另外注意，截距为负，表示$x = 0$，即$p(y = 言语失误) < 0.5$。换句话说，清醒的人出现言语失误的概率不到50%。图12.1中的白色方块表示截距。

BAC系数的p值是显著的，即"假设BAC的斜率 = 0，则几乎不可能取得16.11或更极端的斜率值"。你可以这样报告此结果：

---

[1] 运行glm()时，参数family = 'binomial'，family = binomial()与family = binomial(link = 'logit')相同。

"有一个可靠的BAC效应（logit系数：+ 16.11，*SE* = 4.86，*z* = 3.3，*p* = 0.0009）。"注意，在逻辑回归系数的情况下，检验统计量是*z*而不是*t*（原因恕不详细说明）。

　　为了搞清楚对数优势比，我们来计算一些概率吧！先提取系数。

```
intercept <- tidy(alcohol_mdl)$estimate[1]
slope <- tidy(alcohol_mdl)$estimate[2]
intercept
```

[1] -3.643444

```
slope
```

[1] 16.11815

　　计算一下血液酒精浓度为0%（完全清醒）和0.3%（酩酊大醉）的对数优势比值。

```
intercept + slope * 0 # BAC = 0
```

[1] -3.643444

```
intercept + slope * 0.3 # BAC = 0.3
```

[1] 1.192

　　这些是相应血液酒精浓度的预测对数优势比。为了预测言语失误的概率，将逻辑函数plogis()应用于对数优势比。

```
plogis(intercept + slope * 0)
```

[1] 0.02549508

```
plogis(intercept + slope * 0.3)
```

[1] 0.7670986

对于清醒的人来说，言语失误的预测概率是0.025。因此，在这个模型中，言语失误的平均发生率约为2.5%。对于喝醉的人，预测的概率是0.77，因此预计平均77%的时间会出现言语失误。

现在要使用我们熟悉的seq()函数生成一系列x值，重新创建图12.1，然后使用这些x值生成预测概率。

```
BAC_vals <- seq(0, 0.4, 0.01)

y_preds <- plogis(intercept + slope * BAC_vals)
```

让我们把两个向量放进tibble中。

```
mdl_preds <- tibble(BAC_vals, y_preds)

mdl_preds
```

```
# A tibble: 41 x 2
   BAC_vals y_preds
      <dbl>   <dbl>
 1     0     0.0255
 2     0.01  0.0298
 3     0.02  0.0349
 4     0.03  0.0407
 5     0.04  0.0475
 6     0.05  0.0553
 7     0.06  0.0644
 8     0.07  0.0748
 9     0.08  0.0867
10     0.09  0.100
# ... with 31 more rows
```

请注意y_preds列中的值随着BAC值的增加而增加（血液酒精浓度越高，言语失误越多）。

以下代码用ggplot()重现了图12.1。注意，geom_point()根据ggplot()函数（alcohol tibble）中指定的映射绘制，而geom_line()在mdl_preds tibble中提取其预测值（比较第十一章第11.6节）。

```
ggplot(alcohol, aes(x = BAC, y = speech_error)) +
  geom_point(size = 4, alpha = 0.6) +
  geom_line(data = mdl_preds,
            aes(x = BAC_vals, y = y_preds)) +
  theme_minimal()
```

12.5　预测与格变化

让我们按照Bresnan等（2007）的步骤，运行另一种逻辑回归。语言学研究者对"与格变化"（dative alternation）很感兴趣。例如，说英语的人可以说"Who gave you that wonderful watch?"，也可以说"Who gave that wonderful watch to you?"（Bresnan & Hay, 2008）。前者为双宾语结构（double object construction），后者为介词与格（prepositional dative）。那么，是什么决定了说话人的选择呢？

与格变化有许多预测变量。在这里，我们只探讨"有灵性"（animacy）。比较这两句话："Who sent the box to Germany?" 和 "Who sent Germany the box?"。与"莎拉""比尔"或"孩子们"等"有灵"指称不同，send这一动作的接收者"Germany"（德国）是一个"无灵"指称。人们通常会认为"Who sent Germany the box?"听起来有些奇怪。但当接收者为有灵指称时，同样的双宾语结构则自然许多，如"Who sent Sarah the box?"。Bresnan等（2017）发现，接收者为无灵指称时（sent the box to Germany），会使用更多的介词与格。

相关数据集称为"dative"，可以通过LanguageR包访问（Baayen, 2013）。

```
library(languageR)
```

让我们用head()检查与格数据框的前两行（这不是tibble）。

```
head(dative, 2)
```

```
  Speaker Modality Verb SemanticClass LengthOfRecipient
1    <NA>  written feed             t                 1
2    <NA>  written give             a                 2
```

```
  AnimacyOfRec DefinOfRec   PronomOfRec LengthOfTheme
1      animate   definite    pronominal           14
2      animate   definite nonpronominal            3
  AnimacyOfTheme DefinOfTheme PronomOfTheme
1      inanimate   indefinite nonpronominal
2      inanimate   indefinite nonpronominal
  RealizationOfRecipient AccessOfRec AccessOfTheme
1                     NP       given           new
2                     NP       given           new
```

相关的响应变量是 `RealizationOfRecipient`。让我们用
`table()` 函数查看这一列的内容。

```
table(dative$RealizationOfRecipient)

  NP   PP
2414  849
```

共有 2,414 个 NP 结构（双宾语结构，如"Who gave you that
wonderful watch?"）的实例和 849 个 PP 结构（介词与格，如"Who gave
that wonderful watch to you?"）的实例，将两者建模为 `AnimacyOfRec`
函数，描述接收者的有灵性（Germany 是无灵物，Sarah 是有灵物）。相
应的 `glm()` 函数调用如下所示：

```
dative_mdl <- glm(RealizationOfRecipient ~ AnimacyOfRec,
                  data = dative, family = 'binomial')

tidy(dative_mdl)

                     term    estimate   std.error
1             (Intercept) -1.154058 0.04259436
2 AnimacyOfRecinanimate    1.229407 0.13628810
    statistic          p.value
1 -27.09415 1.154003e-161
2   9.02065 1.869763e-19
```

请注意，在字母表中，"animate"（有灵）位于"inanimate"（无灵）
之前，所以"animate recipient"（有灵接收者）类别被指定为"animacy
predictor"（有灵预测变量）的参照水平。因此，"有灵"接收者的
预测对数优势比"隐藏"在截距中，这一点从 tibble 中斜率的名称

(AnimacyOfRecinanimate)包含单词"inanimate"这一事实中也可
看出。这说明tibble中的斜率是关于"有灵"类别的斜率。因此,通过
该预测模型,我们得出"有灵"的对数优势比为−1.15,"无灵"的对数
优势比为−1.15 + 1.23 = 0.08。但是,这个输出结果是预测介词与格的
概率,还是预测双宾语结构的概率?

　　要回答这个问题,你要知道响应变量列中的级别顺序,可以使用
levels()函数(见第一章和七章)。

```
levels(dative$RealizationOfRecipient)
```

```
[1] "NP" "PP"
```

　　R中的逻辑回归总是对右边显示的数量进行建模,因此在本例中,
PP是介词与格。那么,+1.22的正斜率对应于"无灵"(与"有灵"相
反),介词与格的概率增加。让我们计算这些对数优势比相应的概率。

```
intercept <- tidy(dative_mdl)$estimate[1]
slope <- tidy(dative_mdl)$estimate[2]
plogis(intercept + slope * 0)
```

```
[1] 0.2397487
```

```
plogis(intercept + slope * 1)
```

```
[1] 0.5188285
```

　　该预测模型显示,观察到"无灵"接收者出现介词与格的概率为
0.52,"有灵"接收者则只有0.24。

　　你如何报告这一结果? 有一种方法,即"有灵接收者出现介词与格
的预测概率为0.24,无灵接收者为0.52(对数优势比差值为 + 1.22, SE =
0.13, z = 9.02, $p < 0.0001$)"。要解释AnimacyOfRecinanimate差异
的 p 值,一定记住"e−19"意味着报告数字(1.9)小数点必须向左移动
19位,可以报告为 $p < 0.0001$(对于非常小的 p 值,通常使用"小于"的

说法）。因此，在零假设下，"无灵"和"有灵"接收者之间没有差异，这个数据相当令人意外。

12.6　手势感知分析

12.6.1　探索数据集

最后一个例子将分析 Hassemer 和 Winter（2016）的手势感知实验的数据（另见 Hassemer & Winter, 2018）。我们将通过这次研究，了解旁观者如何通过手势推断信息，使用如图 12.6 所示的 3D 手势。此图中右半部分的手势，小指、无名指和中指均呈弯曲状，而左半部分的手势，手指则逐渐伸展。在我们的论文中，这个变量称为 "pinkie curl"（小指弯曲）。Hassemer（2016）称，小指高度卷曲的手势（即小指向内卷曲，在图 12.6 的右侧）会让人认为"说明了高度"。这种情况下，旁观者的注意力会集中在食指和拇指之间的距离上，好像做手势的人在比画假想物体的大小。而在图 12.6 左侧，食指和拇指弯曲成 C 形，Hassemer 认为这更可能在比画形状。

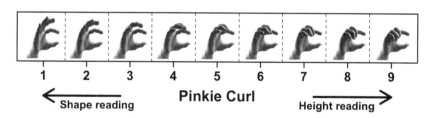

图 12.6　Hassemer 和 Winter（2016）基于网络的感知实验使用了九个连续动作的 3D 手势作为刺激因素，这些手势由 3D 平面设计师 Philip Krakow 设计

在实验中，我们团队向受试者展示了图 12.6 中的连续单手手势。我们询问受试者这个手势表示物体的高度还是形状。这是道必选题，我们会将受试者的选择作为响应变量。以下分析的目的是将该响应变量建模为"小指弯曲"的函数。让我们把数据加载到当前的 R 会话中。

```
ges <- read_csv('hassemer_winter_2016_gesture.csv')

ges
```

```
# A tibble: 309 x 5
   index_curve pinkie_curl question_order confidence choice
         <int>       <int> <chr>               <int> <chr>
 1           1           9 height_first            8 height
 2           5           6 shape_first             7 shape
 3           2           7 height_first            8 height
 4           4           3 height_first            8 shape
 5           1           1 height_first            8 shape
 6           6           9 height_first            9 shape
 7           6           7 shape_first             6 shape
 8           3           7 shape_first             7 shape
 9           1           2 shape_first             3 shape
10           6           2 height_first            7 shape
# ... with 299 more rows
```

tibble中的"行"代表"受试者"(共有309名)。目前,实验相关栏为pinkie_curl(预测变量)和choice(响应变量)。按惯例,你先熟悉一下这个数据集。受试者的选择如何按照"小指弯曲"的情况分布?要回答这个问题,可以使用table()函数将每个小指弯曲值制成表格。

```
table(ges$pinkie_curl)
```

```
 1  2  3  4  5  6  7  8  9
33 37 37 30 42 44 32 24 30
```

如图12.6所示,小指弯曲有9个连续步骤,范围从1(手指伸展)到9(手指卷曲)。根据此表,每种情况下的受试者人数大致相同。那么,哪个选项更受欢迎呢?

```
table(ges$choice)
```

```
height shape
   125   184
```

这组数据表明,总体而言,受试者更倾向于"形状"选项。将两组数据分别除以总数来查看比例:

```
table(ges$choice) / sum(table(ges$choice))
```

```
   height    shape
0.4045307 0.5954693
```

将table()放进prop.table()中,可输出相同的结果:

```
prop.table(table(ges$choice))
```

```
   height    shape
0.4045307 0.5954693
```

让我们将两个选项与小指弯曲变量交叉制表,并将生成的列联表(contingency table)存储在xtab对象中。

```
xtab <- table(ges$pinkie_curl, ges$choice)

xtab
```

```
   height shape
1      14    19
2      17    20
3      12    25
4       5    25
5       9    33
6      15    29
7      15    17
8      18     6
9      20    10
```

比较左栏(高度)和右栏(形状)中不同小指弯曲值的计数,发现只有两个最大的小指弯曲值(8和9)的"高度"响应值大于"形状"响应值。换句话说,与Hassemer(2016)的预测一样,小指弯曲变量的值越高,人们越不可能认为该手势说明的是形状。按"行"观察,结果更显而易见。rowSums()函数的作用是:将每一计数除以每一行的总和。

```
xtab / rowSums(xtab)
```

```
     height     shape
1 0.4242424 0.5757576
```

```
2 0.4594595  0.5405405
3 0.3243243  0.6756757
4 0.1666667  0.8333333
5 0.2142857  0.7857143
6 0.3409091  0.6590909
7 0.4687500  0.5312500
8 0.7500000  0.2500000
9 0.6666667  0.3333333
```

也可使用prop.table()并指定"1"来计算行比例。以下代码还使用round()将比例四舍五入到小数点后两位。

```
round(prop.table(xtab, 1), digits = 2)

  height shape
1   0.42  0.58
2   0.46  0.54
3   0.32  0.68
4   0.17  0.83
5   0.21  0.79
6   0.34  0.66
7   0.47  0.53
8   0.75  0.25
9   0.67  0.33
```

12.6.2　逻辑回归分析

你已经理解了这个数据集，现在来拟合一个逻辑回归模型。把受试者的选择（choice）作为pinkie_curl的函数来建模。键入下列代码，将出现错误信息。

```
ges_mdl <- glm(choice ~ pinkie_curl, data = ges) # error
Error in y - mu : non-numeric argument to binary operator
```

这则错误信息告诉我们问题在于y，原因是你忘了指定族参数，逻辑回归需要将其设置为"二项式"，否则，glm()函数不知道要拟合哪种类型的广义线性模型。

```
ges_mdl <- glm(choice ~ pinkie_curl,
               data = ges, family = 'binomial') # 出错
```

```
Error in eval(expr, envir, enclos) : y values must be 0 <= y <= 1
```

错误信息又出现了！这是因为choice被编码为字符向量。然而，逻辑回归的响应变量需要编码为0或1，或者需要编码为因子向量。

```
# 转为因子向量并检查：

ges <- mutate(ges, choice = factor(choice))

class(ges$choice)
```

```
[1] "factor"
```

检查级别的排列顺序十分必要：

```
levels(ges$choice)
```

```
[1] "height" "shape"
```

这表示逻辑回归将报告观察到"形状"响应变量的概率。让我们来拟合这个模型吧：

```
ges_mdl <- glm(choice ~ pinkie_curl, data = ges,
               family = 'binomial')

tidy(ges_mdl)
```

```
        term   estimate  std.error statistic      p.value
1 (Intercept)  1.0651620 0.26714076  3.987269 6.683834e-05
2 pinkie_curl -0.1377244 0.04794959 -2.872274 4.075298e-03
```

请注意，pinkie_curl是作为数字变量输入的[1]。因为pinkie_curl是一个数值预测变量（numeric predictor），所以可以将相应的斜率解释

---

[1] 这是合理的，因为小指弯曲连续统不同步骤之间的步长是恒定的；也就是说，1和2的距离与8和9的距离相同。

为，pinkie_curl沿小指弯曲连续统每增加一步，"形状"响应变量的对数优势比就减少−0.13772。简单来说，小指越弯曲，"形状"响应的可能性也就越小。反之亦然，连续统每增加一步，"高度"响应变量的对数优势比就增加＋0.13772。

predict()可预测所有小指弯曲值。要生成预测，让我们先生成含值的tibble。

```
ges_preds <- tibble(pinkie_curl = 1:9)

predict(ges_mdl, ges_preds)

        1          2          3          4          5
0.9274376  0.7897133  0.6519889  0.5142645  0.3765402
        6          7          8          9
0.2388158  0.1010915  -0.0366329  -0.1743573
```

默认情况下，predict()会返回对数优势比。请注意，只有对于非常高的小指弯曲值8和9，预测的对数优势比才为负值。这也体现为，如果小指弯曲值非常高，响应变量为"形状"的概率就小于为"高度"的概率。使用逻辑函数plogis()计算概率。

```
plogis(predict(ges_mdl, ges_preds))

        1          2          3          4          5
0.7165551  0.6877698  0.6574585  0.6258056  0.5930384
        6          7          8          9
0.5594218  0.5252514  0.4908428  0.4565208
```

请注意，8和9的值低于0.5，这与相应的对数优势比为负的结果一致。

如果不适用plogis()，也可以使用predict()函数的type = 'response'参数计算概率。

```
predict(ges_mdl, ges_preds, type = 'response')

        1          2          3          4          5
0.7165551  0.6877698  0.6574585  0.6258056  0.5930384
```

```
       6         7         8         9
0.5594218 0.5252514 0.4908428 0.4565208
```

让我们计算 95% 置信区间,以方便绘图。以下代码运用置信区间的下限(LB)和上限(UB)创建 tibble(见第十一章)。请注意,要计算概率的置信区间,首先需要计算对数优势比的置信区间。获取对数优势比置信区间后,就可以把对数优势比的上限和下限反变换为概率。不要分别变换标准误差和拟合值。

```
ges_preds <- as_tibble(predict(ges_mdl,
                               ges_preds,
                               se.fit = TRUE)[1:2]) %>%
  mutate(prob = plogis(fit),
         LB = plogis(fit - 1.96 * se.fit),
         UB = plogis(fit + 1.96 * se.fit)) %>%
  bind_cols(ges_preds)
```

根据管道输出的结果,我们获得带有预测值和相应置信区间的 tibble。

ges_preds

```
# A tibble: 9 x 6
     fit se.fit  prob    LB    UB pinkie_curl
   <dbl>  <dbl> <dbl> <dbl> <dbl>       <int>
1  0.927  0.225 0.717 0.619 0.797           1
2  0.790  0.186 0.688 0.605 0.760           2
3  0.652  0.152 0.657 0.588 0.721           3
4  0.514  0.127 0.626 0.566 0.682           4
5  0.377  0.118 0.593 0.536 0.647           5
6  0.239  0.127 0.559 0.498 0.620           6
7  0.101  0.152 0.525 0.451 0.598           7
8 -0.0366 0.186 0.491 0.401 0.581           8
9 -0.174  0.225 0.457 0.351 0.566           9
```

这可以作为预测概率图的基础(图 12.7),该图使用 geom_errorbar() 绘制每个拟合值的 95% 置信区间。以下指令使用 scale_x_continuous() 将 x 轴刻度范围设置为整数 1 到 9,使用 xlab() 和 ylab() 调整轴标签(axis label)。

```
ges_preds %>% ggplot(aes(x = pinkie_curl, y = prob)) +
  geom_point(size = 3) +
  geom_errorbar(aes(ymin = LB, ymax = UB), width = 0.5) +
  scale_x_continuous(breaks = 1:9) +
  xlab('Pinkie curl') +
  ylab('p(y = Shape)') +
  theme_minimal()
```

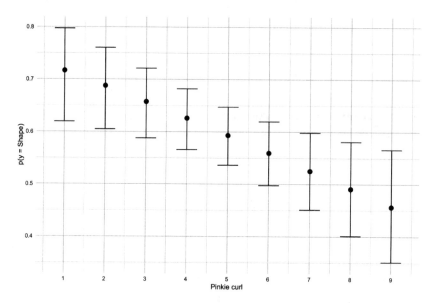

图 12.7　手势的小指弯曲函数观察到形状响应的预测概率

12.7　小结

　　本章从普通线性模型转向广义线性模型，将线性模型框架"推广"到其他数据生成过程。我们学习了第一个广义线性模型——逻辑回归。

　　逻辑回归假设响应产生于伯努利分布过程，其目标是预测参数 p 和观察特定事件的概率。逻辑函数确保回归预测肯定存在的概率，并将所有数值压缩到 [0, 1] 区间。然后，我们学习了逻辑回归的内部"单位"——对数优势比。逻辑函数用于将对数优势比变换为概率。

下一章将讨论另一种非常实用的广义线性模型——泊松回归。从数学上讲，这个模型比逻辑回归更容易！如果你觉得本章涉及太多数学知识，请坚持阅读。下一章还对广义线性模型框架进行"总体"概述，帮助你理清逻辑回归。

12.8　练习

12.8.1　练习 1：用中心化的预测变量重新分析手势数据

分析手势数据，将小指弯曲变量中心化，然后重新运行并观察：截距是如何变化的？它的对数优势比是多少？对应的概率是多少？

12.8.2　练习 2：加入新的预测变量

在手势数据中加入新的预测变量 index_curve，量化食指弯曲的程度，思考这个变量如何影响"形状"响应变量的比例。用列联表将"形状"或"高度"响应变量的数量与食指弯曲变量进行比较，然后将输出结果与列联表进行比较。

12.8.3　练习 3：加入非线性效应

第八章介绍了多项式回归。事实证明，在 Hassemer 和 Winter（2016）的研究中，小指弯曲变量显示出非线性效应。将小指弯曲变量中心化，生成二次方变量后添加到模型中。观察二次效应是否显著？如果显著，二次效应对应什么概念？

第十三章 广义线性模型2：泊松回归

13.1 认识泊松回归

泊松回归也是广义线性模型，与逻辑回归一样实用。然而，泊松回归在语言科学中却很少得到应用。泊松分布是计数过程的正则分布（canonical distribution），而语言学研究者就善于计数！他们喜欢计算单词、语法结构、社会语言变体、言语失误、话语标记（discourse marker）等等，泊松模型无疑是最好的选择。

由于泊松回归不像逻辑回归那样常见，所以先告诉你我使用该模型的几个案例，希望能让你相信这类广义线性模型的实用性。Winter和Grawunder（2012）使用泊松回归对填充词（如uh和oh）和特定话语标记语的频率作为礼貌语境的函数进行建模。Bentz和Winter（2013）进行了一项类型学研究（typological study），选用特定版本的泊松回归，将一种语言有多少种格标记作为二语学习者所占比例的函数进行建模。此例中，应用泊松回归可以评估语言接触对语言形态复杂性的影响。Winter、Perlman和Majid（2018）使用泊松回归，将单词频率作为感官模态的函数进行建模，检验英语的视觉优势（visual dominance）特征。事实上，词频作为响应变量时（在语言学中经常如此，尤其是在语料库语言学中），你应该考虑使用泊松回归模型。

图13.1（a）为人为控制产生的数据集，其中言语失误次数与血液酒精浓度有关。上一章里，我们把言语失误作为二元变量（有无言语失误）处理，本章则将其作为计数变量。相应的泊松回归拟合显示为粗线，即言语失误发生的平均比率。请注意，与血液酒精低浓度相比，血液酒精高浓度下的言语失误计数变化更大，这是异方差的一种体现形式（下文讨论）。

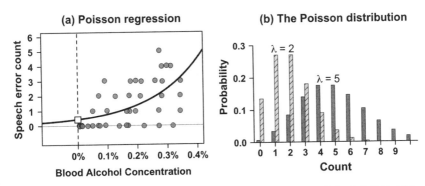

图13.1 （a）言语失误计数关于血液酒精浓度的函数，采用叠加泊松回归拟合（粗体曲线），白色方块代表截距；（b）泊松分布的两个版本，比率分别为2和5

13.2 泊松分布

在泊松回归中，响应变量 y 假设由遵循泊松分布的过程生成。

$$y \sim Poisson(\lambda) \tag{E13.1}$$

图13.1（b）展示了两个代表性参数的泊松分布，柱形高度表示特定计数的概率。泊松分布只有一个参数 λ，指定计数过程的比率。如果 λ 很高，那么事件（例如语音错误、填充词或语法标记）发生的比率就很高。请注意，对于低比率 $\lambda = 2$（条纹柱），泊松分布表明计数1和2是最可能的。不发生事件（计数为0）的可能性稍低，其他大于2的计数的可能性也较低。

泊松分布最小值为0，无负值，呈离散（分类）分布，并且全部是正整数，没有小数。

泊松分布的另一个特殊性质是分布的方差与 λ 相结合，这与正态分布形成鲜明对比，正态分布中标准差 σ 是一个需要估计的独立参数（independent parameter）。从图13.1（b）中可以看出，$\lambda = 2$ 的分布比 $\lambda = 5$ 的分布具有更高的扩散。因为泊松分布中的值不得小于0，所以 λ 低时方差也小。λ 高的分布分别向计数的低处和高处扩展，可视为"异方差"（即不等方差，见第四章和第六章）被构建在这个分布中。

泊松回归将参数λ作为一些预测变量的函数建模。而问题在于，我们熟悉的"$\beta_0 + \beta_1 * x'$"可以预测任何值，但λ作为一个比率参数，只能为正值。因此，你需要一个将"$\beta_0 + \beta_1 * x_i'$"的输出限制为正值的函数，即指数函数，如图13.2所示。

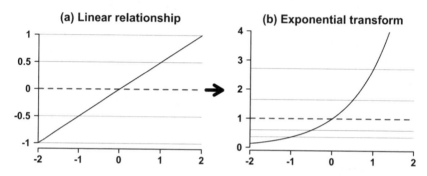

图13.2　（a）y和x之间的线性关系，通过指数函数变换y值；（b）将y限制在正值范围内，虚线表示当0进行指数变换时，它会变为1

因此，围绕"$\beta_0 + \beta_1 * x_i'$"的指数函数将确保不会预测负值。

$$\lambda_i = exp(\beta_0 + \beta_1 * x_i)\tag{E13.2}$$

上一章和第五章提过，对数是指数函数的反函数。如果我们取方程式E13.2两边的对数，则等式变为：

$$\log(\lambda_i) = \beta_0 + \beta_1 * x_i\tag{E13.3}$$

因此，"$\beta_0 + \beta_1 * x_i'$"将预测对数λ。与逻辑回归一样，我们在解释输出结果时要多加小心，本章将提供详细指导。

13.3　用泊松回归分析语言多样性

Nettle（1999）介绍了语言多样性，你将分析该书中的数据，这一数据集已在第一章和第二章中做过简要介绍。注意Nettle的假设：生态风险较低（环境肥沃）的国家，语言多样性较高。他通过对数转换语言计数来分析数据。这其实是次优解（O'Hara & Kotze，2010），因为即使排除其他因素，计数数据（count data）在对数变换后也会表现出异方差性，但是泊松分布是计数的正则分布。

让我们先用 read_csv() 加载表格。

```
library(tidyverse)
library(broom)

nettle <- read_csv('nettle_1999_climate.csv')

nettle
# A tibble: 74 x 5
        Country Population  Area   MGS Langs
          <chr>      <dbl> <dbl> <dbl> <int>
1       Algeria       4.41  6.38  6.60    18
2        Angola       4.01  6.10  6.22    42
3     Australia       4.24  6.89  6.00   234
4    Bangladesh       5.07  5.16  7.40    37
5         Benin       3.69  5.05  7.14    52
6       Bolivia       3.88  6.04  6.92    38
7      Botswana       3.13  5.76  4.60    27
8        Brazil       5.19  6.93  9.71   209
9  Burkina Faso       3.97  5.44  5.17    75
10          CAR       3.50  5.79  8.08    94
# ... with 64 more rows
```

Population（人口）和 Area（面积）列分别包含该国经过以10为底的对数运算（$\log_{10}$）后的人口规模和面积。目前，我们要分析的相关变量是 MGS（平均生长季，是一项生态风险的衡量指标，在此作为预测变量）和 Langs（一个国家内的语言数量）。MGS 预测变量表示一个国家每年的可种植月数。

与之前的流程一样，我们要首先对数据集有大致了解。例如，查看 MGS 变量的范围。

```
range(nettle$MGS)
```
```
[1] 0 12
```

这表明，有些国家根本无法种植作物（MGS = 0 个月），还有一些国家全年都可以种植作物（MGS = 12 个月）。以下代码显示了平均生长季为0或12的国家。

```
filter(nettle, MGS == 0 | MGS == 12)
```
```
# A tibble: 6 x 5
  Country          Population  Area   MGS  Langs
  <chr>               <dbl>   <dbl> <dbl>  <int>
1 Guyana              2.90    5.33   12.      14
2 Oman                3.19    5.33    0.       8
3 Solomon Islands     3.52    4.46   12.      66
4 Suriname            2.63    5.21   12.      17
5 Vanuatu             2.21    4.09   12.     111
6 Yemen               4.09    5.72    0.       6
```
```
# 等同于:

filter(nettle, MGS %in% range(MGS))
```

　　圭亚那（Guyana）、所罗门群岛（Solomon Islands）、苏里南（Suriname）和瓦努阿图（Vanuatu）的平均生长季为12个月，表明生态风险最小（肥沃的环境有利于发展当地自给农业）。相比之下，阿曼（Oman）和也门（Yemen）的平均生长季为0，表明生态风险最大（干旱环境迫使人们发展贸易）。此外，请注意，阿曼和也门的不同语言（Langs）比其他国家少，这表明，Nettle的假设可能是正确的。

　　glm()函数可实现泊松回归，建模"语言多样性"关于"生态风险"的函数。与上一章相同，family参数用于指定广义线性模型的类型。我们在这里将family指定为'poisson'。

```
MGS_mdl <- glm(Langs ~ MGS, data = nettle,
               family = 'poisson')

tidy(MGS_mdl)
```
```
          term  estimate   std.error  statistic       p.value
1  (Intercept) 3.4162953 0.039223267   87.09869  0.000000e+00
2          MGS 0.1411044 0.004526387   31.17375 2.417883e-213
```

　　泊松模型的系数用对数表示。因此，我们要先将其指数化，才能报告预测的平均比率。我们先来运行几个例子。首先，提取系数。

```
mycoefs <- tidy(MGS_mdl)$estimate
# 提取截距和斜率:
intercept <- mycoefs[1]
slope <- mycoefs[2]
# 查看:
intercept
```

```
[1] 3.416295
```

```
slope
```

```
[1] 0.1411044
```

让我们看看模型对 0 到 12 个月的 MGS 值的全域预测。

```
intercept + 0:12 * slope
```

```
 [1] 3.416295 3.557400 3.698504 3.839609 3.980713 4.121818
 [7] 4.262922 4.404026 4.545131 4.686235 4.827340 4.968444
[13] 5.109549
```

因此，对于 0 个月的平均生长季，该模型预测对数语言率为 3.41；对于 1 个月的平均生长季，该模型预测的对数语言率为 3.56，以此类推。将这些拟合值求幂得到 λ 的估计值。

```
exp(intercept + 0:12 * slope)
```

```
 [1]  30.45637  35.07188  40.38685  46.50727  53.55521
 [6]  61.67123  71.01719  81.77948  94.17275 108.44415
[11] 124.87831 143.80298 165.59559
```

这些数据解释为语言的平均比率。也就是说，MGS 为 0 的国家大约有 30 种语言，而 MGS 为 12 的国家大约有 166 种语言。

为绘图方便，让我们创建一个更细粒度的预测序列，区间从 0 到 12，步长为 0.01。

```
myMGS <- seq(0, 12, 0.01)
```

用predict()生成预测,且需要预测变量MGS在tibble中。

```
# 用来生成预测值的tibble:

newdata <- tibble(MGS = myMGS)

newdata
```
```
# A tibble: 1,201 x 1
     MGS
   <dbl>
 1  0
 2  0.01
 3  0.02
 4  0.03
 5  0.04
 6  0.05
 7  0.06
 8  0.07
 9  0.08
10  0.09
# ... with 1,191 more rows
```

对数预测计算如下:

```
MGS_preds <- predict(MGS_mdl, newdata)

head(MGS_preds)
```
```
       1        2        3        4        5        6
3.416295 3.417706 3.419117 3.420528 3.421939 3.423350
```

将其指数化,得到λ的估计值,即语言出现率关于平均生长季的函数。

```
MGS_preds <- exp(MGS_preds)

head(MGS_preds)
```
```
        1        2        3        4        5        6
30.45637 30.49938 30.54245 30.58557 30.62876 30.67201
```

也可以使用type = 'response'，直接用predict()函数计算λ的估计值。

```
MGS_preds <- predict(MGS_mdl, newdata, type = 'response')
head(MGS_preds)
       1        2        3        4        5        6
30.45637 30.49938 30.54245 30.58557 30.62876 30.67201
```

接下来，把所有内容放入ggplot2的tibble中。

```
mydf <- tibble(MGS = myMGS, Rate = MGS_preds)
# A tibble: 1,201 x 2
     MGS  Rate
   <dbl> <dbl>
1   0     30.5
2   0.01  30.5
3   0.02  30.5
4   0.03  30.6
5   0.04  30.6
6   0.05  30.7
7   0.06  30.7
8   0.07  30.8
9   0.08  30.8
10  0.09  30.8
# ... with 1,191 more rows
```

如图13.3所示，我们可以叠加泊松回归拟合来绘制数据。下面的代码块中，geom_line()从tibble中提取预测值，并获得一组新的映射值。

```
nettle %>% ggplot(aes(x = MGS, y = Langs)) +
  geom_text(aes(label = Country)) +
  geom_line(data = mydf, mapping = aes(x = MGS, y = Rate),
            col = 'blue', size = 1) +
  theme_minimal()
```

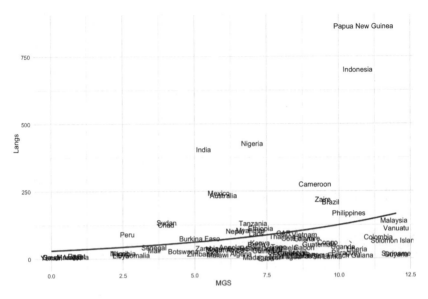

图13.3 语言多样性关于平均生长季的函数（**Nettle, 1999**），采用泊松回归拟合；粗线表示预测的语言比率

13.4 添加暴露变量

Nettle（1999）研究发现，要使语言对平均生长季的回归有意义，必须控制国家的面积大小。显然，国家面积越大，语言越多样化。比如印度，其领土广阔，语言也十分多样。也就是说，国家的面积大小决定了泊松回归中的暴露变量（exposure variable）：面积越大，高计数观测值越多。你可以通过暴露变量调整比率，在本例中暴露变量是"面积"，在其他应用中可能是"时间"。例如，如果你要进行一项实验，在不同持续时间中计算言语失误的次数，那么持续时间更长的实验，失误的次数自然会更多。

对于暴露变量，比率λ有两个分量，即每单位暴露τ（发音为"tao"）和平均事件数μ。例如，μ是每个国家的平均语言数，τ是国家的面积大小。或者，μ是言语失误的平均次数，τ是试验的持续时间。比率为$\lambda = \dfrac{\mu}{\tau}$，表示"每平方英里的语言数"或"每秒的言语失误数"。下面的公式推导我就不展开了，在存在一个暴露变量的情况下，预测语言对数数量的公式如下[①]：

$$\log(\mu) = \beta_0 + \beta_1 \times MGS + \log(\tau) \tag{E13.4}$$

因此，语言的对数数量是关于"$\beta_0 + \beta_1 \times MGS$"与暴露变量$\log(\tau)$的函数。注意，暴露变量前面没有系数$\beta$，即此项没有估计值。将国家的面积作为暴露变量，就是在表明一个国家的平均语言数量与其面积大小成正比。

在R中实现这些非常简单，只需将本例中的相关暴露变量Area输进offset()。

```
MGS_mdl_exposure <- glm(Langs ~ MGS + offset(Area),
                        data = nettle, family = 'poisson')

tidy(MGS_mdl_exposure)

        term     estimate   std.error statistic p.value
1 (Intercept) -2.8230092 0.040738134 -69.29648       0
2         MGS  0.2092749 0.004719774  44.34003       0
```

注意，与没有暴露变量的模型相比，MGS变量的斜率增加了约50%。在控制国家的面积大小后，生态风险和语言多样性之间的关系估计会更加紧密。

再举一个有关暴露变量实用性的例子，即上文提及的礼貌标记的研究（Winter & Grawunder, 2012）。如上所述，这项研究调查了韩国人在礼貌语境中使用"啊"（uh）和"哦"（oh）等填充词的频率。本组为开放性实验，受试者可以随心所欲地说话。因此，实验结果中出现了话语很长或很短的情况。话语越长，填充词自然越多。我们通过添加暴露变量"话语长度"来处理。

[①] 如果你的研究方向与数学联系紧密，请阅读这则脚注。商（如 $\frac{\mu}{\tau}$）的对数可以表示为两个对数的减法，即$\log(\lambda) = \log\left(\frac{\mu}{\tau}\right) = \log(\mu) - \log(\tau)$。与预测方程结合，得到以下结果：$\log(\mu) - \log(\tau) = \beta_0 + \beta_1 \times MGS$。将暴露项$\log(\tau)$移到方程的右侧，得到E13.4。McElreath（2016: 312–313）对此有格外清晰的讨论。

13.5 过度离散计数数据的负二项回归

如上所述,泊松分布的方差与均值成比例:平均率越高,计数的变量越多。然而,在实际数据集中,方差可能大于给定 λ 的理论预期值,需要对"过度离散"(overdispersion)或"方差过大"(excess variance)进行处理[①]。

我们可以用泊松回归中的"负二项回归"(negative binomial regression)来弥补过度离散。负二项回归是泊松回归的扩展,其中方差从均值中"解放"出来。也就是说,"均值等于方差"这一限制得以放宽。除此之外,所学泊松回归的其他内容保持不变。

让我们使用负二项回归而不是泊松回归,重新拟合上述模型(使用暴露变量)。调取 MASS 包中的 glm.nb() 函数(Venables & Ripley, 2002)。

```
library(MASS)
# 拟合负二项回归:
MGS_mdl_nb <- glm.nb(Langs ~ MGS + offset(Area),
                     data = nettle)

tidy(MGS_mdl_nb)
        term    estimate   std.error   statistic       p.value
1 (Intercept)  -3.0527417  0.26388398  -11.568500  5.951432e-31
2         MGS   0.2296025  0.03418441    6.716585  1.860333e-11
```

首先,请注意,与相应的泊松模型相比,MGS 斜率的标准误差有所增加。对于过度离散的数据,负二项模型则是较为保守的选择。让我们看一下模型的 summary() 输出结果。

```
summary(MGS_mdl_nb)
Call:
glm.nb(formula = Langs ~ MGS + offset(Area), data = net-
```

[①] "欠离散"(underdispersion)描述泊松分布下方差小于理论预期值的情况。截至目前,我还未在语言数据集中遇到此类问题。

```
tle, init.theta = 1.243938533,
    link = log)

Deviance Residuals:
    Min      1Q   Median      3Q      Max
-2.3904  -0.9479  -0.4620   0.2822   2.5034

Coefficients:
            Estimate Std. Error z value Pr(>|z|)
(Intercept) -3.05274    0.26388 -11.568  < 2e-16 ***
MGS          0.22960    0.03418   6.717 1.86e-11 ***
---
Signif. codes:  0 '***' 0.001 '**' 0.01 '*' 0.05 '.' 0.1 ' ' 1

(Dispersion parameter for Negative Binomial(1.2439) family
taken to be 1)

    Null deviance: 120.21  on 73  degrees of freedom
Residual deviance:  82.25  on 72  degrees of freedom
AIC: 771.88

Number of Fisher Scoring iterations: 1
                Theta:  1.244
              Std. Err.:  0.190

2 x log-likelihood: -765.87
```

你可以使用pscl包（Jackman，2015）中的odTest()函数进行过度离散测试，来检验是否存在"显著的过度离散程度"。该函数执行似然比检验（likelihood ratio test）（见第十五章），比较负二项模型和相应泊松模型的似然比（likelihood ratio）。

```
library(pscl)

# 执行过度离散检验：

odTest(MGS_mdl_nb)

Likelihood ratio test of H0: Poisson, as restricted NB
model:
n.b., the distribution of the test-statistic under H0 is
non-standard
e.g., see help(odTest) for details/references
Critical value of test statistic at the alpha= 0.05 level:
2.7055
Chi-Square Test Statistic = 5533.0321 p-value = < 2.2e-16
```

在这种情况下，两个模型之间的似然性差异显著（p–value = < 2.2e–16），表明你应该使用负二项模型，而不是简单的泊松回归。我建议这样报告过度分散检验的结果："负二项模型与泊松模型的似然比检验呈现显著差异（$x^2(1)$ = 5533.03，$p < 0.0001$）。"括号内的1代表自由度，与第十一章中的模型比较一样，表明两个模型的估计参数数量不同。之所以是1，是因为负二项回归估计了一个额外的参数（离散参数）。此检验使用x^2"卡方"，这是一个新的检验统计量，与前面章节讨论过的t和F一样。这里不对卡方分布做详细介绍。

13.6　广义线性模型框架：概览与综述

图13.4总结了你目前所学广义线性模型框架的各个方面。

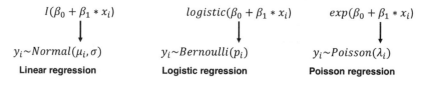

$$I(\beta_0 + \beta_1 * x_i) \qquad logistic(\beta_0 + \beta_1 * x_i) \qquad exp(\beta_0 + \beta_1 * x_i)$$

$$y_i \sim Normal(\mu_i, \sigma) \qquad y_i \sim Bernoulli(p_i) \qquad y_i \sim Poisson(\lambda_i)$$

Linear regression　　　　**Logistic regression**　　　　**Poisson regression**

图13.4　目前为止本书涉及的三类广义线性模型

还有一点我们仍未谈及，那就是以线性回归预测变量为参数的函数 I()，即"恒等函数"（identity function）。它仅是数学术语，表示输入等于输出（$I(x) = x$），没有任何作用。可以将其理解为"预测变量保留初始形态，不做任何变换"。我们也将其添加到了图13.4中，因为它显示了不同类型模型之间的平行关系。通过恒等函数，你发现线性回归实际上是广义线性模型的一个特例，即它是预测方程的输出未经转换的广义线性模型。因此，广义线性模型框架包含线性回归。

图13.4进一步强调了每个广义线性模型都有三个重要元素：（1）数据生成过程的分布；（2）预测方程，在广义线性模型框架中被称为"线性预测方程"，即我们所研究模型的方程；（3）连接函数（link function），将线性预测值连接到相关参数，确保线性预测变量（linear predictor）能合理预测每个参数，即p值介于0和1之间，λ为正值。连

接函数以其反函数命名，这点很容易让人困惑：逻辑回归使用对数优势比函数连接，泊松回归使用对数连接函数。作为连接函数的结果，逻辑回归返回对数优势比预测，泊松回归返回对数预测。逻辑回归中，使用逻辑函数将对数优势比预测转换为概率；泊松回归中，使用指数函数将对数预测转换为比率。

13.7　小结

通过本章的学习，你拓展了对广义线性模型的认识。具体来说，你学会了如何使用泊松回归及其拓展——负二项回归为计数数据建模。泊松模型的系数为对数系数，这要求在计算对数预测后，需要通过指数化来解释模型，即平均比率。为了控制不同的"暴露"（如国家面积大小、持续时间等），可以添加暴露变量。负二项回归可解决过度离散问题。本章提供的工具包可对各种数据结构进行建模。泊松回归及负二项回归是解决计数数据的首选工具。

最后，本章对广义线性模型框架进行了概述。请牢记，每个广义线性模型都有三个重要元素：数据生成过程的分布、预测方程和连接函数。

13.8　练习

13.8.1　练习1：走进泊松数据

rpois() 函数可用于生成泊松分布的随机数据。请注意，R中所有随机数生成函数都是以字母"r"开头的，字母"r"代表"random"（随机）。你已经学过 rnorm() 和 runif()。

你要向 rpois() 函数提供λ和要生成数字的数量。

```
rpois(50, lambda = 2)  # 结果不在此展示
```

将计数制表并绘图：

```
plot(table(rpois(50, lambda = 2)))
```

玩转λ，体验泊松分布的乐趣。

13.8.2 练习 2：视觉优势

Winter等（2018）的研究发现，平均而言，英语使用视觉词汇比其他模态词汇更频繁。本练习要求回顾这一分析，重点是形容词的子集（论文也包含动词和名词）。首先，加载 Lynott 和 Connell（2009）研究的感官模态评分，以及包含 SUBTLEX 词频的英语词汇项目数据文件。

```
lyn <- read_csv('lynott_connell_2009_modality.csv')
ELP <- read_csv('ELP_full_length_frequency.csv')
```

将 ELP tibble 中的信息合并到 lyn tibble 中：

```
both <- left_join(lyn, ELP)
```

仅选择相关列。如果之前加载过 MASS 包，则会出现命名冲突，因为该包还包含 select() 函数，同 dplyr。以下指令告诉R，我们是指 dplyr 函数，而不是 MASS 函数：

```
both <- dplyr::select(both,
    Word, DominantModality:Smell, Log10Freq)
```

最后，调用正整数频率变量，应用泊松回归。

```
both <- mutate(both, Freq = 10 ^ Log10Freq)
```

用味觉、嗅觉、触觉、视觉和听觉作为预测变量（所有这些都是连续评分量表）拟合泊松回归模型。使用MASS包中的 `glm.nb()` 函数拟合负二项回归模型。用pscl包中的 `odTest()` 函数检查是否存在显著的过度离散。理解泊松回归和负二项回归输出结果。思考下列问题：说英语的人使用视觉形容词频率更高吗？相比之下，嗅觉形容词的频率如何？泊松回归和负二项回归的输出结果相比有何异同？

可调用car包中的 `vif()` 函数作为额外练习，评估不同预测变量之间的共线性（见第六章）。

第十四章　混合模型1：概念介绍

14.1　引言

在你阅读本书的过程中，你会发现可用于建模的数据集范围不断扩大。本章将介绍混合效应模型（mixed effects model），也就是大家熟知的多水平模型（multilevel model）[1]。这一模型在语言科学及相关学科中应用广泛。许多数据集要求特定模式的混合模型。幸运的是，截至目前，你所学知识均与其有所关联。混合模型是回归的延伸，所以很多知识你已经了然于心。本章侧重概念介绍，下一章侧重实操演练。

14.2　独立性假设

在之前的章节中，你已经接触到了通常所说的"正态假设"和"同方差假设"（第四章，另见第六章和第十二章）。然而，这两种假设远不如"独立性假设"（independence assumption）重要。接下来你会看到，如果违反了独立性假设，统计检验的结果将不可信。

什么是独立性？反复掷骰子是一个真正独立过程的好例子。假设你在掷骰子之前充分摇动它，则每次掷骰子的结果都是独立于另一次的。因此，依存就是数据点之间任何形式的联系。例如，两个数据点可能因为来自同一受试者而被联系起来，在这种情况下，这些数据点就不再是独立的了。大多数情况下，来自同一受试者的多个数据比来自不同受试者的数据更具相似性。你可以把这看作关于残差的陈述：如果受试者A的表现总体上与受试者B不同，那么受试者A的所

---

[1] 你也可能会听到"层次线性模型"（hierarchical linear model）这一术语，它通常指含有嵌套层次结构的混合效应模型（例如，"教室内的学生在学校内"）。

有残差都将作为一组数据，受试者B的所有残差则作为另一组数据。

违反独立性假设会对研究的Ⅰ类错误（假阳性）率产生巨大影响。2011年，我进行了一项简单模拟，证明违反独立性假设的有害影响。我以言语产出研究为例，这类研究惯常会包含语言项目的精确重复，即同一个说话人多次说出同一个单词或句子。这些重复将依存归入同一数据集中，因为每次重复都来自同一受试者和同一项目。在实验设计中加入大量重复，相当于人为地扩大了样本量。我的模拟表明，如果实验模型中不考虑这些依存结构（dependency structure），Ⅰ类错误率会迅速攀升，远远超过公认的0.05阈值。

在"伪重复"（pseudoreplication）和"合用谬论"（pooling fallacy）的旗帜下，其他领域也广泛讨论了违反独立性假设的类似有害影响（Hurlbert, 1984; Machlis, Dodd, & Fentress, 1985; Kroodsma, 1989, 1990; Lombardi & Hurlbert, 1996; Milinski, 1997; García-Berthou & Hurlbert, 1999; Freeberg & Lucas, 2009; Lazic, 2010）。

各类语言数据集都包含非独立的案例。例如，几乎每一项心理语言学、语音学或社会语言学研究都使用"重复测量设计"，即从同一受试者那里收集多个数据点。在类型学研究中，数据间也具有较强的依存性。例如，德语、英语、波斯语和印地语都来自同一语系，因此在统计分析中不能将它们视为独立的数据（Jaeger, Graff, Croft, & Pontillo, 2011; Roberts & Winters, 2013）。最后，非独立性（non-independence）在语料库语言学中也广泛存在，其中常常有来自同一文本、同一作者、同一报纸或出版社等的多个数据[①]。

14.3　通过实验设计与平均化解决非独立性

如何处理违反独立性假设的数据统计分析？是否违反独立性假设与研究设计及分析方式有关。研究人员可以通过最小化数据间的依存

[①] 在语料库语言学中，独立性假设经常被研究者忽视。例如，卡方检验（见附录A）是在具有来自同一文本或作者的多个数据的表格上进行的。Gries（2015）认为，混合模型是"语料库语言学中使用最不充分的统计方法"。

性来处理独立性假设。例如，在某些情况下，他们可能会在受试者间进行单次试验，每位受试者只提供一个数据。在本书中，其实你已经看到了与此类实验相关的许多数据。例如，Winter 和 Matlock（2013）在第八章中讨论的"相似即相邻"研究就是这样的：每个受试者都暴露在一个条件下，要么阅读相似的文本，要么阅读不同文本。本研究中没有受试者同时暴露于这两种情况。另一个在受试者间进行单一试验的例子来自 Hassemer 和 Winter（2016）（见第十二章的手势感知研究）。在此研究中，每位受试者只看到了 3D 手势连续统（3D hand shape continuum）中的一个手势。在不违反独立性假设的情况下，可以拟合简单线性模型或广义线性模型，因为实验设计确保了不存在来自同一受试者的多个数据。

另一种处理非独立性的方法是聚合（aggregation）。如果同一受试者有多个数据，为什么不平均所有数据点，从而确保每位受试者只贡献一个数据点？这种方式可以处理非独立案例，但不是最佳方式。因为无论何时计算平均值，都会丢失信息（见第四章），尤其是非独立案例的差异在最终分析中没有得以保留。如果统计模型只"看到"平均数据，将低估数据中的变量。这也意味着该模型可用于做出充分推断的信息较少。

事实上，在本书中，你已经对均值进行过数次分析。在使用"规范量表"（用于心理语言学评分）的研究中，通常情况下，每个单词都与多个受试者评分的均值相关联。Warriner 等（2013）的情绪效价数据（见第三章和第七章）和象似性评分数据（见第六章和第八章）就是以"平均"为特点的。在这些分析中，每个单词只提供一个数据点，这确保了单词之间的独立性。然而，如果你使用单词间平均值，则在最终分析中不会保留受试者间评分的可变性。

14.4　混合模型：变截距与变斜率

所以，无论何时，都要注意避免平均。混合模型就是一个不错的选择。这些模型允许将非独立的数据簇合并到分析中。换句话说，你可以把数据集中的依存结构告诉混合模型，这样它就可以做出适当的估计和推断。

处理非独立数据簇的主要工作就是许多研究人员所说的"随机效应"（random effect），具体即为"随机截距"（random intercept）和"随机斜率"（random slope）。这里，我将采用"随机效应"这一术语，但使用"变截距"（varying intercept）和"变斜率"（varying slope）这两个术语，而不是"随机截距"和"随机斜率"。这些概念会在图 14.1 中得以解释。

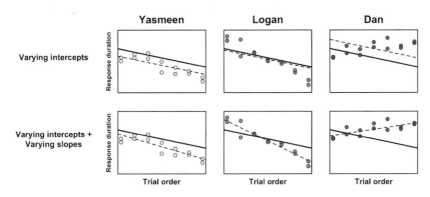

图 14.1　三个不同受试者的反应持续时间与试验顺序（试验时间）的关系。**Yasmeen** 和 **Logan** 在整个试验中加快速度，**Dan** 放慢速度。粗线显示了总体水平的估计数（跨受试者），虚线表示特定受试者的"随机效应估计数"。顶行显示，具有变截距但不具有变斜率的模型往往错误地描述特定受试者的反应模式；底行显示，具有变截距和变斜率的模型能更准确地描述特定受试者的趋势

图 14.1 描述了心理语言学试验中反应时间和试验顺序之间的关系。x 轴上的试验顺序变量表示试验的进展（左边为试验开始，右边为试验结束）。数据分别代表三名受试者：Yasmeen、Logan 和 Dan。随着试验的进行，受试者往往会加快或放慢速度：Yasmeen 和 Logan 加速（负斜率：后续试验时间更短），Dan 减速（正斜率：后续试验时间更长）。此外，受试者在总体上速度更快（尤其是 Yasmeen）还是更慢（尤其是 Dan）也存在差异。

在图 14.1 中，总体估计值（population-level estimate）始终显示为黑色实线。这是混合模型预测的所有受试者的平均效应。虚线表示

个体估计值（participant-specific estimate）。图的顶行表示混合模型的拟合，该模型允许受试者具有不同截距，但不允许具有不同斜率。因此，该模型允许线的截距不同（可向上或向下移动），但斜率相同（虚线必须与总体线平行）。指令中，该模型并未估计变斜率，因此对于本例中的一些受试者来说非常不合适，尤其是 Dan。Dan 减速这一事实无法在所有斜率都被限制为平行线的模型中得以体现。

图的底行表示混合模型的拟合，该模型允许受试者具有变截距和变斜率。这次，虚线更接近每位受试者的数据。也就是说，该模型充分捕捉到了一些受试者在顺序效应（trial order effect）上存在差异的事实。

以下方程式为混合模型的简化表达。这些方程式中的预测变量"试验"（trial）代表受试者试验中的距离（图 14.1 中的 x 轴）。

变截距模型（"随机截距模型"）：

$$y = \beta_{0j} + \beta_1 * trial + \varepsilon \tag{E14.1}$$

变截距、变斜率模型（"随机斜率模型"）：

$$y = \beta_{0j} + \beta_{1j} * trial + \varepsilon \tag{E14.2}$$

在第一方程式中，y 以试验变量为条件，试验效应有一个截距（β_0）和一个斜率（β_1）。这是你现在非常熟悉的知识。然而，请注意一个额外的位：在方程式 E14.1 中，截距 β_0 带有子索引 j。在本例中，该子索引代表"受试者"。$j = 1$ 是一位特定的受试者（Yasmeen），$j = 2$ 是另一位受试者（Logan），依此类推。截距带有此子索引意味着不同的受试者有不同的截距。换句话说，不同的 j 有不同的 β_0。

在第二个模型（E14.2）中，截距和斜率都包含子索引，这意味着两个系数在受试者间不同。具体来说，每位受试者现在也会得到自己的特定斜率估计值。例如，$j = 1$（Yasmeen），截距 β_0 为 800 ms，斜率 β_1 为 −50；$j = 2$（Logan），截距 β_0 为 1,000 ms，斜率 β_1 为 −90。

当人们使用"变斜率"或"随机斜率"模型时，通常包括"变截距或随机截距"。也就是说，假设斜率变化，截距也会随之变化。

随机效应通常与"固定效应"（fixed effect）形成对比。固定效应没有什么特别之处，这些预测变量都在前文讨论过。事实上，在所有章节中，你一直在拟合固定效应模型。混合模型唯一的不同是，你允许y和固定效应预测变量x之间的关系因个体（变斜率）而变化。混合模型因其混合了"固定效应"和"随机效应"而得名。

语言学中常见的随机效应有哪些例子？在语言学的许多领域，尤其是心理语言学和语音学领域，"受试者"和"项目"是常见的随机效应（Jaeger et al., 2011; Bentz & Winter, 2013; Roberts & Winters, 2013）。"项目"可以是任何东西，从图片命名研究中的视觉刺激到句子理解研究中的句子。这里的重点为：如果同一项目有多个数据，会在需要建模的数据集中引入依存关系。在类型学中，常见的随机效应包括"语系"和"语言接触区"（Jaeger et al., 2011; Bentz & Winter, 2013; Roberts & Winters, 2013）。虽然混合模型十分重要（例如在有来自同一作者、文本、报纸或出版渠道的多个数据时），但它在语料库语言学中却未得到普遍使用。在语料库语言学研究中，每一个分组因子都可能是一个可行的随机效应。

固定效应在整个试验中被假定是恒定的。从这个意义上说，它们是可重复的。例如，你可以通过收集新的女性和男性受试者的数据，重复关于性别差异的研究。虽然个体受试者各不相同（他们的个体差异是数据"随机"效应的来源），但性别效应可以用新样本反复测试。同样，你也可以选择维度不同的新词，重复关于感官模态（例如，味觉与嗅觉）差异的研究。因此，"性别"和"模态"的效应可以称为"固定效应"，即对反应具有可预测的、非特异性的效应，可以用新的说话者或单词样本进行测试。

请注意另一个细节。固定效应可以是连续的（第四至六章）或分类的（第七章），但随机效应必然是分类的。为什么呢？这样想：拟合混合模型的目的是解释以某种方式组合在一起的数据依存聚类。"组"的概念本质上是分类的。以上例子中，与Logan和Dan的数据不同，Yasmeen的数据以组的形式出现。本例中，"Yasmeen""Logan"和"Dan"三个水平是分类因子（categorical factor）"受试者"的一部分。要了解为什么随机效应必须是可分类的，还可以从抽样的角度思考：从一个群体中抽样，比如所有说话者的群体，涉及对该群体的离散单元进行抽样。

14.5   更多变截距与变斜率的相关信息

让我们更深入地来研究变截距和变斜率。如图 14.1 所示，我们将继续使用顺序的例子。为了让此例看起来更真实，让我们增加样本量。我模拟了 40 个不同受试者的数据，每位受试者提供了 12 个试验的反应，总共产生了 480 个不同的数据。

图 14.2（a）显示了简单线性回归模型（simple linear regression model）与该数据的拟合，没有随机效应。该模型只有一个误差项，由图 14.2（a）底部的残差直方图表示。这个模型的问题在于，它不"知道"许多残差是相互关联的。该模型将每个数据均视为独立数据，因为其忽略了数据仅来自 40 名受试者这一事实。

图 14.2（b）显示了一个具有随机效应，即变截距的模型。个体受试者的直线无论是向上还是向下移动，均与平均估计值（粗黑线）平行。每位受试者都有自己的截距。你可以把这看作给每位受试者分配一个离差值（deviation score），用来描述此人的截距偏离总体截距的程度。某个特定个体的正离差值会使该个体的整条直线向上移动，负离差值会使其向下移动。离差值显示在底部的直方图中。注意柱状

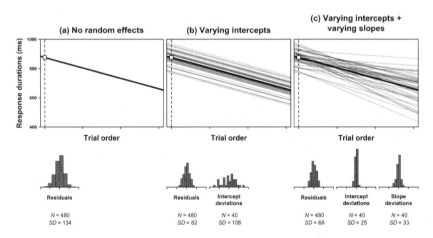

图 14.2   40 名受试者的 480 个数据点的试验顺序与反应持续时间之间的关系。建模方法：（a）无随机效应；（b）随机效应，变截距；（c）随机效应，变截距，变斜率。灰线对应个人受试者

图底部的"N"，它表明这是一个只有40个离差值的柱状图，与总体残差形成对比，残差数量即此数据集中的数据（N = 480）。

图14.2（b）所示模型的问题在于，假设"所有受试者的斜率都相同"并不合适，这相当于说顺序效应没有个体差异。将斜率从与总体线平行的约束中解放出来，会产生额外的40个离差值（图14.2c）。在这里，离差值描述了与平均斜率的偏差。假设所有受试者的平均试验效果为-10，其中一名受试者的斜率更大，为-20。该受试者的离差值为-10，这代表了该受试者的斜率必须从整体斜率向下调整的程度。至少在概念上，你可以认为这是在为每位受试者拟合单独的回归线。

关于图14.2，还有一些事情需要讨论。首先，我们必须明白混合模型实际上并不估计数据集中每位受试者的单个参数。相反，混合模型估计的是指定随机效应周围的变化。因此，如果你允许截距因受试者而异，就给模型增加了一个项。该项估计的参数是标准偏差，表示受试者在总截距周围的变化。如果你还允许受试者改变斜率，这就增加了另一个项。每个子图下方的直方图数量显示了图14.2所示模型的估计方差数量。受试者数量增加，直方图数量不变。

14.6 解释随机效应与随机效应的相关性

语言科学中最广泛使用的混合模型R包是lme4（Bates, Maechler, Bolker, & Walker, 2015）。观察下面的lme4模型公式，其中RT是作为固定效应试验的函数建模的。

```
RT ~ trial + (1 + trial|participant)
```

RT~trial看起来很熟悉。这是该模型的固定效应部分，其中响应时间被建模为预测变量的函数。新的部分是随机效应（1 + trial|participant）。在lme4语法中，随机效应总是写在括号内。括号内的竖线"|"意思是"条件为"或"相对于"。因此，表达式（1 | participant）将指示lme4根据受试者的变截距进行估计，"1"充当截距的占位符（见第4.8节）。表达式（1 + trial|participant）

指示模型通过受试者变截距及变斜率进行估计。使用此规范拟合线性混合效果模型,可能会得到如下输出结果(缩略形式):

```
Random effects:
 Groups       Name            Variance Std.Dev. Corr
 participant (Intercept) 1276.8   35.73
             trial            10.5    3.24   -0.38
 Residual                  3678.0   60.65
Number of obs: 6000, groups:  participant, 60

Fixed effects:
             Estimate Std. Error t value
(Intercept) 998.6023    4.8753  204.83
trial         -9.9191    0.4192  -23.66
```

　　顶部为模型随机效应分量的估计值,底部为固定效应的估计值。底部的表格是你习惯的线性模型输出的系数表格。让我们来探究一下这个表格。在这种情况下,每次额外试验的反应时间缩短约 10 ms。换句话说:在整个试验过程中,似乎每位受试者都在加速。这也许是因为他们正在学习适应这项任务。我们还观察到,固定效应部分的截距约为 1,000 ms,这是第 0 次试验的预测反应时间。

　　现在我们来关注随机效应。输出结果中表示的每个标准差对应于模型估计的一个随机效应参数。首先,受试者变截距有一个标准差。该标准差约为 36 ms,描述了受试者在平均截距(1,000 ms)附近的变化。你可以应用第三章中的 68%—95% 规则来衡量你对这些数字的直觉。根据这条规则,你预计 68% 的受试者截距在 964 ms 和 1,036 ms 之间,95% 的截距在 928 ms 和 1,072 ms 之间(截距加减 2 个标准差)。同样的计算也可以用来衡量你对不同斜率的直觉。不同斜率的受试者标准差约为 3。由于斜率约为 −10,你预计所有受试者中约 68% 的斜率介于 −13 和 −7 之间。相应地,你预计 95% 的斜率介于 −16 和 −4 之间(斜率加减 2 个标准差)。

　　最后,输出结果还列出了随机效应的相关性,特别是变截距/变斜率相关项。这实际上是一个额外的估计参数。变截距和变斜率之间的估计相关性为 −0.38,这表明较高截距的试验斜率较低。这可能是因为在试验开始时起步缓慢(高截距)的人有更多的机会加速(更陡的斜率)。

截距/斜率相关性不可忽略，它们包含与你的数据有关的有用信息，许多情况下从理论上来看十分有趣。想象一下，你做了一个试验，测量受试者的准确性关于干扰任务（干扰认知功能）的函数。如果任务太简单，干扰操纵（interference manipulation）可能没有什么效果。可能只有那些发现任务难以开始的受试者才会表现出强烈的干扰效应。图14.3（a）显示了可解释此情况的假设数据集，心理语言学研究者将其描述为"天花板效应"（ceiling effect），因为受试者的表现"普遍较好"，条件效应几乎没有发挥作用的空间。

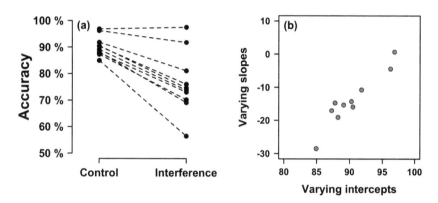

图14.3 （a）准确性关于干扰的函数，每一行代表一个特定的受试者，表现较好的受试者表现出较不陡峭的干扰效应；（b）将变截距与变斜率绘图，显示出相关性，每个数据点表示一个受试者的估计值

在这种情况下，低精度截距可能与更极端的干扰效应有关。从图14.3（a）（处于"control"状态的值）中截取截距，并将其对照斜率作图，图14.3（b）显示了这两种随机效应的相关性。截距较高（表现较好）的受试者的干扰效应接近于0。

14.7 指定混合效应模型：lme4语法

既然你已经知道了变截距/变斜率相关性，我可以给你一个更完整的lme4概述，用于语言科学中常用的不同类型的随机效应结构，如表14.1所示。在使用混合模型过程中，你可以决定是要拟合随机截距模型(第一行)还是随机斜率模型(第二行)。此外,你还可以控制是要估计截距/斜率相关项(第二行)还是不要估计截距/斜率相关项(第三行)。

表 14.1 如何在 lme4 语法中指定不同类型的随机效应结构;x 是任何固定效应预测变量的通用占位符(如"试验顺序""频率""条件")

lme4(简版)	lme4 语法(全版)	意　　义
x+(1|ppt)	1+x+(1|ppt)	受试者的变截距
x+(x|ppt)	1+x+(1+x|ppt)	受试者变截距和 x 变斜率,包含斜率/截距相关性
x+(x||ppt)	1+x+(1|ppt)+(0+x|ppt)	受试者变截距和 x 变斜率,不包含斜率/截距相关性

　　如前所述,在每种随机效应中,竖线左侧的内容可以根据右侧给定的任何因子而变化。此外,当同一竖线左侧列出多个项时,lme4 将估计所有这些项之间的相关性。例如,在拟合随机效应 (1 + trial|participant) 时,lme4 实际上估计了三个参数:受试者变截距、受试者变斜率以及这两项间的相关性。

　　盲目使用 lme4 可能会导致组合爆炸(combinatorial explosion)!让我们用一个例子来证明,一名研究人员希望拟合受试者关于两种效应(A 和 B)的变斜率,以及受试者在两种效应交互作用中的变斜率(也就是说,受试者间的交互作用可能以不同的方式表达)。这种随机效应结构表明,在 A 和 B 两个方面,受试者均有所不同,交互也可能因受试者而异。以下随机效果结构十分简洁:

```
(A * B|participant)
```

　　尽管这些符号看起来简洁,但实际上估计了 10 个不同的参数:

- 受试者的变截距(占位符为"1")
- 受试者关于效应 A 的变斜率

- 受试者关于效应B的变斜率
- 受试者在A和B交互作用中的变斜率
- 变截距与A变斜率的相关性
- 变截距与B变斜率的相关性
- 变截距和A:B交互作用变斜率的相关性
- A变斜率和B变斜率的相关性
- A变斜率和A:B交互作用变斜率的相关性
- B变斜率和A:B交互作用变斜率的相关性

如果你提醒自己相关项是为竖线左侧所有内容估算的，那么更详细的符号表述 (1 + A + B + A:B|participant) 能使这一点变得更清晰。要抑制这些相关项，必须使用以下表示法：

```
(1|participant) + (0 + A|participant) +
    (0 + B|participant) + (0 + A:B|participant)
```

此表述中的"0"代表"不拟合截距"。变截距和变斜率出现在不同的括号中，这表明应分别估计两者，从而排除两者的相关性。

14.8 关于混合模型的推理：变斜率的重要性

有一个常见的问题：哪些变量可以用来拟合变斜率？你已经在图14.1（Yasmeen、Logan和Dan的例子）中看到，忽略重要的变斜率可能会导致对特定受试者数据的严重误报。在整个模型中，这也意味着模型不"知道"受试者间的差异，因为模型没有被要求进行估计。这将影响你根据估计值做出的推断。需要注意一点，模拟研究表明，未能纳入重要的变斜率项的混合模型可能是非常激进的，Ⅰ类错误率远远超过公认的0.05阈值（Schielzeth & Forstmeier, 2009）。

关于混合模型，语言学有一段有趣的历史。Baayen等（2008）和Baayen（2008）发表后，混合模型开始风靡语言界。然而，许多研究人员默认使用变截距模型，甚至都没有考虑变斜率模型，尽管其他领域已经清楚这种做法存在问题（Schielzeth & Forstmeier，2009）。Barr等（2013）提醒了语言学界忽视重要的变斜率所产生的问题。然而，他们的论文面世后，情况又转向了另一个极端——语言学研究者拟合了过于复杂的随机效应结构。特别是，该论文喊出"保持最大化"的口号，认为研究人员应为研究中的所有关键变量添加变斜率项来"最大化"随机效应结构。然而，Barr等（2013）的建议经常被误认为应盲目地最大化，并为研究中的每一个固定效应拟合不同的斜率。

"保持最大化"的口号受到了Matuschek、Kliegl、Vasishth、Baayen和Bates（2017）的强烈反对。"保持最大化"是一条被盲目遵循的规则，通常会导致估计困难，第十五章将会详细讨论。此外，最大化模型的统计效力也可能较低（另见Seedorff, Oleson, & McMurray, 2019）。然而，更深层次的问题是，语言学研究者需要的是更为简单的操作。在Barr等（2013）之前，研究人员心照不宣地使用变截距模型。Barr等（2013）之后，研究人员默认使用"最大化"模型。然而，当涉及统计建模时，没有可遵循的严格方法适用于所有情况。相反，你需要根据数据和理论思考最合适的模型是什么（见第十六章）。

这是一个很好的机会，通过示例让你推理如何拟合混合模型。假设一位研究人员想要测试一个简单的培训是否对反应时间有影响，涉及的条件有两个水平：前测和后测（培训后测试）。此外，还有不同的项（如单词）在受试者间重复。两个不同项用于前测，两个不同项用于后测。下面简要介绍此数据集。

```
  participant    age item   condition      RT
  <chr>        <dbl> <chr>  <chr>        <dbl>
1 P1              32 item1  pre            655
2 P1              32 item2  pre            577
3 P1              32 item3  post           615
4 P1              32 item4  post           625
5 P2              28 item1  pre            616
6 P2              28 item2  pre            596
7 P2              28 item3  post           660
8 P2              28 item4  post           596
```

接着，研究人员继续拟合以下混合效应模型（使用lme4语法）：

```
RT ~ condition + age +
    (1 + condition|participant) +
    (1|item)
```

　　该模型估计了条件和年龄的固定效应，以及受试者变截距和受试者变条件斜率，包括各项相关性。此外，请注意，此模型中的项目含有变截距，但斜率不变。

　　在决定是否应该为受试者提供变斜率之前，需要确定是否能够进行拟合。为此必须考虑以下问题：相关变量是否在个体范围内有所不同？本例中，受试者暴露于这两种情况下。事实上，相关变量在个体内部存在差异（前测和后测的分数都得到证实），这使得拟合变斜率成为可能。下一个问题为是否应该拟合这些数据。

　　研究中所有受试者从培训中受益的方式完全相同，这种假设似乎很不合理。毕竟，人们在各种方面都不同。经验表明，有些人比其他人更能从某些培训制度中受益。因此，除非你真的想假设每位受试者在训练效果上没有差异，否则拟合一个变斜率模型似乎就是首选。请注意，我并不是要你简单地"最大化"随机效应结构，而是要你添加受试者变斜率，因为你考虑了条件变量的性质，从而得出结论：受试者的条件影响可能不同。因此，模型规格取决于你对当前现象的了解程度。

　　接下来，让我们继续讨论年龄固定效应（age fixed effect）。每个人的年龄有差异吗？不，在本例中并非如此。在以上数据集中，每位受试者均只有一个年龄数据，这意味着不需要考虑变斜率。请注意，给年龄设置变斜率是否合理取决于试验结构。例如，如果你进行了一项纵向研究（longitudinal study），并在不同时间段内观察相同个体，那么个体的年龄确实有所不同，这意味着可以估计受试者年龄变斜率。

　　接着让我们继续讨论项效应。首先，本试验中，项在个体之间重复，这引入了依存性。从试验的角度来看，某特定项的独特之处无法预测，这可能会影响对该项的所有反应，即使这些反应来自不同的受试者。这就保证变截距项被包括在内。若按项分类呢？如上所述，在本假设性研究中，前测和后测的条件使用了不同的项。因此，项内的条件不会发生变化（这就是所谓的"项间设计"[between-items design],而非"项内设计"),并且无须考虑条件影响的项变斜率。

最后,我们观察到年龄因素在项中确实有所不同。也就是说,在本研究的不同受试者中,同一项与不同的年龄值相结合。因此,当然可以通过变斜率项 (1 + age|item) 进行拟合。然而,并非所有可估计的东西都需要估计。问自己几个问题:是否有令人信服的理由可以预期不同的年龄效应?这在理论上可以实现吗?答案取决于你所调查的现象的本质。在上述模型函数中,研究人员决定不按年龄变化的项效应进行估计。至关重要的是,这样的决策应当提前做出,最好是在开始调查数据之前。第十六章将详细讨论在指定模型时出现的伦理问题。

讨论的重点是,你不应默认使用变截距模型,也不应默认使用研究中所有变量的变斜率。对研究的判断和对模型的思考才是关键。模型中的每项,包括随机效应,都应该在理论上成立。

14.9　小结

在本章中,你学习了一个功能强大的新工具——混合模型。此模型允许对依存的数据结构进行建模,解释数据间依存关系的"主力"是随机效应。我已经带你了解了这些随机效应的一系列知识和最常用的混合建模R包——lme4语法。你需要一些时间来习惯lme4语法,下一章的练习将在这方面帮助你。

本章最后讨论了变斜率的重要性:当忽略重要的变斜率时,Ⅰ类错误率会急剧增加,这对基于模型的推断有严重影响。因此,需要考虑不同的斜率项。然而,没有一个简单的规则规定哪些变斜率应该包括在内,你必须根据所学知识去科学判断、批判性思考最适合某一特定分析的模型。

第十五章 混合模型 2：拓展示例、显著性检验、收敛相关问题

15.1 引言

上一章对混合模型做了概念介绍，本章讨论实操相关内容。需要提醒你的是，本章的准备工作将相当乏味，因为你将生成一个相当复杂的数据集，这需要大量的 R 编程。然而从理论来讲，使用实际生成数据的好处是，你将更清楚地看到混合模型如何捕获不同的变化源。此外，最好能有实际结果与理想模型进行对比，这尤为难得[①]。

15.2 为混合模型分析模拟生成元音音长数据

本节你将模拟生成用于混合模型的数据。通过创建具有精确规格的随机数据（例如，"受试者间有 20 ms 的标准差"），你便可评估混合模型能够检索这些信息的程度。

我会说明所需的数据结构。你将模拟一个有 6 位受试者的假设试验，每位受试者对 20 个数据做出反应[②]。这些数据是在受试者间重复出现的 20 个相同项。你将研究词频对元音音长（vowel duration）的影响，理想结果为词频越高，元音音长越短。

我们有时会用到 tidyverse 包，所以如果你创建了新的 R 会话，请

[①] 能够自己生成数据是实现自己的 I 类模拟和统计效力模拟的垫脚石（见 Kirby & Sonderegger, 2018; Brysbaert & Stevens, 2018）。

[②] 一项仅有 6 名受试者的研究显然说服力不足。一般来说，你不应仅基于 6 位受试者进行推论统计。样本量如此之低，无论你是否获得了一个显著的结果，总体的推断也难以经得起推敲。但对于本研究来说，保持样本量处于低水平是可行的，这有益于我们讨论特定情况。

再次加载：

```
library(tidyverse)
```

为了让你的电脑具有相同的随机数，让我们从将种子值设置为一个好的数字开始。

```
# 设定种子值，让你的例子和书中一致：
set.seed(666)
```

注意，从现在开始，你必须严格按本章顺序执行代码。如果你不止一次地执行其中一个随机数生成函数，得到的数字就会与书中不同（虽然也无大碍，但你难以确定是否正确实现了所有步骤）。如果卡在了某个步骤，请重新执行之前的所有内容。如果所有内容都在同一脚本中，重新加载也会很顺利。

让我们从生成受试者和项目标识符开始，gl()函数派上了用场。"gl"即"generate levels"（生成水平），为指定数量的水平生成因子。gl()函数的第一个参数指定水平的数量，第二个参数指定每个水平重复的次数。下面的代码为6位受试者生成受试者标识符，每一水平重复20次（研究中项目的数量）。

```
ppt_ids <- gl(6, 20)
# 检查：
ppt_ids
```

```
  [1] 1 1 1 1 1 1 1 1 1 1 1 1 1 1 1 1 1 1 1 1 2 2 2 2 2 2
 [27] 2 2 2 2 2 2 2 2 2 2 2 2 2 2 3 3 3 3 3 3 3 3 3 3 3 3
 [53] 3 3 3 3 3 3 3 3 4 4 4 4 4 4 4 4 4 4 4 4 4 4 4 4 4 4
 [79] 4 4 5 5 5 5 5 5 5 5 5 5 5 5 5 5 5 5 5 5 5 5 6 6 6
[105] 6 6 6 6 6 6 6 6 6 6 6 6 6 6
Levels: 1 2 3 4 5 6
```

接下来，使用gl()创建20个独特的项目标识符：

```
# 创建20个项目标识符：
it_ids <- gl(20, 1)
# 检查：
it_ids
```

```
 [1] 1  2  3  4 5 6 7 8 9 10 11 12 13 14 15 16
[17] 17 18 19 20
20 Levels: 1 2 3 4 5 6 7 8 9 10 11 12 13 14 ... 2
```

由于每位受试者都响应所有项，而且试验中有6位受试者，那我们就需要将这个向量重复6次。重复函数rep()在第八章第三节中已做解释。

```
it_ids <- rep(it_ids, 6)
it_ids
```

```
  [1]   1  2  3  4  5  6  7  8  9 10 11 12 13 14 15 16 17
 [18]  18 19 20  1  2  3  4  5  6  7  8  9 10 11 12 13 14
 [35]  15 16 17 18 19 20  1  2  3  4  5  6  7  8  9 10 11
 [52]  12 13 14 15 16 17 18 19 20  1  2  3  4  5  6  7  8
 [69]   9 10 11 12 13 14 15 16 17 18 19 20  1  2  3  4  5
 [86]   6  7  8  9 10 11 12 13 14 15 16 17 18 19 20  1  2
[103]   3  4  5  6  7  8  9 10 11 12 13 14 15 16 17 18 19
[120]  20
20 Levels: 1 2 3 4 5 6 7 8 9 10 11 12 13 14 15 16 ... 20
```

每位受试者对第1到第20项做出反应。让我们再次检查受试者向量和项标识符向量是否长度相同。

```
length(ppt_ids)   # 6位受试者，每人都响应20个项
```

```
[1] 120
```

```
length(it_ids)    # 20个项，每项都有6位受试者
```

```
[1] 120
```

接下来,让我们创建单词频率预测变量。每个单词(项)都应有其对数词频值。rexp()函数的作用是生成"随机指数分布数"。以下命令中"*5"只是为了让数字看起来更像真实的对数词频值(这不是一个重要的步骤)。

```
# 20个四舍五入过的随机数:

logfreqs <- round(rexp(20) * 5, 2)

logfreqs

 [1]  2.74  9.82  0.70  0.05  2.76 17.57 13.06
 [8]  7.62 10.38  3.11 14.71  1.62  0.13  3.06
[15]  3.80 15.70  1.12  0.53  1.38  3.05
```

接下来,因为有6名受试者,需要重复6次logfreqs向量:

```
# 重复6次频率预测变量:

logfreqs <- rep(logfreqs, 6)

# 查看长度:

length(logfreqs)

[1] 120
```

```
# 查看内容:

logfreqs

  [1]   2.74  9.82  0.70  0.05  2.76 17.57 13.06  7.62 10.38
 [10]   3.11 14.71  1.62  0.13  3.06  3.80 15.70  1.12  0.53
 [19]   1.38  3.05  2.74  9.82  0.70  0.05  2.76 17.57 13.06
 [28]   7.62 10.38  3.11 14.71  1.62  0.13  3.06  3.80 15.70
 [37]   1.12  0.53  1.38  3.05  2.74  9.82  0.70  0.05  2.76
 [46]  17.57 13.06  7.62 10.38  3.11 14.71  1.62  0.13  3.06
 [55]   3.80 15.70  1.12  0.53  1.38  3.05  2.74  9.82  0.70
 [64]   0.05  2.76 17.57 13.06  7.62 10.38  3.11 14.71  1.62
 [73]   0.13  3.06  3.80 15.70  1.12  0.53  1.38  3.05  2.74
 [82]   9.82  0.70  0.05  2.76 17.57 13.06  7.62 10.38  3.11
 [91]  14.71  1.62  0.13  3.06  3.80 15.70  1.12  0.53  1.38
[100]   3.05  2.74  9.82  0.70  0.05  2.76 17.57 13.06  7.62
[109]  10.38  3.11 14.71  1.62  0.13  3.06  3.80 15.70  1.12
[118]   0.53  1.38  3.05
```

现在让我们将三个向量（受试者标识符、项标识符、频率）放入一个tibble中，将三列分别命名为participant、item和freq。

```
# 将预测变量放在一起：

xdata <- tibble(ppt = ppt_ids, item = it_ids,
                freq = logfreqs)

xdata
# A tibble: 120 x 3
   ppt   item  freq
   <fct> <fct> <dbl>
 1 1     1      2.74
 2 1     2      9.82
 3 1     3      0.7
 4 1     4      0.05
 5 1     5      2.76
 6 1     6     17.6
 7 1     7     13.1
 8 1     8      7.62
 9 1     9     10.4
10 1     10     3.11
# ... with 110 more rows
```

这个tibble包含了所有与分析相关的预测变量。现在你需要一个响应变量，这就是思考混合模型工作机制的乐趣所在。让我们首先指定一列，截距为300（像是元音音长的实际数字）。让我们把这个数字加到int列中。

```
xdata$int <- 300
```

设想每位受试者截距均相同并不合理，所以让我们生成6个离差值（每位受试者1个），将大截距向上或向下移动。假设这些离差值是标准差为40的正态分布。

```
# 给受试者生成变截距：

ppt_ints <- rnorm(6, sd = 40)
```

```
# 检查:

ppt_ints
```

```
[1] 0.8921713 -0.5763717 53.3142134 5.9370717 3.1084019
[6] 85.1702223
```

例如,第六位受试者的截距将比总体截距高出 + 85 ms。

在将这些不同的截距添加到tibble之前,必须清楚tibble中的前20行来自受试者1,接下来的20行来自受试者2,以此类推。你需要确保第一个离差值重复20次(受试者1),第二个值也重复20次(受试者2),以此类推。rep()函数的each参数用于指定每个数字应重复20次,从而确保变截距与受试者标识符匹配。

```
xdata$ppt_ints <- rep(ppt_ints, each = 20)

xdata
```

```
# A tibble: 120 x 5
    ppt  item   freq   int ppt_ints
   <fct> <fct> <dbl> <dbl>   <dbl>
 1  1     1     2.74   300   0.892
 2  1     2     9.82   300   0.892
 3  1     3     0.7    300   0.892
 4  1     4     0.05   300   0.892
 5  1     5     2.76   300   0.892
 6  1     6    17.6    300   0.892
 7  1     7    13.1    300   0.892
 8  1     8     7.62   300   0.892
 9  1     9    10.4    300   0.892
10  1    10     3.11   300   0.892
# ... with 110 more rows
```

接下来,需要为项创建变截距,因此还需要另外20个随机数。假设项的标准差是20 ms,有意设置为比受试者间变化小的数字[1]。

---

[1] 根据我的经验,将混合模型与真实实验数据相匹配时,受试者间差异总是比项间差异更大,这导致受试者随机效应的标准差大于项随机效应的标准差。

```
# 为项设置20个变截距：

item_ints <- rnorm(20, sd = 20)

# 查看内容：

item_ints

 [1]   12.779092    5.386949   45.979387  -27.492918  13.247343
 [6]    9.670326   24.645837  -35.552503   17.710548   7.792605
[11]  -12.492652   26.928580   27.854384   -8.894240  22.986354
[16]   16.369922  -33.103585   27.384734   15.164802  20.072252
```

由于有6位受试者，需要重复6次截距向量。

```
# 重复6位受试者的项截距：

item_ints <- rep(item_ints, times = 6)

# 检查长度一致：

length(item_ints)

[1] 120
```

```
# 加入 tibble：

xdata$item_ints <- item_ints
```

世界并不完美，除了受试者差异和项目差异之外，还总会出现残差。所以，我们也要添加试验间噪声，这可以通过生成120个随机数来实现，每个数据点对应一个随机数：

```
xdata$error <- rnorm(120, sd = 20)
```

截至目前，我们只讨论了随机差异。那么实际的频率效应呢？让我们假设斜率为−5，即对数词频每增加1，元音音长就会减少5 ms。

```
xdata$effect <- (-5) * xdata$freq
```

```
# 检查:

xdata %>% head(4)
```

```
# A tibble: 4 x 8
  ppt   item   freq   int  ppt_ints  item_ints  error  effect
  <fct> <fct> <dbl> <dbl>    <dbl>      <dbl>  <dbl>   <dbl>
1 1     1      2.74   300    0.892      12.8    13.9  -13.7
2 1     2      9.82   300    0.892       5.39  -19.1  -49.1
3 1     3      0.7    300    0.892      46.0    22.8   -3.5
4 1     4      0.05   300    0.892     -27.5   -28.3   -0.25
```

让我们看看你创建了哪些内容。从左到右依次为: ppt(受试者标识符)、item(项目标识符)、freq(频率值)、int(总体截距)、ppt_ints(受试者变截距)、item_ints(项目变截距)、error(试验间误差)和effect(实际效应)。int到effect列中的信息是创建响应变量所需的所有信息:

```
xdata <- mutate(xdata,
                dur = int + ppt_ints + item_ints +
                error + effect)
```

因此, dur响应将多个差异来源压缩为一个数值变量。作为这项假设性研究的研究人员,你只有dur列可用,难以了解受试者和项目变化的真实情况。接下来,混合模型的任务是识别不同的差异来源。

让我们再详细讨论一下。我想让你意识到,dur列结合了"随机"部分(ppt、item、error)和"系统"部分(int、effect)。后者是你习惯于线性回归的结果。唯一的新情况是,现在组合中存在受试者和特定项目的差异。混合模型的任务是解压这些信息并估计各个方差分量。

为了看起来更像真实研究中的数据集,让我们去掉那些用来生成数据的列。通过使用减号,select()函数还可以用于排除从int到effect连续的列①。让我们将其保存到一个名为xreal的新tibble中。

---

① 如果在调用select()函数时收到错误信息,则很可能你仍加载着第十三章中的MASS包,可使用dplyr::select()解决命名冲突。

```
xreal <- select(xdata, -(int:effect))

xreal
```

```
# A tibble: 120 x 4
   ppt    item   freq   dur
   <fct>  <fct>  <dbl>  <dbl>
 1 1      1       2.74  314.
 2 1      2       9.82  238.
 3 1      3       0.7   366.
 4 1      4       0.05  245.
 5 1      5       2.76  304.
 6 1      6      17.6   198.
 7 1      7      13.1   258.
 8 1      8       7.62  241.
 9 1      9      10.4   260.
10 1      10      3.11  298.
# ... with 110 more row
```

这看起来像是一名研究词频如何影响元音音长的研究人员所获得的数据。我想让你意识到"幕后"的复杂性，这便是实操的真正意义。作为本例的研究人员，你只需测量 dur 列中的内容。但是像测量音长这样简单的事情会受到很多不同因素的影响。在下一节中，你将学习如何使用混合模型来区分正在进行的研究。

如果你在处理长序列的命令时遇到问题，请使用以下代码重新创建数据生成过程。按顺序执行以下所有代码，你将得到相同的数字：

```
set.seed(666)
ppt_ids <- gl(6, 20)
it_ids <- gl(20, 1)
it_ids <- rep(it_ids, 6)
logfreqs <- round(rexp(20) * 5, 2)
logfreqs <- rep(logfreqs, 6)
xdata <- tibble(ppt = ppt_ids, item = it_ids, freq = log-
freqs)
xdata$int <- 300
ppt_ints <- rnorm(6, sd = 40)
xdata$ppt_ints <- rep(ppt_ints, each = 20)
item_ints <- rnorm(20, sd = 20)
item_ints <- rep(item_ints, times = 6)
xdata$item_ints <- item_ints
```

```
xdata$error <- rnorm(120, sd = 20)
xdata$effect <- -5 * xdata$freq
xdata <- mutate(xdata,
                dur = int + ppt_ints + item_ints +
                error + effect)
xreal <- select(xdata, -(int:effect))
```

在脚本中用注释很有意义。另外，请注意，我省略了那些仅检查结果的命令，例如 length(it_id)。这种命令最适合在控制台中进行快速交互检查，不必出现在脚本中，也不会产生任何影响。请让文件 "frequency_vowel_duration.csv" 包含 xreal tibble，以防你在这一长串命令中迷失方向。

15.3　用混合模型分析模拟元音音长数据

本节你将使用装载 lme4 包的混合模型分析音长数据[①]。请在当前的 R 会话中加载该包。

```
library(lme4)
```

lmer() 函数用于指定混合模型。让我们思考一下模型的设计。响应变量是 dur（元音音长），只有一个固定效应 freq。因此，dur~freq 是公式的一部分，音长被建模为关于固定效应频率的函数。

让我们先停下来想一想，为什么频率应该是一个固定效应。很明显，频率是一个连续变量，只有分类变量才可以是随机效应。还有一个原因是，你预期频率对音长有系统性的影响，如果你要收集一个新的受试者和项目样本，你会希望再次出现这个影响（除非出现一些抽样错误）。最后，你实际上想要测量频率系数（斜率），而不是像随机效应那样测量标准差。

另一方面，受试者和项更适合随机效应。在开展研究之前，你不

---

① 随着 lme4 包不断更新，本节讨论的关于收敛问题的输出结果可能会发生变化。

知道特定的受试者和项会有怎样的表现——从试验的角度看，其影响不可预测，或者说是"随机的"。这将估计不同受试者和项之间的差异，而不是估计特定受试者和项的单独参数。也许这有助于提醒你，你使用了rnorm()函数来为受试者和项生成变截距。

　　以下是一个线性混合效应模型，具有固定效应频率及受试者和项的变截距。注意符号"(1 | ppt)"和"(1 | item)"：竖线左侧内容（本例中，"1"表示截距）因竖线右侧内容而异。

```
xmdl <- lmer(dur ~ freq + (1|ppt) + (1|item),
             data = xreal, REML = FALSE)
```

　　REML = FALSE是什么意思？REML代表限制性最大似然估计。通过将此参数设置为FALSE，模型将使用"最大似然"进行估计。这是一个技术细节，当你想使用混合模型，通过似然比较来测试固定效应的显著性十分重要（见Pinheiro & Bates, 2000），后文将详细阐述。

　　现在你已经保存了模型，来检查一下吧！

```
summary(xmdl)
```

```
Linear mixed model fit by maximum likelihood ['lmerMod']
Formula: dur ~ freq + (1 | ppt) + (1 | item)
   Data: xreal

     AIC      BIC   logLik deviance df.resid
  1105.1   1119.0   -547.5   1095.1      115

Scaled residuals:
      Min       1Q   Median       3Q      Max
 -2.09700 -0.60946  0.06483  0.60761  2.39754

Random effects:
 Groups   Name        Variance Std.Dev.
 item     (Intercept)  589.2   24.27
 ppt      (Intercept) 1296.6   36.01
 Residual              284.0   16.85
Number of obs: 120, groups:  item, 20; ppt, 6
```

```
Fixed effects:
            Estimate Std. Error t value
(Intercept)  337.973     16.735  20.196
freq          -5.460      1.004  -5.438

Correlation of Fixed Effects:
      (Intr)
freq -0.339
```

该输出结果提醒你,你使用最大似然(REML = FALSE)拟合线性混合效应模型,模型公式得以重新表述。接下来,还有一些通用的模型拟合优度测量法(赤池信息准则、贝叶斯信息准则、对数似然度和自由度)。现阶段,这些数值与我们关系不大。然而,值得一提的是,df.resid代表剩余自由度,即数据的数量减去估计参数的数量。结果是115,因为该模型拟合了120个数据点,并估计了5个参数。在这种情况下,每个估计参数对应随机效应输出结果(item、ppt和residual)中的一行,以及固定效应输出结果(Intercept)和(freq)中的一行。

首先让我们关注固定效应的估计值。固定效应中的截距约为340 ms,即对数词频为0,那么该模型预测元音音长为340 ms。频率斜率为-5.46,非常接近数据生成过程指定的值。斜率可解释此种情况:频率每增加一个单位,元音音长就会缩短约5 ms。

让我们把固定效应系数转换成熟悉的格式:

$$duration = 338 + (-5) * frequency \tag{E15.1}$$

与其他章节操作一样,请你在这个方程式中插入一些数字,看看预测结果。例如,词频为10,公式变成 *duration* = 338 ms − 50 ms,即288 ms。因此,词频为10时,元音音长预计为288 ms。

让我们把注意力转到随机效应的估计值上。请注意,与数据生成过程所指定的一样,截距中的受试者间差异估计值(36.01)大于截距中的项间差异估计值(24.287)和残差差异估计值(16.85)。

15.4　从 lme4 对象中提取信息

了解一些辅助函数对你展开分析很有帮助，这些函数可以用来从拟合的混合模型对象中提取信息。首先，fixef()函数输出估计的固定效应系数。

```
fixef(xmdl)
```

```
(Intercept)          freq
  337.973044     -5.460115
```

```
fixef(xmdl)[2] # 提取斜率
```

```
freq
-5.460115
```

以下命令从汇总输出中检索系数表[①]。然而，可以整齐输出回归的broom包并不适用于混合模型。

```
summary(xmdl)$coefficients
```

```
              Estimate Std. Error    t value
(Intercept) 337.973044  16.734965  20.195624
freq         -5.460115   1.004059  -5.438042
```

如果将 coef() 应用于模型对象，会发生什么？

```
coef(xmdl)
```

```
$item
   (Intercept)       freq
1     352.2840  -5.460115
2     325.2502  -5.460115
3     370.0176  -5.460115
4     302.6063  -5.460115
5     349.9889  -5.460115
```

---

① str()函数将帮助你通过$coefficients检索汇总输出中的系数信息，输入str (summary(xmdl))。str()函数可显示R对象的一般结构。

```
6       338.9433 -5.460115
7       362.7144 -5.460115
8       295.8086 -5.460115
9       333.0941 -5.460115
10      331.7932 -5.460115
11      324.7939 -5.460115
12      350.1699 -5.460115
13      353.0408 -5.460115
14      311.9676 -5.460115
15      353.9778 -5.460115
16      353.9778 -5.460115
17      289.0330 -5.460115
18      362.3463 -5.460115
19      338.1415 -5.460115
20      359.6313 -5.460115

$ppt
   (Intercept)        freq
1     315.3049 -5.460115
2     301.6252 -5.460115
3     363.4343 -5.460115
4     318.0924 -5.460115
5     324.4672 -5.460115
6     404.9142 -5.460115

attr(,"class")
[1] "coef.mer"
```

该函数给出了特定受试者和项的随机效应估计值。请注意，coef() 函数应用于混合模型的表现与 lm() 不同：对于线性模型，函数返回固定效应系数；对于线性混合效应模型，返回随机效应估计值！ coef() 输出为列表，每个分组因子有一个列表元素。每个列表元素都包含一个数据框，可以通过美元符号 "$" 进行检索。以下命令提取数据框，并对每位受试者进行随机效应估计。

coef(xmdl)$ppt

```
   (Intercept)        freq
1     315.3049 -5.460115
2     301.6252 -5.460115
3     363.4343 -5.460115
4     318.0924 -5.460115
5     324.4672 -5.460115
6     404.9142 -5.460115
```

最慢的发言者是受试者6（约405 ms的高截距），最快的发言者是受试者2（约302 ms）。虽然每位受试者的数值不同，但频率列中的数字均相同，因为这是一个变截距模型，而非变斜率模型。受试者间的频率效应是假设固定的，所以受试者间没有差异。由于没有指定模型来寻找随机斜率，因此无法估计受试者间频率斜率的差异。

ranef()函数类似于coef()，但它会给出与截距的离差，而不是实际的截距估计值。例如，你会看到，受试者6的截距估计比总体截距高出 + 67 ms，说明该受试者讲话速度较慢。

```
ranef(xmdl)$ppt

  (Intercept)
1  -22.66813
2  -36.34780
3   25.46129
4  -19.88066
5  -13.50587
6   66.94117
```

15.5 用错模型

让我们来研究不同规格的模型。我不建议在实际数据分析中用不同的模型（见第十六章），因为你通常应在进行数据分析（基于理论推理）之前就决定好模型。如果不小心用错了模型，可以用来查看出了什么问题，但这里仅出于演示目的。

例如，如果删除估计项变截距这一条目，该怎么办？让我们把结果模型命名为xmdl_bad。

```
# 拟合删除了项变斜率的模型：

xmdl_bad <- lmer(dur ~ freq + (1|ppt),
                 data = xreal, REML = FALSE)
# 查看输出：

summary(xmdl_bad)
```

```
Linear mixed model fit by maximum likelihood ['lmerMod']
Formula: dur ~ freq + (1 | ppt)
   Data: xreal

      AIC      BIC   logLik deviance df.resid
   1182.1   1193.2   -587.0   1174.1      116

Scaled residuals:
     Min      1Q  Median      3Q     Max
 -2.6270 -0.6397  0.1089  0.7462  1.9778

Random effects:
 Groups   Name        Variance Std.Dev.
 ppt      (Intercept) 1240.8   35.23
 Residual             877.6    29.62
Number of obs: 120, groups: ppt, 6

Fixed effects:
             Estimate Std. Error t value
(Intercept) 337.9730    14.8829   22.71
freq         -5.4601     0.4813  -11.34

Correlation of Fixed Effects:
     (Intr)
freq -0.183
```

首先，请注意，你现在估计的参数少了一个，这反映在 df.resid 中，该值从 115 变为 116。由于有 120 个数据点，这表明这种情况下估计了 4 个参数（120 − 4 = 116)，输出的随机效应部分少了一行。

此外，请注意，与之前的模型相比，残差标准差几乎翻了一番，从 ~17 ms 增加到 ~30 ms。还要注意频率系数的标准误差已减半（从 $SE = 1.0$ 到 $SE = 0.48$）。表面上看，这意味着通过删除随机效应项，估计斜率的准确性有所提高。然而事实上，你的模型变得更加不保守，因为它不"知道"数据差异的重要来源（如第十四章所述）。

接下来，如果向模型中添加受试者变斜率，会发生什么？让我们将它添加到名为 xmdl_slope 的模型中[1]。下面，你只查看随机效应输出结果。这些结果可以通过向 summary() 输出中添加 $varcor

---

[1] 项的频率斜率不能变化，因为每个项只有一个频率值。因此，在这种特定情况下，估计项间变斜率是没有意义的。

来提取。

```
# 拟合频率斜率的模型：

xmdl_slope <- lmer(dur ~ freq + (1 + freq|ppt) + (1|item),
                   data = xreal, REML = FALSE)
```

boundary (singular) fit: see ?isSingular

```
summary(xmdl_slope)$varcor
```

```
Groups    Name         Std.Dev. Corr
item      (Intercept)  24.27168
ppt       (Intercept)  35.25896
          freq          0.12109 1.000
Residual               16.83902
```

　　出现"奇异拟合"（singular fit）的警告信息，表明该模型存在一些问题。估计变斜率为随机效应输出增加了一条额外的线。请注意，变斜率的估计标准差非常小。为什么？因为在构建数据时，你没有指定任何变斜率！注意，你分别按受试者和项添加了变截距，但并没有使斜率依存于受试者。然而，该模型试图通过受试者的频率斜率变化来估计。事实上，任何可以归因于此的差异都是向数据中添加随机干扰项的副产品。

　　还有一个输出结果提示表明此模型不适用。请注意，我们将变斜率截距／相关性精确指示为 +1。如果这是真实数据，将意味着更高的截距总是（决定性地）伴随着更高的频率斜率（相关性为负）。语言数据中永远不会出现完美的关联。这似乎很可疑。事实证明，如果无法估计，lme4 有时会将随机效应相关项固定为 +1.0 或 −1.0（Bates et al., 2015；另见 Vasishth, Nicenboim, Beckman, Li, & Kong, 2018 中的有关讨论）。换句话说，像这样的精确相关性是一个警告标志，表明估计存在问题。这也与上述输出中的奇异拟合信息有关（见下文关于收敛问题的讨论）。

　　你也可以检查这个模型的随机效应估计值，这表明虽然频率斜率现在均略有不同，但受试者各自的斜率几乎没有变化。

```
coef(xmdl_slope)$ppt

   (Intercept)       freq
1    315.7932   -5.536287
2    302.3495   -5.582457
3    362.9137   -5.374462
4    318.3863   -5.527382
5    324.7295   -5.505597
6    403.6660   -5.234507
```

现在让我们指定一个去相关随机效应结构的模型。如前一章所述，这是通过将截距和斜率项分离到单独的括号中来实现的。使用 (0 + freq|ppt) 中的 0 表示要删除该项的截距。

```
xmdl_slope_nocorr <- lmer(dur ~ freq +
                        (1|ppt) + (1|item) +
                        (0 + freq|ppt),
                   data = xreal, REML = FALSE)
```

boundary (singular) fit: see ?isSingular

```
summary(xmdl_slope_nocorr)$varcor

Groups    Name           Std.Dev.
item      (Intercept)    24.288
ppt       freq            0.000
ppt.1     (Intercept)    36.004
Residual                 16.852
```

相关项已经消失，但在这种情况下，估计频率斜率的标准差正好为 0.0，这意味着无法对其进行估计。使用 coef() 检查随机效应时，这一点也很明显，其中 freq 列中的所有斜率都相同。

```
coef(xmdl_slope_nocorr)$ppt

   (Intercept)       Freq
1    315.3049   -5.460115
2    301.6253   -5.460115
3    363.4343   -5.460115
4    318.0924   -5.460115
5    324.4672   -5.460115
6    404.9142   -5.460115
```

我们要多花点时间讨论这点。与之前一样，没有出现错误或警告信息，然而lme4未能估计受试者间变斜率。如果你没有仔细检查随机效应结构，就可能会忽略这一点。你可能已经将其报告为随机斜率模型，尽管并没有估计随机斜率。

15.6　似然比检验

似然比也称为"偏差检验"（deviance test）。本节教你如何比较似然比，以对混合模型进行显著性检验。似然比检验将一个模型的似然性与另一个模型的似然性进行比较。似然性有多大？在日常语言中，"概率"（probability）和"似然性"（likelihood）经常互换使用。然而，在统计学上，两者含义并不相同。"概率"描述给定参数时出现特定结果的可能性。例如，给定$\lambda = 2$的泊松，观察计数为3的可能性有多大。"似然性"即给定一组数据时特定参数值的合理性。例如，如果观察到的计数为3，参数$\lambda = 2$的似然性有多大？混合模型使用"最大似然估计"进行估计，即在给定一组观测值的情况下，找到最大似然性的参数估计。

如果要计算固定效应"频率"的显著性，需要比较具有该效应的模型与不具有该效应的模型，后者是一个截距模型：

```
xmdl_nofreq <- lmer(dur ~ 1 + (1|ppt) + (1|item),
                    data = xreal, REML = FALSE)
```

anova()函数用于执行模型比较。该函数的名称来源于方差分析（ANOVA）（见第11.3节）。当应用于混合模型时，该函数执行似然比检验。唯一需要的两个参数是要比较的两个模型[1]：

---

[1] 可以省略test = 'Chisq'参数（这是混合模型的默认值），但为了清晰起见，我更愿意保留。你可能想知道这个参数是什么意思。这涉及专业问题（所以可以跳过这个），但事实证明，两个模型之间对数似然差的2倍近似为卡方分布。在第九章中，你看到了t分布，那是在零假设下t检验统计量的分布。同样，也存在一个卡方分布，其曲线下的区域也会产生一个p值。

```
anova(xmdl_nofreq, xmdl, test = 'Chisq')
```

```
Data: xreal
Models:
xmdl_nofreq: dur ~ 1 + (1 | ppt) + (1 | item)
xmdl: dur ~ freq + (1 | ppt) + (1 | item)
            Df    AIC    BIC  logLik deviance Chisq Chi Df
xmdl_nofreq  4 1121.0 1132.2 -556.51   1113.0
xmdl         5 1105.1 1119.0 -547.55   1095.1 17.933      1
            Pr(>Chisq)
xmdl_nofreq
xmdl          2.288e-05 ***
---
Signif. codes: 0 '***' 0.001 '**' 0.01 '*' 0.05 '.' 0.1 ' ' 1
```

p 值非常小（2.288e − 05），这意味着：在两个模型相同的零假设下，两个模型间实际观察到的似然性差异令人惊讶。换句话说，有足够的证据反驳模型等价的零假设。在该输出中，每个模型旁边的自由度表示估计参数的数量，与卡方值相关的自由度是两个模型之间估计参数数量的差异。在该案例中，结果是1，因为一个模型估计5个参数，另一个模型估计4个参数。

这种似然比检验的结果可写作："对有频率效应的模型和没有频率效应的模型进行似然比检验，发现模型之间存在显著差异（$\chi^2(1)$ = 17.93，$p < 0.0001$）。"或者，如果你在论文前面提到，所有的 p 值都是通过似然比检验生成的，你可以说："频率有显著影响（$\chi^2(1)$ = 17.93，$p < 0.0001$）。"请注意，自由度位于卡方值后的括号内。

多数试验中，你希望在比较中保持随机效应结构不变。然而有时候，检验特定随机效应的显著性可能很有用。操练时，应使用"限制性最大似然估计"（REML = TRUE），而非最大似然性（Pinheiro & Bates，1980）。首先，让我们创建两个仅在随机效应结构方面不同的模型。

```
# 完整模型:

x_REML <- lmer(dur ~ freq + (1|ppt) + (1|item),
               data = xreal, REML = TRUE)
```

```
# 简化模型（没有项变截距）:

x_red <- lmer(dur ~ freq + (1|ppt),
              data = xreal, REML = TRUE)
```

然后，让我们来做模型比较。由于anova()默认用REML = FALSE拟合模型，因此需要参数refit = FALSE来防止重新拟合模型。

```
anova(x_red, x_REML, test = 'Chisq', refit = FALSE)
Data: xreal
Models:
x_red: dur ~ freq + (1 | ppt)
x_REML: dur ~ freq + (1 | ppt) + (1 | item)
        Df    AIC    BIC logLik deviance  Chisq Chi Df
x_red    4 1174.4 1185.5 -583.2   1166.4
x_REML   5 1095.8 1109.7 -542.9   1085.8 80.608      1
        Pr(>Chisq)
x_red
x_REML  < 2.2e-16 ***
---
Signif. codes: 0 '***' 0.001 '**' 0.01 '*' 0.05 '.' 0.1 ' ' 1
```

结果显示出一个显著的 p 值，这表明删除项目随机效应会导致似然性显著降低。换句话说，有足够的证据反驳模型等效的零假设，即随机效应是"显著的"。

因为需要指定许多空模型，所以对于具有许多固定效应的复杂模型，通过似然比检验得出每个预测值的 p 值可能非常麻烦。afex 包中的 mixed() 函数（Singmann, Bolker, Westfall, & Aust, 2016）在指定参数 method = 'LRT' 时，自动对所有固定效应执行似然比检验。该模型还对分类变量自动编码（见第七章），并警告你连续预测变量未得到中心化（见第五章），因为这使得交互的解释变得困难（第八章）。

```
library(afex)

xmdl_afex <- mixed(dur ~ freq + (1|ppt) + (1|item),
                   data = xreal, method = 'LRT')
```

```
Contrasts set to contr.sum for the following variables:
ppt, item
Numerical variables NOT centered on 0: freq
If in interactions, interpretation of lower order (e.g.,
main) effects difficult.
REML argument to lmer() set to FALSE for method = 'PB' or
'LRT'
Fitting 2 (g)lmer() models:
[..]
```

键入xmdl_afex将显示一个似然比检验结果表。

```
xmdl_afex
```

```
Mixed Model Anova Table (Type 3 tests, LRT-method)
Model: dur ~ freq + (1 | ppt) + (1 | item)
Data: xdata
Df full  model: 5
  Effect df   Chisq p.value
1   freq 1  17.93 *** <.0001
---
Signif. codes: 0 '***' 0.001 '**' 0.01 '*' 0.05 '+' 0.1 ' ' 1
```

由mixed()函数创建的xmdl_afex对象包含完整模型以及用于似然比检验的所有"嵌套"模型。可以使用$full_model为完整模型编制索引,如以下命令:

```
fixef(xmdl_afex$full_model)
```

```
(Intercept)          freq
 337.973044    -5.460115
```

使用似然比检验比较模型,要求比较模型是"嵌套的",这意味着当比较简化模型与完整模型时,简化模型也需要是完整模型的一部分。这一点最好用例子来说明。让我们假设以下是你的完整模型(暂时忽略任何随机效应):

```
y ~ A + B
```

此完整模型可与以下两种模型中的任何一种进行比较:

```
y ~ A
y ~ B
```

这是因为这些简化模型中的项目也包含在完整模型中。暂且先不追究原因，但要记住不能使用似然比检验来比较 y~A 和 y~B，因为它们彼此之间没有嵌套。

15.7　遗留问题

15.7.1　混合模型的 R^2 值

你可能已经注意到，线性混合效应模型输出结果中没有列出 R^2 值。可以使用 MuMIn 包（Bartoń, 2017）中的 r.squaredGLMM() 函数为混合模型生成 R^2 值。以下代码将此函数应用于 afex 模型对象中的完整模型。

```
library(MuMIn)
r.squaredGLMM(xmdl_afex$full_model)
       R2m        R2c
 0.3043088 0.9089309
```

R2m 是"边际 R^2"值，表征固定效应所描述的方差。R2c 是"条件 R^2"值，表征固定效应和随机效应的差异（见 Nakagawa & Schielzeth, 2013）。值得注意的是，r.squaredGLMM() 可以用于非混合模型的广义线性模型，例如我们在第十二章和第十三章中讨论的简单逻辑和泊松回归模型。

15.7.2　来自混合模型的预测

以下代码运用了前面讨论的模型，以 0.01 的步长为范围，为 0 到 18 的数字序列创建预测。使用方程 $y = b_0 + b_1 * freq$ 生成预测。

```
xvals <- seq(0, 18, 0.01)

yvals <- fixef(xmdl_afex$full_model)[1] +

  fixef(xmdl_afex$full_model)[2] * xvals

head(yvals)
```

[1] 337.9730 337.9184 337.8638 337.8092 337.7546 337.7000

　　然而，获取这些预测值的置信区间尤为复杂，本书恕不讨论，但我建议大家多学习emmeans包（Lenth，2018）。此外，维基百科中介绍了许多关于混合模型（http://bbolker.github.io/ mixedmodels-misc/ glmmFAQ.html [accessed October 22, 2018]）的有用信息，以及用于生成适用于特定模型的预测的代码。

15.7.3　收敛问题

　　在lme4中，你经常会遇到"收敛问题"：用于估计混合模型的程序有时达不到稳定解；或者，只对可估计的参数空间的一个子部分求得稳定解。这是如何发生的？我们在脑海中将一遍似然估计是如何运行的。

　　想象一下以下场景：你跳伞空降到一个未知的地方，任务是找到最大的山丘①。但有一个陷阱：你是被蒙住眼睛去找山丘。在看不见的情况下找到山丘的一种可能方法是，往随机方向上迈出一步，并注意你的高度是否增加。如果这一步导致高度增加，那就待在那里，把它作为下一步的新起点。如果这一步没有引起高度的明显变化，或者甚至没有降低，那就后退一步。这个程序在寻山的过程中得以收敛。

　　在似然估计中，"山丘"是最大似然估计，遵循一组特定指令、蒙着眼睛的跳伞者是搜索山的优化算法。就像蒙着眼睛的跳伞者无法从远处看到山一样，你的混合模型也无法预知你将获得最大似然估计

---

① 我第一次听到这个类比是在加州大学默塞德分校Sarah Depaoli的统计课上。

的参数估计。因此，算法会探索不同的参数值，看看是否会导致显著的似然性增加或减少，直到达到稳定解。

要求模型估计的参数越多，估计问题就越复杂。可以类比为，蒙住眼睛的探险家必须在越来越多的方向上探索一个越来越繁杂的景观。无论跳伞者朝哪个方向走，高度都没有明显的变化，或者每走一步，高度都会发生剧烈的变化——这些情况都可能会出现。

如果达不到收敛，lme4 通常会发出收敛警告。然而，正如你在本章中已经看到的那样，在没有任何警告的情况下，也存在估算问题。这就是为什么研究随机效应结构如此重要，例如使用 coef() 等函数并检查随机效应相关参数是否得到了适当估计（不完全是 0、1 或 −1 ）。

一般来说，相对于数据集的大小，模型越复杂，模型的估计就越困难。出现收敛问题通常是因为试图将过于复杂的模型与稀疏的数据相匹配，然而原因也可能来自其他问题。问题是，收敛问题总是源于数据和模型的独特组合，而教科书不能为所有收敛问题提供"一刀切"的解决方案，所以不可能给出适用于所有情况的明确建议。

下面是 lme4 包中有关收敛问题的帮助页面，非常有用。

`?convergence`

该页上提到的一些建议值得在此强调。首先，中心化和/或缩放连续变量通常有助于收敛（求和编码在某些情况下也能实现类似的效果）。其次，可以使用参数 lmerControl 更改优化器（用于估计模型的过程）。帮助页面 ?lmerControl 提供了有关更改优化算法的有用信息。另外，可考虑对模型使用 afex 包运行 all_fit() 函数。该函数为一系列优化算法（"优化器"）重新构建模型，每次都会评估收敛性。该模型将告诉你哪些优化算法达到了收敛。

然而，更重要的是，获得收敛警告会让你更深入地思考给定的模型和数据结构。例如，可能是你错误地指定了模型，要求模型估计固定效应的变斜率，而该固定效应实际上并不随分组因子而变化。数据中心化也可能存在值得思考的不平衡或稀疏性。例如,是否有一个受试者或项目缺少很多值?

　　最后,你可能不得不考虑简化模型。在某些情况下,数据的信息量不足以支持特定的模型(有关语言学示例,参见 Jaeger et al., 2011)。你会经常发现随机斜率是许多收敛问题的原因。重要的是,你不应该轻易地去除随机斜率,因为这会增加 I 类错误率(见 Barr et al., 2013; Seedorff, Oleson, & McMurray, 2019)。中间解决方案是探索模型是否收敛于没有斜率/截距相关项的随机效应结构。例如,对于因子 condition,可以使用 (1|subject) + (0 + condition|participant) 代替 (1 + condition|subject)。虽然一些模拟研究表明这是一种合适的中间解决方案(Seedorff et al., 2019),但不能说这在所有情况下都是“安全”策略,因为这取决于数据中是否存在斜率/截距相关性。

　　收敛问题的另一个潜在解决方案是聚合数据,例如计算研究中某些分组因素的平均值,如受试者的平均值。虽然在某些情况下,这可能是一个合适的解决方案(见 Seedorff et al., 2019),但它作为分析方法的一个根本性变化,有几大重要的影响。除此之外,平均化(averaging)试验尽管在理论上很重要,但会失去进行试验水平预测的能力,而那些求平均值的差异源也会被忽略。此外,这种方法通常会降低统计效力。

　　事实证明,贝叶斯混合模型允许以更具原则性的方式处理非收敛性,并且可以避免许多估计问题(Eager & Roy, 2017)。本书恕不介绍这些模型,但建议读者查阅 Vasishth 等(2018)介绍贝叶斯混合模型的教程(也见 Nicenboim & Vasishth, 2016)。有关贝叶斯统计的概念性介绍,请参见 Dienes(2008)。McElreath(2016)对 R 的贝叶斯统计进行了全面介绍。

　　在研究的设计阶段,如果你确保有大量的数据可预防收敛问题,那最好不过了。第十章讨论了高强度研究的重要性(避免 II 类、M 类错误等)。因此,收集更多数据可以缓解收敛问题,有了更多信息量的数据,就可以估计出更复杂的模型。

15.8　混合逻辑回归：丑陋的自拍

我想以一个真实数据集的示例分析结束本章。这个例子说明了收敛问题，以及如何拟合混合逻辑回归模型。在第十二章和第十三章中，你所学到的关于广义线性混合效应模型的所有知识都会延续到混合效应模型的案例中。如果要拟合泊松回归或逻辑回归，请使用 glmer() 而非 lmer()，并指定 family = 'Poisson' 或 family = 'binomial'。

你将分析我和伯明翰大学的 Ruth Page 收集的一小部分未发表的数据。这项研究调查了"丑陋的自拍"：人们（尤其是年轻人）在拍照时把自己展现成丑陋的人。这种现象在理论上对语用学和语篇分析来说很有趣，因为它涉及讽刺和亲密交流等理论结构。在我们进行的试验中，我们的兴趣点在于，不同视角（无论是"仰拍"还是"平视"）的自拍是否会或多或少地被认为丑陋。让我们看看数据：

```
selfie <- read_csv('ruth_page_selfies.csv')

selfie

# A tibble: 1,568 x 3
   Angle     UglyCat   ID
   <chr>     <chr>     <chr>
 1 FromBelow ugly      ppt_1
 2 FromBelow not_ugly  ppt_1
 3 Level     not_ugly  ppt_1
 4 Level     not_ugly  ppt_1
 5 FromBelow not_ugly  ppt_1
 6 FromBelow not_ugly  ppt_1
 7 Level     not_ugly  ppt_1
 8 Level     not_ugly  ppt_1
 9 FromBelow not_ugly  ppt_1
10 FromBelow not_ugly  ppt_1
# ... with 1,558 more rows
```

包含响应变量的列称为 UglyCat，代表"丑陋的分类"[①]。包含预

[①] 实际研究使用了从 1 到 5 的评分量表。这里，出于教学目的，我将反应分为一个二元分类变量，以便拟合混合逻辑回归模型。

测变量的列称为Angle(角度)。受试者标识符位于ID列中。每位受试者都提交了多个响应,这引入了依存关系。因此,我们需要一个混合模型。此外,由于反应分为各个类别,我们需要一个混合逻辑回归模型。

在拟合混合逻辑回归模型之前,需要将UglyCat列转换为一个因子变量(见第十二章第12.6.2节)。

```
selfie <- mutate(selfie, UglyCat = factor(UglyCat))
```

模型公式应该是什么样子?由于研究的主要问题是丑陋的判断是否会受到相机角度的影响,因此公式中应该包含UglyCat~angle。随机效应结构显然需要随机截距,因为一些受试者可能会有或多或少的"丑陋"判断。因此,混合模型至少需要包含(1|ID)项。

要决定是否需要Angle的随机斜率,请自问是否在个体内有所不同。由于每位受试者都回答了两个摄像机角度,所以这个问题的答案为"是"。这意味着你可以为Angle因子拟合变斜率。此外,假设所有受试者都以相同的方式受到角度操纵的影响是不合理的,因此需要拟合变斜率。很清楚,本例需要考虑条件效应的变斜率。

```
ugly_mdl <- glmer(UglyCat ~ Angle +
                 (1 + Angle|ID), data = selfie,
                 family = 'binomial')
```
```
Warning messages:
1: In checkConv(attr(opt, "derivs"), opt$par,
ctrl = control$checkConv, :
 Model failed to converge with max|grad| = 0.112061
 (tol = 0.001, component 1)
2: In checkConv(attr(opt, "derivs"), opt$par,
ctrl = control$checkConv, :
  Model is nearly unidentifiable: very large eigenvalue
 - Rescale variables?
```

收敛警告表示模型不可信,因此你不应在出版物中报告此模型的结果。我使用afex包中的all_fit()函数找到了一个有效的优化器。

```
all_fit(ugly_mdl)     # 缩略的输出：
```

```
bobyqa. : [OK]
Nelder_Mead. : [OK]
optimx.nlminb : [ERROR]
optimx.L-BFGS-B : [ERROR]
nloptwrap.NLOPT_LN_NELDERMEAD : [OK]
nloptwrap.NLOPT_LN_BOBYQA : [OK]
nmkbw. : [OK]
```

all_fit() 函数表示bobyqa优化器是导致成功收敛的优化器之一。以下命令使用此优化器重新拟合模型。

```
ugly_mdl <- glmer(UglyCat ~ Angle +
                  (1 + Angle|ID), data = selfie,
                  family = 'binomial',
                  control =
                  glmerControl(optimizer = 'bobyqa'))
```

请注意，收敛警告已消失。这样，模型就可以报告了。让我们检查一下模型。

```
summary(ugly_mdl)
```

```
Generalized linear mixed model fit by maximum likelihood
  (Laplace Approximation) [glmerMod]
 Family: binomial (logit)
Formula: UglyCat ~ Angle + (1 + Angle | ID)
  Data: selfie
Control: glmerControl(optimizer = "bobyqa")

   AIC      BIC   logLik deviance df.resid
1712.5   1739.2   -851.2   1702.5      1562

Scaled residuals:
    Min      1Q  Median      3Q     Max
-2.8757 -0.5489  0.1733  0.5502  3.0998

Random effects:
 Groups Name        Variance Std.Dev. Corr
 ID     (Intercept) 3.61     1.900
        AngleLevel  1.89     1.375    -0.38
```

```
Number of obs: 1567, groups:  ID, 98

Fixed effects:
            Estimate Std. Error z value Pr(>|z|)
(Intercept)   0.9049     0.2199   4.115 3.88e-05 ***
AngleLevel   -1.4834     0.2001  -7.414 1.22e-13 ***
---
Signif. codes:  0 '***' 0.001 '**' 0.01 '*' 0.05 '.' 0.1 ' ' 1
Correlation of Fixed Effects:
            (Intr)
AngleLevel -0.486
```

在混合逻辑回归和混合泊松回归的情况下，lme4将给出一个基于瓦尔德检验（Wald test）的 p 值。这种检验在计算上比似然比检验更有效。对于非常大的样本量，瓦尔德检验和似然比检验会产生非常相似的结果；然而，似然比检验通常是首选（例如，Hauck Jr. & Donner, 1977; Agresti, 2002: 172），原因之一是似然比检验具有更高的统计效力（Williamson, Lin, Lyles, & Hightower, 2007; Gudicha, Schmittmann, & Vermunt, 2017）。因此，获取上述角度效应 p 值的另一种方法是构建一个没有该预测变量的空模型（保持随机效应结构不变），并使用anova()函数进行模型比较（见练习15.11.1）[①]。

由于这是一个逻辑回归模型，系数为对数优势比（第十二章）。了解预测的数量会有助于解释模型：

levels(selfie$UglyCat)

```
[1] "not_ugly" "ugly"
```

字母表中，"n"在"u"之前，所以not_ugly是参考水平。这意味着根据观察到的响应变量ugly报告对数优势比。由于角度水平的系数为负（−1.4834），这意味着角度水平导致ugly响应的减少。第十二章已讨论过如何计算概率。

该示例分析的一个重要信息是，绝不应忽视收敛警告（见Matuschek

[①] 应注意，第十二章和第十三章中回归输出提供的逻辑回归和泊松回归的 p 值也基于瓦尔德检验。在这些情况下，似然比检验也是首选。

et al., 2017; Seedorff et al., 2019）。你不能在已发表的研究报告中报告非收敛模型的结果，因为你不知道估计的东西是否正确。

15.9 收缩与个体差异

在结束这一章之前，我想预先排除我对随机效应的讨论可能会引起的一些潜在误解。到目前为止，为了对固定效应预测做出可靠的推断，我们一直在关注正确的随机效应结构。在调查随机效应结构时，我们的重点是确保一切都能正确估计。根据我自己的经验，语言科学的研究人员往往过于关注固定效应，在那些情况下，他们从混合模型中丢弃了很多有用的信息。

图15.1显示了重复测量研究的数据，每位受试者都有多个回答。你可以认为这是一种频率效应，词频越高，反应持续时间越短，但受试者受词频影响的程度不同。

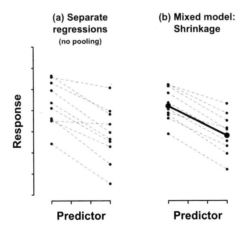

图15.1 收缩效果的直观演示，每条虚线表示特定受试者的估计数，估计的根据是（a）为每个人单独建立的回归模型或（b）具有变截距和变斜率的混合模型；粗线位置显示混合模型的总体水平估计数；注意，对于混合模型，截距和斜率是如何更类似于总体水平估计的

现在想象一下，你没有使用混合模型，而是对每位受试者进行单独的回归分析。这种方法的问题在于，没有一个单独的回归模型知道

其他模型估计的是什么。例如，估算受试者A的斜率时使用的信息不用于估算受试者B的斜率；也就是说，当拟合单独的模型时，总体水平这个视角完全丢失了。

另一方面，混合模型将整个数据集的信息考虑在内。变截距和变斜率估计与总体水平估计一起进行。因此，关于总体的信息被用于估计个体。这导致个体估计值被拉向总体水平估计值，这是混合模型的一个特征，也称为"收缩"（shrinkage），如图15.1（b）所示。注意截距是如何向总体线的截距"收缩"的。同样，斜率也没有图15.1（a）那么极端，而是更接近总体线的斜率。与单独回归相比，混合模型的个体水平估计值接近平均值。

Gelman和Hill（2007：第十二章）对此进行了很好的讨论。当研究人员忽略来自同一个人数据的依存组（不包括任何随机效应）时，他们说的是"完全池"（complete pooling），即把所有数据都放在一起，而不是单独挑出依存关系。这种方法往往低估了数据中存在的差异。我们可以将其与"无池"（no-pooling）方法进行对比，每个人都有其单独的模型。这会导致更极端的估计，往往高估了个体之间的差异。混合模型可以说是这两种方法之间的最佳选择：既不忽略个体水平（就像"完全池"一样），也不忽略总体水平（就像"无池"一样）。

混合模型的这一特性使这些模型成为研究个体差异的理想模型。Drager和Hay（2012）讨论了混合模型对于研究社会语言行为中个体差异的效用。Mirman、Dixon和Magnuson（2008）在眼球追踪的研究背景下讨论了个体差异和混合模型（另见Mirman et al., 2008; Mirman, 2014）。

在我自己的研究中，我发现随机效应估计比固定效应估计在理论上更有趣。例如，在一项关于声音突出的感知研究（Baumann & Winter, 2018）中，我们根据先前混合模型分析得出的变斜率估计值，对个体差异进行了探索性分析。该分析揭示了隐藏在随机效应结构中的不同听众子群。在另一项研究（Idemaru, Winter, Brown, & Oh, 2019）中，我们比较了音调和响度对礼貌判断的影响。对随机斜率的调查显示，所有听者对响度操纵的解释均相同，而对音调操纵的解释则有较大差异。因此，本研究中的随机效应估计表明，与响度相比，音调是一种不太可靠的礼貌声学线索。

15.10 小结

本章介绍了如何使用lme4在R中实现线性混合效应模型。首先，我们模拟了受试者间和项间数据的依存关系。通过此练习，你可以看到像元音的音长测量这样简单的东西是如何受到差异的一系列不同来源的影响的。在模拟数据上拟合的混合模型允许估计不同的方差分量。然后，我们创建了一系列混乱的模型，要么是删除重要的随机效应，要么是要求模型估计数据中不存在的内容，即使没有警告消息，也都导致了估计问题的出现。本节的重要启示在于，无论你是否收到警告信息，检查所拟合模型的随机效应结构都很重要。你还学习了如何通过似然比检验得出 p 值。最后，在讨论了收敛问题后，你使用混合逻辑回归分析了"丑陋的自拍"现象的数据集，发现更改优化器有助于解决收敛问题。本章最后简要讨论了收缩问题，以及混合效应模型在研究个体差异中的效用。

15.11 练习

15.11.1 练习1：似然比检验

对丑陋的自拍模型的角度预测变量进行似然比检验。首先，使用 anova() 指定空模型，然后用 afex 重复同样操作。

15.11.2 练习2：计算预测可能性

计算丑陋的自拍模型中每个拍摄角度条件的预测概率。你可能需要参考第十二章中逻辑回归的内容。

第十六章　建模的前景和策略

16.1　目前为止你所学到的

本章将回顾总结本书的主要内容，并给出一些统计建模的练习建议。

先来盘点一下你的学习成果。在学习了 R（第一章）和 tidyverse（第二章）之后，我们开始接触线性建模。首先，对均值建立了简单一元分布模型（第三章），然后尝试对另一个变量的均值建模（第四章）。之后的章节更深入地研究了线性模型的各个方面，例如变量的各种变换（第五章），向模型添加多个预测变量（第六章），还有合并分类变量的水平（第七章）以及交互作用（第八章）。在上述章节中，你几乎只关注模型预测的内容——这是本书的刻意设计，因为本书的学习目标是先学会理解和解释模型，之后再进行假设检验，也就是第九至十一章的内容。前十一章分析的所有响应变量都是连续的。为了对分类数据建模，第十二和十三章介绍了广义线性模型框架。这两章你学习了对二元响应变量（binary response）建模的逻辑回归（第十二章），以及对计数数据建模的泊松回归（第十三章）。

最后，你还学习了混合模型来对非独立数据建模（第十四和十五章）。变截距模型的截距可以因分组（例如"受试者"或"项目"）而异，变斜率模型的斜率也具有同样的特点。书中强调，不要设置任何默认的特定随机效应模型，关于所研究的固定效应模型的预测变量需要哪些不同的斜率，要具体情况具体分析。同时谨记，不要报告非收敛模型的结果。

这些章节的轨迹清晰，每一章都在拟合更复杂的模型。此外，学到后面，你会发现前面章节提到的方法其实都是更大框架下的具体案例。

具体来说,线性回归模型是广义线性模型框架下的一部分,而广义线性模型又从属于广义线性混合模型,也就是没有随机效应的模型。

总而言之,需要强调的是,你要在理论的驱动下建模。说起来容易做起来难,接下来我们将讨论如何选择合适的模型。

16.2　模型选择

贯穿所有学术统计的一个争议是要用探索性方法还是验证性方法。探索性统计是生成假设,探索数据间新的关系。验证性统计则是检验假设,使用新数据验证预先的假设是否有效。探索性统计和验证性统计都是科学进步过程中不可或缺的。但是当验证性统计是基于同一数据集的探索结果时,就会出现问题。

然而,即使你努力以验证方法使用回归,验证和探索之间的界限有时仍然模糊。假设你拟合一个模型,设一个条件变量为预测变量,设性别为一个附加控制变量(control variable)。也许性别变量并不显著,你可能倾向于删除该变量以简化模型。然而,一旦删除性别变量,临界条件效应(critical condition effect)也可能不再显著。这种情况下,我们很容易受骗,在条件变量显著性的引导下做出模型选择,认为包含性别变量的模型其实是正确的(有关运用语言学例子对这些问题的讨论,请参阅 Roettger, 2018)。

问题是,每个探索模型本质上都是对同一假设的新检验,相当于一种多重检验,因此必然会导致Ⅰ类错误增多。对同一数据集进行探索和验证是危险的,并且会构成数据疏浚(data dredging,即积极寻找显著效应)(Simmons et al., 2011),同时还会导致 HARKing(hypothesizing after the results are known),即先有结果再有假设(Kerr, 1998)。先有明确结果再做出解释几乎对任何现象来说都是轻而易举的。科学家擅长厘清模式,但在做验证性统计时,必须"预"测模式才能算作对假设的验证。

广义线性混合模型的灵活性福祸相依。也许我们应该追求完全不做选择?这不是更"客观"吗?接下来我会讨论两种选择探索还是验证的方法,最终会说明两者都不可行。

16.3　食谱法

本书有几个地方提到了"统计检验"和"统计建模"思维方式之间的区别。统计检验是统计学入门课程中经常教授的内容，例如本科阶段的心理学课程。通常来说，你可能会遇到以下建议（假设性引用）：

> 如果要测试两个组在连续测量中是否存在差异，请使用 t 检验。如果这些观察结果相互关联，则使用配对（依赖样本）t 检验，否则使用非配对（独立样本）t 检验。如果有两个以上的组，请使用单向方差分析（one-way-ANOVA）。如果要添加额外的条件变量，请使用双向方差分析（two-way-ANOVA）。如果要添加连续协变量，请使用协方差分析（analysis of co-variance, ANCOVA）。

这段话只介绍了遵循食谱法要了解的众多检验的一小部分。例如，还有针对分类数据的检验（卡方检验、二项式检验［binomial test］等），以及大量的非参数检验（non-parametric test），如威尔科克森检验（Wilcoxon test）、克鲁斯卡尔−沃利斯检验（Kruskal-Wallis test）等。你很快就会在一系列的检验面前眼花缭乱。教授此框架的教科书通常采用我称之为"食谱法"的方法，也就是教读者一系列统计检验，最后可能用一幅流程图告诉学生如何为给定的数据集选择合适的检验。

遵循食谱法的学生最终会更多地思考要选择什么检验，而不是思考如何使用统计模型来表达自己的假设。每个检验都是高度约束的，没有给用户多大的灵活性来表达自己的理论。最后，食谱法会导致高度划分的统计视图。

此外，我发现食谱法还会阻碍人们思考自己的理论。人们在使用 t 检验和卡方检验等统计检验时，不会停下来思考应该将哪些领域的知识纳入统计模型。与此相关的是，在使用这些方法时，人们完全失去了进行预测的整体视角。最终，这些检验都有一个明确的目标，即生成 p 值。

总之,与检验框架相比,建模框架具有许多优势[①]。

16.4　逐步回归

从统计检验说到统计建模,你会了解一个更灵活的工具。那么,接着限制你选择的话题来讲,有没有一种方法可以自动指导我们拟合哪种模型呢? 用自动化程序来选出最佳模型怎么样?

假设目前有三个预测变量: A、B 和 C。暂时忽略交互作用,我们最终会得到以下可能的模型。

```
y ~ 1
y ~ 1 + A
y ~ 1 + B
y ~ 1 + C
y ~ 1 + A + B
y ~ 1 + A + C
y ~ 1 + B + C
y ~ 1 + A + B + C
```

"逐步回归"(stepwise regression)是众多自动化程序中的一种,能从所有可能的模型里选择出一个合适的。逐步回归执行"前向选择"(forward selection,从空模型开始并迭代添加预测变量,仅当它们显著时才将它们保留在模型中)或"后向选择"(backward selection,从全模型开始并迭代删除那些不显著的预测变量),或两者兼有。逐步回归在语言学中仍然很常见,社会语言学中尤其如此。

逐步回归表面上具有客观性,但许多统计文献(Steyerberg, Eijkemans, & Habbema, 1999; Whittingham, Stephens, Bradbury, & Freckleton, 2006)详细描述了它的诸多问题。其中之一是,由逐步回归选出的最终模型通常报告验证性统计的分析结果(使用 p 值等),似乎该模型提前预测了分析结果。然而,逐步回归在数据集中进行了

[①] 说到这个,我们有必要了解文献中常见的一些检验(例如 t 检验、方差分析等)如何与本书讨论的某些线性模型相对应。为此,请参阅附录 A。

大量探索以找到最佳模型。因此，最终模型的 I 类错误率非常高，这已通过模拟得到验证（Mundry & Nunn，2008；另见 Steyerberg et al.，1999）。这个问题与第十章讨论的多重检验问题有关。逐步回归有过度拟合的趋势，会关注手头特定数据集的特性。因此，你无法保证最终模型可以很好地推广到新数据[①]。对我们来说更成问题的是，执行逐步回归时，基本上所有思考都由机器完成，最终可能会得到一个与既定理论毫无对应的模型，并且与你的目标相差甚远。

因此，逐步回归存在许多统计和概念问题，这也是统计学家普遍不推荐它的原因。简而言之，语言学研究者不应该使用逐步回归。它解决的唯一"问题"是让机器代替人来深入理解模型。

16.5　倡导主观与理论驱动的统计建模

本章举了两个限制选择方法的例子——要么用高度专业化的显著性检验，要么用自动模型选择程序，如逐步回归。但是话说回来，你应该接受统计建模带有主观性这一事实。McElreath（2016：95）有一段话说得很好：

> 新手面临选择时往往会感到紧张，甚至有时产生错觉，认为默认设置好的程序比需要用户做选择的程序更客观……如果这是真的，那么"客观"就只意味着每个人都做同样的事情，并不保证真实性或准确性。

统计建模需要深入思考理论和数据。理想情况下，我们输入模型的每个预测变量都要有充分的理由。以"性别"这一预测变量为例。

[①] 逐步回归还存在一些技术问题。例如，前向和后向选择会产生不同的模型。这是一个在概念上棘手的问题，因为这意味着不同的选择法会产生不同的模型。此外，人们并不清楚如何在混合模型中最优地执行逐步回归：是否应该为每个可能的模型输入不同的斜率？如果为所有固定效应模型添加不同的斜率，会很快产生大量过度指定的模型，这些模型必然会出现收敛问题。另一方面，如果不包括变斜率，那么估计值可能是反保守的（Schielzeth & Forstmeier，2009）。

分析社会语言学数据时应该包括这个变量,因为很多文献表明,女性和男性在许多与社会语言学相关的变量上存在差异。例如,大量数据证明女性更早经历变声期。但在分析心理语言学数据时,如果我们对于所研究的现象并没有关于性别差异的具体假设,可能就不需要将性别纳入模型。这并不是说,性别无论如何都不应该成为心理语言学数据模型中的预测变量。恰恰相反,如果有预测性别效应的特定理论,它就一定要包含在模型中。

这里举个例子。我们在提交第六章的分析数据(象似性关于感官经验、可表象性、词频和系统性的函数)时,一位审稿人问我们:"为什么没有拟合变量之间的任何交互作用?"在给他的回信中,我们为这个问题提供了一个简单的答案:因为我们没有预测任何交互作用。我们对每个预测变量的个体效应都有明确的期望,这就是为什么它们被包含在模型的首要位置。然而,在缺乏关于这些变量如何相互作用的有力理论的情况下,我们认为最好不要碰运气。因此,我们坚持了验证性分析,尽管审稿人有其他建议,也只是激励我们继续探索。

如果想在建模阶段预先解决问题,我们可以在分析之前尽可能多地指定模型的细节,最好在开展研究前就完成。毕竟,进行一项研究时,我们通常会在考虑特定假设的情况下收集数据,这意味着应该可以在查看数据之前制定模型公式。事实上,如今越来越多的研究人员预先注册了他们的研究(例如通过开放科学框架;参见 Nosek & Lakens,2014),其中包括公开预先指定应该进行的分析[1]。这有助于确立建模决策的原则。

也就是说,我们必须认识到,比起新手,有经验的研究人员更容易在收集数据之前做出建模决策。新手很难在执行分析前就预测出可能遇到的所有可能性。一个人的统计建模实践在很大程度上受经验的影响——看过很多不同的数据集,构建过很多不同的残差图,遇到过很多收敛问题,等等。在数据分析生涯不断前进的过程中,我们会

---

[1] 随着越来越多的科学期刊采用这种做法,预注册正在缓慢但坚定地变得制度化。请访问 http://cos.io/rr 了解最新变化及其他海量期刊(访问时间为 2018 年 10 月 23 日)。

发现做出更有原则的决策变得越来越容易。

在做统计建模时，我们应该清楚自己是"验证模式"还是"探索模式"。探索性统计并没有错——相反，探索极其重要。如果不是为了探索，许多极为重要的科学（包括语言科学）发现都会被遗漏。但是，当以验证性统计的名义编写探索性统计数据时，就会出现问题。在这种情况下，最好清楚地表明分析是探索性的，因此需要用新数据进行验证。事实上，第二章中讨论的复制危机的部分原因是，研究界似乎更重视验证而非探索，研究人员通常需要将探索性结果重新定义为验证性，才便于发表。有鉴于此，是时候立场鲜明地为探索辩护了（Roettger, Winter, & Baayen, 2019）。

在此举出另一个我自己研究中的例子，我认为它很好地展示了探索和验证之间的矛盾。在Brown等（2014）的研究中，我们想测试韩国听众是否可以仅根据声学线索感知敬语区别。我们用验证的方式使用混合逻辑回归来进行检验。然而，我们没有明确的假设来确定哪种特定的声学线索在确定礼貌判断时最重要。事实上，我们自己的研究（Winter & Grawunder，2012）表明，敬语区别与生产中的许多声学标记相关，其中任何一个都可能影响感知中的礼貌判断。在缺乏强有力的理论动机预测的情况下，我们进行了探索性分析，调查韩国听众能抓住哪些声学线索。在论文中，这种分析被明确标记为探索性的，我们不报告任何 p 值。我们在此分析中发现的模式需要用新数据来验证。此外，我们的验证性混合模型分析是固定的，我们也没有因为探索性分析而改变什么。因此，在本研究中，我们遵循McArdle（2011：335）的名言："先验证再探索。"

探索和验证之间只有一线之隔，两者都非常重要。但是，当你不清楚自己的立场，并开始在同一个数据集上混用二者时，你就进入了"先有结果后有假设"和数据疏浚的危险区。

16.6　可重复性研究

在统计建模过程中，一系列不同选项可能会产生各种结果，外行人在看论文时，无从得知研究者探索过哪些模型才得到最终的模型。这是主观性的阴暗面。可重复性研究（reproducible research）减轻了其中一些担忧。第二章详细介绍了许多不同的方法，可以让我们的分析更开放、更方便他人引用，这是使研究更具可重复性的关键因素。理想情况下，所有数据和代码都是公开可用的，代码能立即在他人的设备上运行，以准确再现论文中报告的那些数值。

许多不同领域都在大力推动可重复性研究（Gentleman & Lang，2007；Mesirov，2010；Peng，2011；Munafò et al.，2017），语言学也在迎头追赶（参见 Berez-Kroeker et al.，2018；Roettger，2018；Roettger et al.，2019）。只有顺应潮流，语言学方能受益。可重复性不仅允许其他研究人员检查已发表结果的有效性，还有助于方法和数据的交换。这是语言学的一条出路。

在 John McArdle 的一个统计学研讨会上，他提出了"诚实，而非纯粹"的口号。当然，在统计分析中放弃"纯粹"的愿望不应成为"犯罪"（如数据捕鱼[①]、数据疏浚）的诱因。然而，这个口号提醒我们，模型不可能完美，它们无法满足所有研究人员。我们能做的就是诚实地说明我们的建模决策是如何做出的，不要藏着掖着。因为即使给定相同的数据集，不同的研究人员也可能得出不同的结论，这是不可避免的（参见 Silberzahn el al.，2018）。"纯粹"无法实现，但"诚实"可以。

对于一个给定的数据集根本没有"最佳模型"能满足所有研究人员的需求。就个人而言，回顾过去的一些模型，我都不一定认可自己做出的所有决定。然而，因为所有东西都在网上可供查看（GitHub 和 OSF），任何不认同我建模决定的人都可以形成自己的意见。我希望这本书能鼓励你来一同推动可重复性研究在语言科学中不断发展。

16.7　结语

虽然这本书涵盖了许多主题，但显然还有许多技术没有谈及。然

---

① 即强行挖掘数据显著性。——译者注

而，回归（及其扩展）是帮助我们入门的最有用的工具之一。你会发现，未来自己听到的许多新方法实际上都在某种程度上与回归有关，尽管也有许多方法不是基于此框架。重要的是，不要将本书视为自身统计之旅的终点。相反，它应该是学习更多知识的跳板。我希望你已经准备好继续遨游统计学的精彩世界。

参 考 文 献

Agresti, A. (2002). *Categorical data analysis*. Hoboken, NJ: John Wiley.

Auguie, B. (2017). gridExtra: Miscellaneous functions for "grid" graphics. R package version 2.3.

Austin, P.C., Mamdani, M.M., Juurlink, D.N., & Hux, J.E. (2006). Testing multiple statistical hypotheses resulted in spurious associations: A study of astrological signs and health. *Journal of Clinical Epidemiology*, *59*(9), 964–969.

Baayen, R.H. (2008). *Analyzing linguistic data*. Cambridge, UK: Cambridge University Press.

Baayen, R.H. (2013). languageR: Data sets and functions with "Analyzing linguistic data: A practical introduction to statistics". R package version 1.4.1.

Baayen, R.H., Davidson, D.J., & Bates, D.M. (2008). Mixed-effects modeling with crossed random effects for subjects and items. *Journal of Memory and Language*, *59*(4), 390–412.

Baayen, R.H., & Milin, P. (2010). Analyzing reaction times. *International Journal of Psychological Research*, *3*(2), 12–28.

Balota, D.A., Yap, M.J., Hutchison, K.A., Cortese, M.J., Kessler, B., Loftis, B., ... Treiman, R. (2007). The English Lexicon Project. *Behavior Research Methods*, *39*, 445–459.

Barr, D.J., Levy, R., Scheepers, C., & Tily, J.J. (2013). Random-effects structure for confirmatory hypothesis testing: Keep it maximal. *Journal of Memory and Language*, *68*, 255–278.

Bartoń, K. (2017). MuMIn: Multimodel inference. R package version 1.40.0. Available online at https://cran.r-project.org/package = MuMIn

Bates, D., Maechler, M., Bolker, B., & Walker, S. (2015). Fitting linear mixed-effects models using lme4. *Journal of Statistical Software*, *67*(1), 1–48.

Baumann, S., & Winter, B. (2018). What makes a word prominent? Predicting untrained listeners' prominence judgments. *Journal of Phonetics, 70,* 20–38.

Bednarek, M.A. (2008). Semantic preference and semantic prosody re-examined. *Corpus Linguistics and Linguistic Theory, 4,* 119–139.

Bennett, C.M., Baird, A.A., Miller, M.B., & Wolford, G.L. (2011). Neural correlates of interspecies perspective taking in the post-mortem Atlantic salmon: an argument for proper multiple comparisons correction. *Journal of Serendipitous and Unexpected Results, 1,* 1–5.

Bentz, C., & Winter, B. (2013). Languages with more second language learners tend to lose nominal case. *Language Dynamics & Change, 3*(1), 1–27.

Berez-Kroeker, A.L., Gawne, L., Kung, S.S., Kelly, B.F., Heston, T., Holton, G., … Wood-bury, A.C. (2018). Reproducible research in linguistics: A position statement on data citation and attribution in our field. *Linguistics, 56*(1), 1–18.

Boot, I., & Pecher, D. (2010). Similarity is closeness: Metaphorical mapping in a concetual task. *Quarterly Journal of Experimental Psychology, 63,* 942–954.

Breiman, L. (2001). Random forests. *Machine Learning, 45,* 5–32.

Bresnan, J., Cueni, A., Nikitina, T., & Baayen, R.H. (2007). Predicting the dative alternation. In G. Bouma, I. Kraemer, & J. Zwarts (Eds.), *Cognitive foundations of interpretation* (pp. 69–94). Amsterdam: Royal Netherlands Academy of Science.

Bresnan, J., & Hay, J. (2008). Gradient grammar: An effect of animacy on the syntax of *give* in New Zealand and American English. *Lingua, 118*(2), 245–259.

Brown, L., Winter, B., Idemaru, K., & Grawunder, S. (2014). Phonetics and politeness: Perceiving Korean honorific and non-honorific speech through phonetic cues. *Journal of Pragmatics, 66,* 45–60.

Brysbaert, M., & New, B. (2009). Moving beyond Kučera and Francis: A critical evaluation of current word frequency norms and the introduction of a new and improved word fre-quency measure for American English. *Behavior Research Methods, 41,* 977–990.

Brysbaert, M., New, B., & Keuleers, E. (2012). Adding part-of-speech information to the SUBTLEX-US word frequencies. *Behavior Research*

Methods, *44*(4), 991–997.

Brysbaert, M., & Stevens, M. (2018). Power analysis and effect size in mixed effects models: A tutorial. *Journal of Cognition*, *1*(1), 9.

Bürkner, P.-C. (2017). brms: An R package for Bayesian multilevel models using Stan. *Journal of Statistical Software*, *80*(1), 1–28.

Burns, P. (2011). *The R Inferno*. Available online: https://www.burns-stat.com/pages/ Tutor/R_inferno.pdf

Buzsáki, G., & Mizuseki, K. (2014). The log-dynamic brain: How skewed distributions affect network operations. *Nature Reviews Neuroscience*, *15*(4), 264–278.

Casasanto, D. (2008). Similarity and proximity: When does close in space mean close in mind? *Memory & Cognition*, *36*, 1047–1056.

Christiansen, M.H., & Chater, N. (2016). *Creating language: Integrating evolution, acqui-sition, and processing*. Cambridge, MA: MIT Press.

Cleveland, W.S. (1984). Graphical methods for data presentation: Full scale breaks, dot charts, and multibased logging. *American Statistician*, *38*(4), 270–280.

Cohen, J. (1988). *Statistical Power Analysis for the Behavioral Sciences* (2nd ed.). Hills-dale, NJ: Erlbaum Press.

Connell, L., & Lynott, D. (2012). Strength of perceptual experience predicts word processing performance better than concreteness or imageability. *Cognition*, *125*(3), 452–465.

Cortese, M.J., & Fugett, A. (2004). Imageability ratings for 3,000 monosyllabic words. *Behavior Research Methods, Instruments, & Computers*, *36*, 384–387.

Cumming, G. (2012). *Understanding the new statistics: Effect sizes, confidence intervals, and meta-analysis*. New York: Routledge.

Cumming, G. (2014). The new statistics: Why and how. *Psychological Science*, *25*(1), 7–29.

Davies, M. (2008) The Corpus of Contemporary American English: 450 million words, 1990-present. Available online at http://corpus.byu.edu/coca/

de Bruin, A., Bak, T.H., & Della Sala, S. (2015). Examining the effects of active versus inactive bilingualism on executive control in a carefully matched non-immigrant sam-ple. *Journal of Memory and Language*, *85*, 15–26.

Dehaene, S. (2003). The neural basis of the Weber-Fechner law: A logarithmic mental number line. *Trends in Cognitive Sciences, 7*(4), 145–147.

Dienes, Z. (2008). *Understanding psychology as a science: An introduction to scientific and statistical inference.* New York: Palgrave Macmillan.

Dingemanse, M., Blasi, D.E., Lupyan, G., Christiansen, M.H., & Monaghan, P. (2015). Arbitrariness, iconicity, and systematicity in language. *Trends in Cognitive Sciences, 19*(10), 603–615.

Drager, K., & Hay, J. (2012). Exploiting random intercepts: Two case studies in sociopho-netics. *Language Variation and Change, 24*(1), 59–78.

Eager, C., & Roy, J. (2017). Mixed effects models are sometimes terrible. Available online at https://arxiv.org/abs/1701.04858

Faraway, J. (2005). *Linear models with R.* Boca Raton, FL: Chapman & Hall/ CRC Press.

Faraway, J.J. (2006). Extending the linear model with R: Generalized linear, mixed effects and nonparametric regression models. Boca Raton, FL: Chapman & Hall/CRC Press.

Fox, J., & Weisberg, S. (2011). *An R Companion to Applied Regression* (2nd ed.). Thou-sand Oaks CA: Sage.

Freeberg, T.M., & Lucas, J.R. (2009). Pseudoreplication is (still) a problem. *Journal of Comparative Psychology, 123*(4), 450–451.

García-Berthou, E., & Hurlbert, S.H. (1999). Pseudoreplication in hermit crab shell selection experiments: Comment to Wilber. *Bulletin of Marine Sciences, 65*(3), 893–895.

Gardner, M.J., & Altman, D.G. (1986). Confidence intervals rather than P values: Estimation rather than hypothesis testing. *British Medical Journal, 292,* 746–750.

Gasser, M. (2004). The origins of arbitrariness in language. In K. Forbus, D. Gentner, & T. Regier (Eds.), *Proceedings of the 26th annual conference of the Cognitive Science Society* (pp. 434–439). Mahwah, NJ: Erlbaum.

Gelman, A., & Carlin, J. (2014). Beyond power calculations: assessing type S (sign) and type M (magnitude) errors. *Perspectives on Psychological Science, 9*(6), 641–651.

Gelman, A., & Hill, J. (2007). *Data analysis using regression and multilevel/ hierarchical models.* Cambridge, UK: Cambridge University Press.

Gelman, A., & Loken, E. (2014). Ethics and statistics: The AAA tranche of subprime science. *Chance*, *27*(1), 51–56.

Gentleman, R., & Lang, D. (2007). Statistical analyses and reproducible research. *Journal of Computational and Graphical Statistics*, *16*, 1–23.

Gigerenzer, G. (2004). Mindless statistics. *Journal of Socio-Economics*, *33*(5), 587–606.

Gillespie, C., & Lovelace, R. (2017). *Efficient R programming*. Sebastopol, CA: O'Reilly.

Goodman, S.N. (1999). Toward evidence-based medical statistics. 1: The P value fallacy. *Annals of Internal Medicine*, *130*(12), 995–1004.

Green, P., & MacLeod, C.J. (2016). SIMR: An R package for power analysis of generalized linear mixed models by simulation. *Methods in Ecology and Evolution*, *7*(4), 493–498.

Gries, S.Th. (2015). The most under-used statistical method in corpus linguistics: Multi-level (and mixed-effects) models. *Corpora*, *10*(1), 95–125.

Gudicha, D.W., Schmittmann, V.D., & Vermunt, J.K. (2017). Statistical power of likeli-hood ratio and Wald tests in latent class models with covariates. *Behavior Research Methods*, *49*(5), 1824–1837.

Hassemer, J. (2016). Towards a theory of gesture form analysis. Imaginary forms as part of gesture conceptualisation, with empirical support from motion-capture data. PhD thesis, RWTH Aachen University.

Hassemer, J., & Winter, B. (2016). Producing and perceiving gestures conveying height or shape. *Gesture*, *15*(3), 404–424.

Hassemer, J., & Winter, B. (2018). Decoding gestural iconicity. *Cognitive Science*, *42*(8), 3034–3049.

Hauck Jr, W.W., & Donner, A. (1977). Wald's test as applied to hypotheses in logit analysis. *Journal of the American Statistical Association*, *72*, 851–853.

Houtkoop, B.L., Chambers, C., Macleod, M., Bishop, D.V., Nichols, T.E., & Wagenmakers, E.J. (2018). Data sharing in psychology: A survey on barriers and preconditions. *Advances in Methods and Practices in Psychological Science*, *1*(1), 70–85.

Hubbard, R., & Lindsay, R.M. (2008). Why P values are not a useful measure of evidence in statistical significance testing. *Theory & Psychology*, *18*(1),

69–88.

Hunston, S. (2007). Semantic prosody revisited. *International Journal of Corpus Linguistics, 12*(2), 249–268.

Hurlbert, S.H. (1984). Pseudoreplication and the design of ecological field experiments. *Ecological Monographs, 54*(2), 187–211.

Idemaru, K., Winter, B., Brown, L., & Oh, G.E. (2019). Loudness trumps pitch in politeness judgments: Evidence from Korean deferential speech. *Language and Speech*. DOI: 10.1177/0023830918824344

Ioannidis, J.P. (2005). Why most published research findings are false. *PLoS Medicine, 2*(8), e124.

Jackman, S. (2015). pscl: Classes and methods for R developed in the Political Science Computational Laboratory, Stanford University. Department of Political Science, Stanford University. Stanford, California. R package version 1.4.9. Available online at http:// pscl.stanford.edu/

Jaeger, T.F. (2008). Categorical data analysis: Away from ANOVAs (transformation or not) and towards logit mixed models. *Journal of Memory and Language, 59*(4), 434–446.

Jaeger, T.F., Graff, P., Croft, W., & Pontillo, D. (2011). Mixed effect models for genetic and areal dependencies in linguistic typology. *Linguistic Typology, 15*(2), 281–319.

Jescheniak, J.D., & Levelt, W.J. (1994). Word frequency effects in speech production: Retrieval of syntactic information and of phonological form. *Journal of Experimental Psychology: Learning, Memory, and Cognition, 20*, 824–843.

Juhasz, B.J., & Yap, M.J. (2013). Sensory experience ratings for over 5,000 mono-and disyllabic words. *Behavior Research Methods, 45*, 160–168.

Jurafsky, D. (2014). *The language of food*. New York: W.W. Norton.

Kello, C.T., Anderson, G.G., Holden, J.G., & Van Orden, G.C. (2008). The pervasiveness of 1/f scaling in speech reflects the metastable basis of cognition. *Cognitive Science, 32*(7), 1217–1231.

Kello, C.T., Brown, G.D., Ferrer-i-Cancho, R., Holden, J.G., Linkenkaer-Hansen, K., Rho-des, T., & Van Orden, G.C. (2010). Scaling laws in cognitive sciences. *Trends in Cognitive Sciences, 14*(5), 223–232.

Kerr, N.L. (1998). HARKing: Hypothesizing after the results are known. *Personality and Social Psychology Review, 2*(3), 196–217.

Kirby, J., & Sonderegger, M. (2018). Mixed-effects design analysis for experimental phonetics. *Journal of Phonetics*, *70*, 70–85.

Kline, R.B. (2004). *Beyond significance testing: Reforming data analysis methods in behavioral research*. Washington, DC: American Psychological Association.

Krantz, D.H. (1999). The null hypothesis testing controversy in psychology. *Journal of the American Statistical Association*, *94*(448), 1372–1381.

Krifka, M. (2010). A note on the asymmetry in the hedonic implicatures of olfactory and gustatory terms. In S. Fuchs, P. Hoole, C. Mooshammer & M. Zygis (Eds.), *Between the Regular and the Particular in Speech and Language* (pp. 235–245). Frankfurt am Main: Peter Lang.

Kroodsma, D. (1989). Suggested experimental designs for song playbacks. *Animal Behaviour*, *37*, 600–609.

Kroodsma, D.E. (1990). Using appropriate experimental designs for intended hypotheses in "song" playbacks, with examples for testing effects of song repertoire sizes. *Animal Behaviour*, *40*, 1138–1150.

Lazic, S.E. (2010). The problem of pseudoreplication in neuroscientific studies: Is it affecting your analysis? *BMC Neuroscience*, *11*, 1–17.

Lenth, R. (2018). emmeans: Estimated marginal means, aka least-squares means. R package version 1.2.4.

Levinson, S.C., & Majid, A. (2014). Differential ineffability and the senses. *Mind & Language*, *29*, 407–427.

Levy, R. (2018). Using *R* formulae to test for main effects in the presence of higher-order interactions. *arXiV*, 1405.2094v2. Available online at https://arxiv.org/pdf/1405.2094. pdf

Lievers, F.S., & Winter, B. (2018). Sensory language across lexical categories. *Lingua*, *204*, 45–61.

Littlemore, J., Pérez Sobrino, P., Houghton, D., Shi, J., & Winter, B. (2018). What makes a good metaphor? A cross-cultural study of computer-generated metaphor appreciation. *Metaphor & Symbol*, *33*, 101–122.

Lombardi, C.M., & Hurlbert, S.H. (1996). Sunfish cognition and pseudoreplication. *Animal Behaviour*, *52*, 419–422.

Lynott, D., & Connell, L. (2009). Modality exclusivity norms for 423 object properties. *Behavior Research Methods*, *41*, 558–564.

Lynott, D., & Connell, L. (2013). Modality exclusivity norms for 400 nouns:

The relation-ship between perceptual experience and surface word form. *Behavior Research Methods, 45*(2), 516–526.

Machlis, L., Dodd, P.W.D., & Fentress, J.C. (1985). The pooling fallacy: Problems arising when individuals contribute more than one observation to the data set. *Zeitschrift für Tierpsychologie, 683*, 201–214.

Majid, A., & Burenhult, N. (2014). Odors are expressible in language, as long as you speak the right language. *Cognition, 130*, 266–270.

Matuschek, H., Kliegl, R., Vasishth, S., Baayen, H., & Bates, D. (2017). Balancing Type I error and power in linear mixed models. *Journal of Memory and Language, 94*, 305–315.

McArdle, J.J. (2011). Some ethical issues in factor analysis. In A.T. Panter & S.K. Sterba (Eds.), *Handbook of ethics in quantitative methodology* (pp. 313–339). New York: Routledge.

McElreath, R. (2016). *Statistical rethinking: A Bayesian course with examples in R and Stan.* Boca Raton, FL: CRC Press.

Mesirov, J. P. (2010). Computer science: Accessible reproducible research. *Science, 327*, 5964.

Milinski, M. (1997). How to avoid seven deadly sins in the study of behavior. *Advances in the Study of Behavior, 26*, 159–180.

Milton Bache, S., & Wickham, H. (2014). magrittr: A forward-pipe operator for R.R package version 1.5. Available online at https://CRAN.R-project. org/package = magrittr

Mirman, D. (2014). *Growth curve analysis and visualization using R.* Boca Raton, FL: CRC Press.

Mirman, D., Dixon, J.A., & Magnuson, J.S. (2008). Statistical and computational models of the visual world paradigm: Growth curves and individual differences. *Journal of Memory and Language, 59*(4), 475–494.

Monaghan, P., Shillcock, R.C., Christiansen, M.H., & Kirby, S. (2014). How arbitrary is English? *Philosophical Transactions of the Royal Society of London: Series B, Biological Sciences, 369*, 20130299.

Montgomery, D.C., & Peck, E.A. (1992). *Introduction to linear regression analysis.* New York: Wiley.

Morey, R.D., Hoekstra, R., Rouder, J.N., Lee, M.D., & Wagenmakers, E.J. (2016). The fallacy of placing confidence in confidence intervals. *Psychonomic Bulletin & Review, 23*(1), 103–123.

Morrissey, M.B., & Ruxton, G.D. (2018). Multiple regression is not multiple regressions: The meaning of multiple regression and the non-problem of collinearity. *Philosophy, Theory, and Practice in Biology, 10*(3).

Müller, K., & Wickham, H. (2018). tibble: Simple data frames. R package version 1.4.2. Available online at https://CRAN.R-project.org/package = tibble

Munafò, M.R., Nosek, B.A., Bishop, D.V., Button, K.S., Chambers, C.D., du Sert, N.P., ... Ioannidis, J.P. (2017). A manifesto for reproducible science. *Nature Human Behaviour, 1,* 0021.

Mundry, R., & Nunn, C.L. (2008). Stepwise model fitting and statistical inference: Turning noise into signal pollution. *American Naturalist, 173*(1), 119–123.

Nakagawa, S. (2004). A farewell to Bonferroni: The problems of low statistical power and publication bias. *Behavioral Ecology, 15*(6), 1044–1045.

Nakagawa, S., & Cuthill, I.C. (2007). Effect size, confidence interval and statistical significance: A practical guide for biologists. *Biological Review, 82,* 591–605.

Nakagawa, S., & Schielzeth, H. (2013). A general and simple method for obtaining R2 from generalized linear mixed-effects models. *Methods in Ecology and Evolution, 4,* 133–142.

Nettle, D. (1999). *Linguistic Diversity.* Oxford: Oxford University Press.

Nicenboim, B., Roettger, T.B., & Vasishth, S. (2018). Using meta-analysis for evidence synthesis: The case of incomplete neutralization in German. *Journal of Phonetics, 70,* 39–55.

Nicenboim, B., & Vasishth, S. (2016). Statistical methods for linguistic research: Foundational ideas—Part II. *Language and Linguistics Compass, 10*(11), 591–613.

Nickerson, R.S. (2000). Null hypothesis significance testing: A review of an old and continuing controversy. *Psychological Methods, 5*(2), 241–301.

Nieuwland, M.S., Politzer-Ahles, S., Heyselaar, E., Segaert, K., Darley, E., Kazanina, N., ... Mézière, D. (2018). Large-scale replication study reveals a limit on probabilistic prediction in language comprehension. *eLife, 7.*

Nosek, B.A., & Lakens, D. (2014). Registered reports. *Social Psychology, 45,* 137–141.

O'brien, R.M. (2007). A caution regarding rules of thumb for variance inflation factors. *Quality & Quantity*, *41*(5), 673–690.

O'Hara, R.B., & Kotze, D. J. (2010). Do not log-transform count data. *Methods in Ecology and Evolution*, *1*(2), 118–122.

Open Science Collaboration. (2015). Estimating the reproducibility of psychological science. *Science*, *349*(6251), aac4716.

Osborne, J. (2005). Notes on the use of data transformations. *Practical Assessment, Research and Evaluation*, *9*(1), 42–50.

Paap, K.R., & Greenberg, Z.I. (2013). There is no coherent evidence for a bilingual advantage in executive processing. *Cognitive Psychology*, *66*(2), 232–258.

Papesh, M.H. (2015). Just out of reach: On the reliability of the action-sentence compatibility effect. *Journal of Experimental Psychology: General*, *144*(6), e116–e141.

Peng, R.D. (2011). Reproducible research in computational science. *Science*, *334*, 1226–1227.

Perezgonzalez, J.D. (2015). Fisher, Neyman-Pearson or NHST? A tutorial for teaching data testing. *Frontiers in Psychology*, *6*, 223.

Perry, L.K., Perlman, M., & Lupyan, G. (2015). Iconicity in English and Spanish and its relation to lexical category and age of acquisition. *PloS One*, *10*(9), e0137147.

Perry, L.K., Perlman, M., Winter, B., Massaro, D.W., & Lupyan, G. (2017). Iconicity in the speech of children and adults. *Developmental Science*, e12572.

Pinheiro, J.C., & Bates, D.M. (1980). *Mixed-effects models in S and SPLUS*. New York: Springer.

Piwowar, H.A., & Vision, T.J. (2013). Data reuse and the open data citation advantage. *PeerJ*, *1*, e175.

Postman, K., & Conger, B. (1954). Verbal habits and the visual recognition of words. Science, *119*, 671–673.

Quinn, G.P., & Keough, M.J. (2002). *Experimental design and data analysis for biologists*. Cambridge, UK: Cambridge University Press.

Reinboud, W. (2004). Linear models can't keep up with sport gender gap. *Nature*, *432*(7014), 147.

Reinhart, C.M., & Rogoff, K.S. (2010). Growth in a time of debt. *American Economic Review*, *100*(2), 573–578.

Rice, K. (2004). Sprint research runs into a credibility gap. *Nature*, *432*(7014), 147.

Roberts, S., & Winters, J. (2013). Linguistic diversity and traffic accidents: Lessons from statistical studies of cultural traits. *PloS One*, *8*(8), e70902.

Robinson, D. (2017). broom: Convert statistical analysis objects into tidy data frames. R package version 0.4.3. Available online at https://CRAN. R-project.org/package = broom

Roettger, T.B. (2018). Researcher degrees of freedom in phonetic research. *Journal of the Association for Laboratory Phonology*, *10*(1).

Roettger, T.B., Winter, B., & Baayen, R.H. (2019). Emergent data analysis in phonetic sciences: Towards pluralism and reproducibility. *Journal of Phonetics*, *73*, 1–7.

Roettger, T.B., Winter, B., Grawunder, S., Kirby, J., & Grice, M. (2014). Assessing incomplete neutralization of final devoicing in German. *Journal of Phonetics*, *43*, 11–25.

Rothman, K.J. (1990). No adjustments are needed for multiple comparisons. *Epidemiology*, *1*(1), 43–46.

Rouby, C., & Bensafi, M. (2002). Is there a hedonic dimension to odors? In C. Rouby, B. Schaal, D. Dubois, R. Gervais, & A. Holley (Eds.), *Olfaction, taste, and cognition* (pp. 140–159). Cambridge, UK: Cambridge University Press.

Schiel, F., Heinrich, C., & Barfüsser, S. (2012). Alcohol language corpus: The first public corpus of alcoholized German speech. *Language Resources and Evaluation*, *46*(3), 503–521.

Schielzeth, H. (2010). Simple means to improve the interpretability of regression coefficients. *Methods in Ecology and Evolution*, *1*(2), 103–113.

Schielzeth, H., & Forstmeier, W. (2009). Conclusions beyond support: Overconfident estimates in mixed models. *Behavioral Ecology*, *20*, 416–420.

Seedorff, M., Oleson, J., & McMurray, B. (2019). Maybe maximal: Good enough mixed models optimize power while controlling Type I error. PsyArXiv pre-print, DOI:10.31234/osf.io/xmhfr Available online at https:// psyarxiv.com/xmhfr/

Shaoul, C., & Westbury, C. (2010). Exploring lexical co-occurrence space using HiDEx. *Behavior Research Methods*, *42*(2), 393–413.

Sidhu, D.M., & Pexman, P.M. (2018). Lonely sensational icons: Semantic neighbourhood density, sensory experience and iconicity. *Language, Cognition and Neuroscience, 33*(1), 25–31.

Silberzahn, R., Uhlmann, E. L., Martin, D. P., Anselmi, P., Aust, F., Awtrey, E., … Carlsson, R. (2018). Many analysts, one data set: Making transparent how variations in analytic choices affect results. *Advances in Methods and Practices in Psychological Science, 1*(3), 337–356.

Simmons, J.P., Nelson, L.D., & Simonsohn, U. (2011). False-positive psychology: Undisclosed flexibility in data collection and analysis allows presenting anything as significant. *Psychological Science, 22*(11), 1359–1366.

Singmann, H., Bolker, B., Westfall, J., & Aust, F. (2016). afex: Analysis of factorial experiments. R package version 0.16–1. Available online at https://CRAN.R-project.org/ package = afex

Smith, N.J., & Levy, R. (2013). The effect of word predictability on reading time is logarithmic. *Cognition, 128*(3), 302–319.

Snefjella, B., & Kuperman, V. (2016). It's all in the delivery: Effects of context valence, arousal, and concreteness on visual word processing. *Cognition, 156*, 135–146.

Solomon, R.L., & Postman, L. (1952). Frequency of usage as a determinant of recognition thresholds for words. *Journal of Experimental Psychology, 43*, 195–201.

Sóskuthy, M. (2017). Generalised additive mixed models for dynamic analysis in linguistics: A practical introduction. arXiv preprint arXiv:1703.05339. Available online at http://eprints.whiterose.ac.uk/113858/2/1703_05339v1.pdf

Stack, C.M.H., James, A.N., & Watson, D.G. (2018). A failure to replicate rapid syntactic adaptation in comprehension. *Memory & Cognition, 46*(6), 864–877.

Sterne, J.A., & Smith, G.D. (2001). Sifting the evidence — What's wrong with significance tests? *Physical Therapy, 81*(8), 1464–1469.

Stevens, S.S. (1957). On the psychophysical law. *Psychological Review, 64*(3), 153–181.

Steyerberg, E.W., Eijkemans, M.J., & Habbema, J.D.F. (1999). Stepwise selection in small data sets: A simulation study of bias in logistic regression analysis. *Journal of Clinical Epidemiology, 52*(10), 935–942.

Strobl, C., Malley, J., & Tutz, G. (2009). An introduction to recursive partitioning: Rationale, application, and characteristics of classification and regression trees, bagging, and random forests. *Psychological Methods, 14*(4), 323–348.

Tagliamonte, S.A., & Baayen, H. (2012). Models, forests, and trees of York English: *Was/were* variation as a case study for statistical practice. *Language Variation and Change, 24*(2), 135–178.

Tatem, A.J., Guerra, C.A., Atkinson, P.M., & Hay, S.I. (2004). Athletics: Momentous sprint at the 2156 Olympics? *Nature, 431*(7008), 525.

Thompson, B. (2004). The "significance" crisis in psychology and education. *Journal of Socio-Economics, 33*(5), 607–613.

Tomaschek, F., Hendrix, P., & Baayen, R.H. (2018). Strategies for addressing collinearity in multivariate linguistic data. *Journal of Phonetics, 71,* 249–267.

Torchiano, M. (2016). *effsize: Efficient effect size computation.* R package version 0.6.4.

Vasishth, S., & Gelman, A. (2017). The statistical significance filter leads to overconfident expectations of replicability. arXiv preprint arXiv:1702.00556. Available online at www. stat.columbia.edu/~gelman/research/unpublished/VasishthGelmanCogSci2017.pdf

Vasishth, S., & Nicenboim, B. (2016). Statistical methods for linguistic research: Foundational ideas—Part I. *Language and Linguistics Compass, 10*(8), 349–369.

Vasishth, S., Nicenboim, B., Beckman, M.E., Li, F., Kong, E.-J. (2018). Bayesian data analysis in the phonetic sciences: A tutorial introduction. *Journal of Phonetics, 71,* 147–161.

Venables, W.N., & Ripley, B.D. (2002). *Modern applied statistics with S.* (4th ed.). New York: Springer.

Vinson, D.W., & Dale, R. (2014). Valence weakly constrains the information density of messages. In P. Bello, M. Guarini, M. McShane, & B. Scassellati (Eds.) *Proceedings of the 36th annual meeting of the Cognitive Science Society* (pp. 1682–1687). Austin, TX: Cognitive Science Society.

Warriner, A.B., Kuperman, V., & Brysbaert, M. (2013). Norms of valence, arousal, and dominance for 13,915 English lemmas. *Behavior Research*

Methods, *45*, 1191–1207.

Whittingham, M.J., Stephens, P.A., Bradbury, R.B., & Freckleton, R.P. (2006). Why do we still use stepwise modelling in ecology and behaviour? *Journal of Animal Ecology*, *75*(5), 1182–1189.

Wickham, H. (2016). *ggplot2: Elegant graphics for data analysis*. New York: Springer-Verlag, 2016.

Wickham, H. (2017). tidyverse: Easily install and load the "tidyverse". R package version 1.2.1. Available online at https://CRAN.R-project.org/ package = tidyverse

Wickham, H., François, R., Henry, L., & Müller, K. (2018). dplyr: A grammar of data manipulation. R package version 0.7.5. Available online at https:// CRAN.R-project.org/ package = dplyr

Wickham, H., Hester, J., & François, R. (2017). readr: Read rectangular text data. R package version 1.1.1. Available online at https://CRAN.R-project. org/package = readr

Wickham, H., & Grolemund, G (2017). *R for data science*. Sebastopol, CA: O'Reilly.

Wieling, M. (2018). Analyzing dynamic phonetic data using generalized additive mixed modeling: A tutorial focusing on articulatory differences between L1 and L2 speakers of English. *Journal of Phonetics*, *70*, 86–116.

Williamson, J.M., Lin, H., Lyles, R.H., & Hightower, A.W. (2007). Power calculations for ZIP and ZINB models. *Journal of Data Science*, *5*, 519–534.

Winter, B. (2011). Pseudoreplication in phonetic research. *Proceedings of the International Congress of Phonetic Science* (pp. 2137–2140). Hong Kong, August 17–21, 2011.

Winter, B. (2016). Taste and smell words form an affectively loaded part of the English *lexicon. Language, Cognition and Neuroscience*, *31*(8), 975–988.

Winter, B., & Bergen, B. (2012). Language comprehenders represent object distance both visually and auditorily. *Language and Cognition*, *4*(1), 1–16.

Winter, B., & Grawunder, S. (2012). The phonetic profile of Korean formality. *Journal of Phonetics*, *40*(6), 808–815.

Winter, B., & Matlock, T. (2013). Making judgments based on similarity and proximity. *Metaphor & Symbol*, *28*, 219–232.

Winter, B., Perlman, M., & Majid, A. (2018). Vision dominates in perceptual language: English sensory vocabulary is optimized for usage. *Cognition*, *179*, 213–220.

Winter, B., Perlman, M., Perry, L.K., & Lupyan, G. (2017). Which words are most iconic? Iconicity in English sensory words. *Interaction Studies*, *18*(3), 433–454.

Winter, B., & Wieling, M. (2016). How to analyze linguistic change using mixed models, Growth Curve Analysis and Generalized Additive Modeling. *Journal of Language Evolution*, *1*, 7–18.

Xie, Y. (2015). *Dynamic documents with R and knitr*. Boca Raton, FL: Chapman and Hall/ CRC Press.

Xie, Y. (2018). knitr: A general-purpose package for dynamic report generation in R. R package version 1.20. Available online at https://cran. r-project.org/ packages = knitr

Zipf, G.K. (1949). *Human behavior and the principle of least effort: An introduction to human ecology*. Reading, MA: Addison Wesley.

Zuur, A.F., Ieno, E.N., & Elphick, C.S. (2010). A protocol for data exploration to avoid common statistical problems. *Methods in Ecology and Evolution*, *1*(1), 3–14.

Zuur, A.F., Ieno, E.N., Walker, N.J., Saveliev, A.A., & Smith, G.M. (2009). *Mixed effects models and extensions in ecology with R*. New York: Springer.

附录 A 显著性检验与线性模型的对应关系

本附录有两个目的。首先,如果已了解基本的显著性检验,如 t 检验等,本附录有助于理解它们如何映射到对应的线性模型中。其次,如果还不了解此类检验,本附录也可以作为简单介绍。

如果你已阅读第一章至第七章以及第九章(显著性检验),我建议你阅读本附录。此外,我建议先看一下第十六章。

开始阅读前请先载入 tidyverse 包和 broom 包。

```
library(tidyverse)

library(broom)
```

A.1 t 检验

首先,让我们关注一下最常见的显著性检验——t 检验。t 检验的响应变量必须是连续的。例如,你可能会感兴趣的是,女性和男性之间的音调是否存在差异(见第九章),或者味觉词和嗅觉词之间的情感效价是否存在差异(见第七章)。

让我们从 R 中创建一些数据开始。现在,以音调为例,它是基频(fundamental frequency,声带振动的速度)的感知关联。音调是以赫兹为单位连续测量的。下面的代码创建了两个向量 M 和 F。每个向量包括一组 50 个随机数,这些随机数是通过 rnorm() 函数以正态分布的形式提取的。各组别的均值规定为女性 200 Hz,男性 100 Hz。两组的标准差均规定为 10 Hz。

```
F <- rnorm(50, mean = 200, sd = 10) # 女性
M <- rnorm(50, mean = 100, sd = 10) # 男性
```

接下来，用合并函数c()*将这两个向量合并，在生成的向量中，所有男性值都列在女性值之后。

```
resp <- c(F, M) # 合并
```

继续创建性别标识符，用c()函数将两个字符标签F和M合并。然后，选择合并后的向量，用重复函数rep()将每个合并的标签重复50次。

```
gender <- rep(c('F', 'M'), each = 50) # 创建性别标识符
```

接下来，把这两个都放到一个名为"df"的tible中。

```
df <- tibble(gender, resp)
```

让我们快速查看一下tibble的大致情况（记住，由于是随机抽样，我们的数字会有所不同）。

```
df
# A tibble: 100 x 2
   gender   resp
   <chr>   <dbl>
 1 F        214.
 2 F        194.
 3 F        204.
 4 F        206.
 5 F        204.
 6 F        199.
 7 F        215.
 8 F        199.
```

```
 9 F       220. •
10 F       199.
# ... with 90 more rows
```

现在，我们已经有了一个包含数据的tibble，可以执行t检验，以确定这两个组之间是否存在显著差异。这与以下逻辑相对应（见第九章）：假设女性和男性的音调相等（没有差异，即零假设），有多大可能会实际观察到任何更极端的差异？这就是如何在R中进行t检验（后面有解释）。

```
t.test(resp ~ gender, data = df,
       paired = FALSE, var.equal = TRUE)

  Two Sample t-test

data: resp by gender
t = 47.222, df = 98, p-value < 2.2e-16
alternative hypothesis: true difference in means is not
equal to 0
95 percent confidence interval:
94.49116 102.78137
sample estimates:
mean in group F mean in group M
       199.6433        101.0070
```

将参数设置为paired = FALSE，因为有两组独立的数据，一组女性音调值和一组男性音调值，即所谓的"未配对t检验"（unpaired t-test）或"独立样本t检验"（independent samples t-test）。参数var.equal = TRUE意味着假设两组中的方差相等（回忆一下第四章讨论的同方差假设）。在这种情况下，我们可以安全地执行此操作，因为在生成数据时指定了相等的标准差。

p值非常小。因此，在$\alpha = 0.05$的水平上运行时，这个数据集可视为与零假设充分不相容。换句话说，这个结果是"显著的"。非配对t检验对应的线性模型如下所示：

```
xmdl <- lm(resp ~ gender, data = df)
```

```
tidy(xmdl)
```

```
         term estimate std.error statistic      p.value
1 (Intercept) 199.64328  1.476987 135.16927 3.439977e-113
2     genderM -98.63627  2.088775 -47.22206  3.184096e-69
```

正如第七章所讨论的,分类因子,如(本例的)性别,默认情况下是按处置编码的。然后,性别系数代表两组之间的差异,以0进行检验。剔除由于显示默认值的差异而产生的一些舍入差异,lm()和t.test()的统计结果是一样的。特别要注意的是,在这两种情况下,检验统计数据均为bet = 47.22。线性模型统计数据的正负在此是无关数据,这仅仅取决于先减去哪个组。

下一个基本显著性检验是"单样本 t 检验"(one-sample t-test)。它只检验一组数字(一个样本)与某个预先确定的数字。例如,我们已经接触过Perry等(2015, 2017)和Winter等(2017)收集的象似性评分。在这些研究中,我们使用了一个集中的象似性评分量表,范围从−5("单词听起来和它的意思相反")到 + 5("单词听起来符合它的意思")。在这些研究中,我们报告的结果将象似性评分的总体分布均值与0进行了检验。单样本 t 检验可用于此目的,也可用于检验一组数字与文献中的任何其他值。

要想对这项检验再积累些经验,我们可以检验刚刚生成的音调是否与0不同。这不是一个特别有趣的结果,因为基频肯定是正的。

```
# 单样本 t 检验:

t.test(resp, data = df, mu = 0)

    One Sample t-test

data: resp
t = 29.683, df = 99, p-value < 2.2e-16
alternative hypothesis: true mean is not equal to 0
95 percent confidence interval:
140.2763 160.3740
sample estimates:
mean of x
150.3251
```

对应的线性模型为截距模型:

```
# One-sample t-test with lm():

xmdl <- lm(resp ~ 1, data = df)

tidy(xmdl)
```

```
          term estimate std.error statistic        p.value
1 (Intercept) 150.3251  5.064405  29.68269 4.39096e-51
```

如第四章所述,在没有任何条件变量的情况下,线性模型只预测数据集的均值。然后用0检验截距,这通常不是一个有趣的比较[①]。比较 lm() 和 t.test() 的输出结果可见,报告的统计数据是相同的,仅存在一些舍入差异。

最后要讨论的 t 检验是"配对 t 检验"(paired t-test),也称为"依赖样本 t 检验"。当观测结果相互关联时,例如当每个受试者暴露在两种情况下时,可以使用该检验。例如,如果你想知道一组受试者在接受某种形式的培训后是否有所提高,那么每个受试者都会有一个与他们相关的前测和后测分数。在这种情况下,就轮到配对 t 检验表现了。

为了创建一个适合配对 t 检验分析的数据集,让我们改变一下例子。在下面的管道中,首先重命名性别列为 cond,表示"条件"。然后,使用 ifelse() 将"M"标签更改为"post"(后测),将"F"标签更改为"pre"(前测)。最后一步,将响应时间乘以4,使示例看起来像响应持续时间。现在假设你有兴趣检验受试者在接受培训后完成任务是更快还是更慢了。

```
df <- rename(df, cond = gender) %>%
  mutate(cond = ifelse(cond == 'M', 'post', 'pre'),
         resp = 4 * resp)
df
```

[①] 如果你想检验另一个值(例如,从文献中获取的特定值),t.test() 函数允许指定 mu 参数。

```
# A tibble: 100 x 2
   cond    resp
   <chr>   <dbl>
 1 pre     855.
 2 pre     777.
 3 pre     815.
 4 pre     825.
 5 pre     816.
 6 pre     796.
 7 pre     860.
 8 pre     796.
 9 pre     881.
10 pre     797.
# ... with 90 more rows
```

现在一切准备就绪,可以进行配对 *t* 检验:

```
t.test(resp ~ cond, df, paired = TRUE)

        Paired t-test

data: resp by cond
t = -42.52, df = 49, p-value < 2.2e-16
alternative hypothesis: true difference in means is not
equal to 0
95 percent confidence interval:
-413.1921 -375.8980
sample estimates:
mean of the differences
            -394.5451
```

因此,在前测和后测条件之间存在统计显著性差异。如何在线性模型框架下进行配对 *t* 检验?为此,你要理解配对 *t* 检验实际上就是将两组间差异与0进行检验的单样本 *t* 检验。因此,你可以计算差异分数(后测减去前测)并拟合一个截距模型。以下代码可以实现:

```
posts <- filter(df, cond == 'post')$resp

pres <- filter(df, cond == 'pre')$resp

diffs <- posts - pres
```

```
xmdl <- lm(diffs ~ 1)

tidy(xmdl)
```

```
    term        estimate  std.error  statistic      p.value
1 (Intercept)  -394.5451  9.279103  -42.51974  2.423957e-40
```

如第四章所述，截距模型预测均值，因此该模型预测均值的差
（mean difference）。然后，截距的显著性检验将均值的差与0进行检
验，这与配对 t 检验执行的计算完全相同。

最后，我要强调的是，t 检验的应用领域相当有限，因为它假定了
独立性。对于非配对 t 检验，这意味着每个数据必须来自不同的受试
者。对于配对 t 检验，这意味着每个受试者最多可以贡献一对数据。
这就是为什么线性模型框架是有利的，因为它可以扩展到混合模型，
以处理 t 检验过于受限的情况。

A.2　分类数据检验

t 检验适用于连续数据（将一组或两组数字与确定的均值进行检
验）。对于分类数据，也有多种适用的检验，但在此只介绍二项式检验
（binomial test）和卡方检验（x^2-test）。同样，让我们先生成一些随机数
据。记住，你生成的结果会与书中不同。

用 rbinom() 生成50个二项分布的随机数，设置概率参数 prob
为0.8，大小参数为 L。这样，下面的命令共生成50个随机数，其中观
测到事件的概率为80%（1），观测不到事件的概率为20%（0）。

```
x <- rbinom(50, size = 1, prob = 0.8)
```

让我们查看对象 x 包含的内容（记住：你的数字将不同）。

```
x
```

```
[1] 0 0 1 0 1 1 1 1 1 1 1 0 1 1 0 0 1 1 1 0 1 0
```

```
[24] 0 1 1 1 0 1 0 1 0 1 0 1 1 1 0 1 1 0 1 1 0 1 1 1 1 0 1 0
[47] 0 1 0 1
```

```
xtab <- table(x)

xtab
```

```
 0  1
12 38
```

这时你可能会想到进行某项显著性检验来检验观测到事件的概率是否与$p = 0.5$显著不同。这就是所谓的"二项式检验"。

```
binom.test(xtab, p = 0.5)
```

```
     Exact binomial test
data: xtab
number of successes = 18, number of trials =
50, p-value = 0.06491
alternative hypothesis: true probability of success is not
equal to 0.5
95 percent confidence interval:
0.2291571 0.5080686
sample estimates:
probability of success
                 0.36
```

在这种特殊情况下，p值高于0.05。这意味着，这些数据中没有足够的证据来反驳同等比例的零假设。当然，这只适用于这个特定的数据集。对于另一个随机数据集，可能又会获得显著的结果。

二项式检验非常受限，但仍然适用于许多情况。例如，手形表示高度还是形状的问题（见第十二章；Hassemer & Winter, 2016），我们可以用二项式检验来表明数据集中的形状响应明显多于高度响应。第十二章提到，在我们的手势感知研究中，共观察到184个形状响应和125个高度响应。将这两个数字插入二项式检验表明，这些计数与两个响应选项概率相等的零假设不相容。

```
binom.test(c(125, 184))
```

```
     Exact binomial test
```

```
data: c(125, 184)
number of successes = 125, number of trials
= 309, p-value = 0.0009383
alternative hypothesis: true probability of success is not
equal to 0.5
95 percent confidence interval:
0.3493380 0.4615722
sample estimates:
probability of success
              0.4045307
```

　　另一个经常用于分类数据的检验是卡方检验。让我们从等比例的卡方检验开始。如前几章所述，Lynott 和 Connell（2009）研究了 423 个英语形容词的感官模态评分。数据集中有 205 个视觉词、70 个触觉词、68 个听觉词、54 个味觉词和 26 个嗅觉词。这些计数是否与概率预期不同？为此，可以进行等比例的卡方检验。

```
mods <- c(205, 70, 68, 54, 26)

chisq.test(mods)

        Chi-squared test for given probabilities
data: mods
X-squared = 228.78, df = 4, p-value <
2.2e-16
```

　　假设所有感官的词数都相等，那么实际观测到的计数是相当出乎意料的。你可以用以下方法查看在等比例的零假设下的期望计数：

```
chisq.test(mods)$expected

[1] 84.6 84.6 84.6 84.6 84.6
```

　　这等同于：

```
sum(mods) / length(mods)

[1] 84.6
```

换言之，假定等比例的零假设为真时，你对每个单元格的期望计数为84.6。卡方检验告诉你，观测计数与期望计数有很大的偏差。

接下来，我用与我的博士生导师Teenie Matlock进行的一项未发表的研究为例来说明更复杂的卡方检验。在这项研究中，我们想探知感知动词是否隐含了距离。例如，"You are looking at the door."比"You are inspecting the door."似乎暗示了更远的距离。我们让受试者画出每一句话中描述的门，然后研究助理就门是否包含视觉细节（如门把手、门框、窗户等）按照二元变量进行编码。我们预测，如果感知动词暗示离门更近，受试者会画更多细节，因为人只有靠近物体时才能发现细节。所以我们想知道二元响应变量"细节"（"有" [Yes] 与"无" [No]）是否受到二元预测变量"距离"（"近" [near] 与"远" [far]）的影响。让我们加载数据：

```
xdist <- read_csv('winter_matlock_unpublished_distance.
csv')

xdist
```

```
# A tibble: 398 x 3
   subject Details Distance
   <chr>   <chr>   <chr>
 1 S1      Yes     near
 2 S2      Yes     near
 3 S3      Yes     far
 4 S4      Yes     far
 5 S5      Yes     near
 6 S6      Yes     far
 7 S7      Yes     near
 8 S8      No      far
 9 S9      No      far
10 S10     Yes     far
# ... with 388 more rows
```

将Distance(距离)列和Details(细节)列的内容制表。以下命令使用with()函数，以便在索引列时不必再次键入tibble的名称。with()函数有两个参数：tibble和函数。这样tibble的内容就可供后面的函数使用了。

```
xtab <- with(xdist, table(Distance, Details))

xtab
```

```
         Details
Distance  No Yes
    far   89 117
    near  59 133
```

要计算卡方检验,请将表输入 chisq.test() 函数。

```
chisq.test(xtab)
```

```
    Pearson's Chi-squared test with Yates' continuity
correction
data: xtab
X-squared = 6.0975, df = 1, p-value = 0.0135
```

因此,在这个 2 × 2 列联表上进行的卡方检验结果是"显著的"($p < 0.05$)。在二维表格中,"显著性"是什么意思? 要了解发生了什么,你可以查看期望计数:

```
chisq.test(xtab)$expected
```

```
          Details
Distance       No        Yes
    far   76.60302  129.397
    near  71.39698  120.603
```

这些是在列独立于行的零假设下的期望计数。在此特定情况下,卡方检验评估距离的差异是否与细节的差异相关。这里执行的卡方检验称作"独立卡方检验"(chi-square test of independence)。不要将其与第十四章讨论的独立性假设混淆。

事实上,卡方检验假定了独立性,即每个受试者最多只能贡献一个数据。换句话说,在一个给定的单元格中,不能有来自同一个人的多个数据点。

　　获取行总数并将其乘以列总数，可以得出期望计数[①]。这可以理解为：我们对给定单元格的期望是基于当前所处的行/列组合。如果一个单元格所在行包含大量数据，那么我们会期望该单元格也包含更多数据，这同样适用于列。严重偏离期望计数的单元格会产生显著的卡方值。

　　要用对应的线性模型计算这些，则需要逻辑回归。为此，首先要将响应变量转化为因子（参见第十二章）。

```
xdist <- mutate(xdist, Details = factor(Details))

dist_mdl <- glm(Details ~ Distance,
     data = xdist, family = 'binomial')

tidy(dist_mdl)
```

```
        term  estimate std.error statistic   p.value
1  (Intercept) 0.2735376 0.1406519 1.944784 0.05180102
2 Distancenear 0.5392741 0.2103590 2.563590 0.01035959
```

　　系数表中"近"条件下的对数优势比系数为正，这显示了距离系数的显著影响。这些对数优势比表明，当一个句子暗示"近距离"时，对应的画存在（"有"）细节的可能性就更高。

　　表A1列出了迄今为止讨论的对应关系。

表 A1　某些显著性检验和线性模型的对应关系

显著性检验	线性模型	描　述
t.test(y ~ pred, paired = FALSE)	lm(y ~ pred)	非配对 t 检验对应二元分类预测变量的模型
t.test(y, mu = 0)	lm(y ~ 1)	单样本 t 检验对应截距模型

---

① 高级R技巧：如何使用交叉相乘函数outer()进行手工计算：
　outer(rowSums(xtab), colSums(xtab)) / sum(xtab)
　　　　　No　　　Yes
　far 76.60302 129.397
　near 71.39698 120.603

续　表

显著性检验	线性模型	描　述
t.test(y ~ pred, paired = TRUE)	lm(diffs ~ 1)	配对 t 检验对应由差值拟合的截距模型
chisq.test(xtab)	glm(y ~ x, family = binomial)	卡方检验可看作逻辑回归模型

A.3　其他检验

　　表A1中所示的检验集只包含了一小部分最基础的可以用线性模型重新表示的检验。另一种很常见的显著性检验方法是方差分析。但是,线性模型可以做与方差分析同样的事①。如果你熟悉方差分析,表A2将一些常见的方差分析映射到了对应的线性模型上。

　　我们可以用混合模型来取代要多次测算的方差分析。线性模型具有更复杂的随机效应结构,从而使用户能更灵活地表达其理论。

表 A2　方差分析和线性模型的对应关系

方差分析	线性模型	描　述
aov(y ~ c3)	lm(y ~ c3)	三水平因子的单向方差分析
aov(y ~ c2 * c2)	lm(y ~ c2 * c2)	2×2 ANOVA(双向方差分析)
aov(y ~ c2 * c3)	lm(y ~ c2 * c3)	2×3 ANOVA(等等)
aov(y ~ c2 * covariate)	lm(y ~ c2 * covariate)	协变量(连续预测变量)及其他类似模型的协方差分析

---

① 根据特定函数的默认设置,实际的数值输出可能不同(例如,平方和的计算方式)。

附录B 阅读建议

读完这本书后如何继续学习？本附录提供了一些（非常个性化的）阅读建议。我一直以来的经验是，将非常简单的读物（"睡前读物"）与中、高级读物相结合。如果你看书时卡壳了（或只是厌倦了），那就换一本书。

B.1 书籍推荐

如果想了解兰德（Rand）公司如何应用统计方法进行语言学研究，那么 Natalia Levshina 的 *How to Do Language with R: Data Exploration and Statistical Analysis* 是一本优秀的入门指南。它不关注线性模型，不会对线性模型框架进行非常详细的研究，而是介绍了许多我们这本书没提到的有用的探索性技术。

如果要学习用 ggplot2 进行数据可视化，那么 Kieran Healy 的 *Data Visualization: A Practical Introduction* 绝对是最适合的入门读物之一。这本书简直太棒了！

Dan Mirman 的 *Growth Curve Analysis and Visualization Using R* 是一本对学习混合模型非常有用的初级进阶读物。尽管后面几章主要讨论如何将多项式拟合到时变数据，但前面几章对混合模型进行了非常清楚的介绍。

至于更深入研究本书所涉及的许多问题的中级到高级读物，有 Andrew Gelman 和 Jennifer Hill 的里程碑式著作 *Data Analysis Using Regression and Multilevel/Hierarchical Models*，还有 Zuur 及其同事的著作 *Mixed Effects Models and Extensions in Ecology with R*。不要因为 Zuur 这本书是面向生态学家的就望而却步。我经常发现，生态学和生物学的统计学书籍是非常好的读物，将这两个领域的思维映射到语言学应用中其实并不困难。Gelman 和 Hill 的书则更侧重于社会学的应用。这两本书都详细介绍了混合模型和广义线性模型。

也许没有比 Richard McElreath 的 *Statistical Rethinking* 更好的统计学教科书了。它完全以贝叶斯模式带领读者畅游统计学的世界，还有各种比喻、玩笑和清晰的解释。如果你对贝叶斯建模（Bayesian modeling）还不熟悉，这本书会从基础原理开始向你介绍这个框架。不过，阅读这本书需要具备比较多的数学知识。

我强烈建议阅读一些专门关注 R 的书籍来熟练掌握 R 的编程语言。此外，学习更多 R 语言的知识将极大地提高我们处理不同数据集的能力；并且从长远来看，随着我们自动化处理任务能力的提升，它还能省去大量调试的时间。或许 Hadley Wickham 和 Garrett Grolemund 的 *R for Data Science* 是个绝佳的起点。这本书对 R 进行了格外"整洁"的介绍，重点放在了如何处理数据上。除此之外，我还发现了一本基础 R 编程的简易读物——Norman Matloff 的 *The Art of R Programming*。看完这本书后可以继续读 Hadley Wickham 的 *Advanced R*。最后，我强烈推荐 Patrick Burns 的 *R Inferno*，这本书言辞诙谐地介绍了 R 编程，适合作为床头读物。这本书是写给颇有文艺情怀的读者的。

如果你是语料库语言学研究者或计算语言学研究者，不妨读一读 Julia Silge 和 David Robinson 的 *Text Mining with R: A Tidy Approach*。

如果想了解更多关于数据挖掘技术的知识，我强烈推荐 James、Witten、Hastie 和 Tibshirani 的著作 *An Introduction to Statistical Learning: With Applications in R*。

至于不涉及 R 语言的书籍，我强烈推荐 Zoltan Dienes 的 *Understanding Psychology as a Science: An Introduction to Scientific and Statistical Inference*。不管什么专业的学生都该读读这本书，因为它清晰地描述了科学和统计学中一些最基本的问题。如果你想把统计学学习与一些浅显易懂的读物结合起来，可以看看 Larry Gonick 和 Woollcott Smith 的 *The Cartoon Guide to Statistics*，以及 Grady Klein 和 Alan Dabney 的 *The Cartoon Introduction to Statistics*。这两本书可以用来复习基础知识。

B.2　文章推荐

关于统计学、统计推断（statistical inference）的基本介绍，以及语言学统计应用中的一些常见陷阱，请参阅 Vasishth 和 Nicenboim（2016）的论文。Nicenboim 和 Vasishth（2016）的后续论文更侧重于贝叶斯建模，如果要阅读该论文，我强烈建议同时阅读或先看完 Vasishth 等（2018）新发表的论文，因为此文用语言示例很好地介绍了贝叶斯建模包 brms。因为本书已经介绍了 lme4 包，所以只要我们理解了相关的贝叶斯概念，学习 brms 包就会非常容易。

我强烈建议阅读 Schielzeth（2010）的论文，它探讨存在交互作用时中心化的有用性。我还推荐看 Zuur 等（2010）的论文，该论文对回归假设和共线性做了极好的综述。这两篇论文都是生态学／生物学论文，但都写得非常通俗易懂。Jaeger（2008）利用语言实例很好地探讨了逻辑回归。

如果数据中存在复杂的非线性（音调轨迹、发音轨迹等），则可能需要研究广义加性模型。我与 Martijn Wieling 合作编写过这方面的教程（Winter & Wieling，2016）。还有 Sóskuthy（2017）和 Wieling（2018），都是很好的后续教程，有更详细的介绍。

此外，我建议读者看一看已经在语言学期刊上发表的关于数据分析的两个特刊：期刊 *Journal of Memory and Language* 2008 年的 *Emergent Data Analysis* 特刊，以及期刊 *Journal of Phonetics* 2018 年的 *Emergent Data Analysis in Phonetic Sciences* 特刊（别担心，你不是语音学家也能看懂这些论文）。

B.3　与时俱进

保证自己 R 语言和统计学知识与时俱进的最佳方法是加入庞大的数据科学家在线论坛。论坛的人非常愿意与他人分享知识。网上有很多免费教程。我也强烈推荐关注网上的数据科学家和定量语言学研究者。

最重要的是要继续学习。我希望本书成为你向前勇敢探索的垫脚石。

附录C 术语英汉对照表

3D hand shape continuum 3D 手势连续统

A as a function of B A 关于 B 的函数

absolute valence 绝对效价

ACI (average conditional information) 平均条件信息

adjusted R^2 调整 R^2

aesthetic mapping 美学映射

age fixed effect 年龄固定效应

aggregation 聚合

alpha rate 显著率

alternative hypothesis 备择假设

analysis of co-variance (ANCOVA) 协方差分析

analysis of variance (ANOVA) 方差分析

ANCOVA (analysis of co-variance) 协方差分析

animacy 有灵性

ANOVA (analysis of variance) 方差分析

applied statistics 应用统计学

argument 参数

assign operator 赋值符号

average conditional information (ACI) 平均条件信息

average radius of co-occurence 平均共线半径

averaging 平均化

axis label 轴标签

backward selection 后向选择

bark scale 巴克标度

base R function R 内置函数

base-10 scientific notation 科学计数法

Bayesian modeling 贝叶斯建模

bell curve 钟形曲线

Bernoulli distribution 伯努利分布

between participants 组间

between-items design 项间设计

binary category 二分变量

binary contrast 二元对比

binary response 二元响应变量

binomial distribution 二项分布

binomial test 二项式检验

binwidth 组距

bivariate statistics 二元统计

Bonferroni correction 邦费罗尼校正

box-and-whisker plot 箱须图

canonical distribution 正则分布

case marking 格标记

categorical factor 分类因子

categorical predictor 分类变量

ceiling effect 天花板效应

centering 中心化

chance sampling 概率抽样

character vector 字符向量

chi-square test 卡方检验

cluster analysis 聚类分析

coefficient 系数

coefficient estimate 系数估计值

coefficient of determination 决定系数

coefficient output 输出系数

coefficient table 系数表

Cohen's d 科恩 d 值

collinearity 共线性

combinatorial explosion 组合爆炸

comment 注释

condition variable 条件变量

conditional mean 条件均值

conditional probability 条件概率

confidence interval 置信区间

confidence region 置信区域

confirmatory analysis 验证性分析

console 控制台

constant value 常数

constant variance 同方差

constant variance assumption 同方差假设

construct validity 建构效度

context valence 语境效价

contingency table 列联表

continuous predictor 连续预测变量

continuous response 连续响应变量

continuous variable 连续变量

continuum 连续统

contrast coding 对比编码

control variable 控制变量

convergence 收敛

cookbook approach 食谱法

correlation 相关性

correlation coefficient 相关系数

count data 计数数据

counter variable 计数变量

co-variance 协方差

critical condition effect 临界条件效应

critical value 临界值

cubic curve 三次曲线

dance of the confidence intervals 置信区间之舞

dashed line 虚线

data dredging 数据疏浚

data frame 数据框

data point 数据点

data-generation process 数据生成过程

dataset 数据集

dative alternation 与格变化

decibel scale 分贝标度

decimal 小数

default 默认值

degree of freedom 自由度

density curve 密度曲线

density graph 密度图

dependency structure 依存结构

dependent variable 因变量

descriptive statistics 描述统计学

deviance test 偏差检验

deviation score 离差值

discourse marker 话语标记

discrete group 离散数据组

discrete uniform distribution 离散均匀分布

distribution 分布

dot-and-whisker plot 点须图

double object construction 双宾语

heteroscedasticity 异方差性

hierarchical linear model 层次线性模型

high-order interaction 高阶交互作用

histogram 直方图

homogeneous 同质

homoscedasticity 同方差性

hypothesis testing 假设检验

iconicity 象似性

iconicity model 象似性模型

iconicity rating 象似性评分

identifier 标识符

identity function 恒等函数

imageability 可表象性

incompatibility 不兼容性

incomplete neutralization 不完全中和

independence assumption 独立性假设

independent parameter 独立参数

independent variable 自变量

index 索引

inferential statistics 推断统计学

information theory 信息论

interaction 交互作用

intercept 截距

intercept-only model 截距模型

interference manipulation 干扰操纵

interference task 干扰任务

interpolation 插值法

interquartile range 四分位差

interval 区间

interval estimate 区间估计值

inverse 反函数

item effect 项目效应

kernel density graph 核密度估计图

Kruskal-Wallis test 克鲁斯卡尔-沃利斯检验

language family 语系

lasso 套索

least squares regression 最小平方回归

level 水平

level order 水平顺序

likelihood 似然性

likelihood ratio 似然比

likelihood ratio test 似然比检验

line break 换行符

linear mixed effects model 线性混合效应模型

linear model 线性模型

linear predictor 线性预测变量

linear regression 线性回归

linear regression model 线性回归模型

linear transformation 线性变换

link function 连接函数

log frequency 对数词频

log link function 对数连接函数

log odds 对数优势比

log odds function 对数优势比函数

log word frequency 对数词频

$\log_{10}$ 以 10 为底……的对数

logarithm 对数

logarithmic scale ($\log_{10}$) 对数刻度

logical function 逻辑函数

logical vector 逻辑向量

logistic regression 逻辑回归

log-transforming 对数变换

longitudinal study 纵向研究

loudness 响度

magnitude 数量级

magnitude of an effect 效应量规模

main effect 主效应

mapping 映射

marginally significant effect 边缘
　　显著效应

mean 均值

mean difference 均值的差

measure 测量

median 中位数

metric 量纲

mixed effects model 混合效应模型

mixed logistic regression 混合逻辑
　　回归

mixed model 混合模型

modality data 模态数据

modality effect 模态效应

model 模型

model fit 模型拟合优度

moderate variable 调节变量

multilevel categorical predictor 多
　　水平分类变量

multilevel model 多水平模型

mutilevel predictor 多层次预测
　　变量

multiple comparison 多重比较

multiple predictor 多元预测变量

multiple regression 多元回归

multiple testing 多重检验

multiplicative effect 乘数效应

natural logarithm 自然对数

negative binomial regression 负二
　　项回归

negative infinity 负无穷

negativity 消极情绪

NHST (null hypothesis significance
　　testing) 零假设显著性检验

non-converging model 不收敛模型

non-independence 非独立性

nonlinear effect 非线性效应

nonlinear transformation 非线性
　　变换

non-parametric test 非参数检验

normal distribution 正态分布

normality 正态性

normality assumption 正态分布
　　假设

normalizing 归一化

normally distributed 正态分布的

norms 规范量表

null hypothesis 零假设

null hypothesis significance testing
　　(NHST) 零假设显著性检验

null model 零模型

null result 零结果

numeric predictor 数值预测变量

numeric vector 数值向量

numerical identifier 数值标识符

object 对象

obligatory argument 必选参数

observed value 观测值

observed count 观测频数

omnibus test 多项检验

one-tailed test 单尾检验

optional argument 可选参数

outcome variable 结果变量

outlier 离群值

overdispersion 过度离散

overfitting 过度拟合

package 包

paired *t*-test 配对 *t* 检验

pairwise comparison 成对比较

parameter 参数

parametric statistics 参数统计

partial regression coefficient 偏回归系数

participant 受试者

participant-specific estimate 个体估计值

pearson's *r* 皮尔逊相关系数

penalizing term 惩罚因子

percentile 百分位数

perceptual adjective 感官形容词

perceptual stimuli 知觉刺激

picture-naming study 图片命名研究

pipeline 管道

pitch 音调

placeholder 占位符

plot matrix 图矩阵

Poisson distribution 泊松分布

Poisson regression 泊松回归

polynomial regression 多项式回归

polynominal effect 多项式效应

pooling fallacy 合用谬论

population 总体

population of interest 研究对象

population of items 研究内容

population parameter 总体参数

population-level estimate 总体估计值

positive infinity 正无穷

positive skew 正偏态

positivity 积极情绪

power 幂

power analysis 效力分析

power simulation 效力模拟

prediction interval 预测区间

prediction 预测

predictor 预测变量

predictor level 预测变量水平

predictor variable 预测变量

prepositional dative 介词与格

pre-specified alpha level 预设的显著性水平

primary effect 首因效应

primary workhorse 首选工具

probability 概率

probability argument 概率参数

probability density 概率密度

probability mass 概率质量

programming language 编程语言

proprietary software 独家专有软件

pseudoreplication 伪重复

psycholinguistic 心理语言学的

p-value *p* 值

quadratic effect 二次方效应

quantile 分位数

quantile-quantile plot（Q-Q plot）分数位–分数位图（Q–Q 图）

quartile 四分位数

R session R 会话

random effect 随机效应

random effect correlation 随机效应的相关性

random forest 随机森林

random intercept 随机截距

random number generation function 随机数生成函数

random slope 随机斜率

random uniform 随机生成均匀分布数字

random walk 随机游走的曲线

range 极差

raw frequency 原词频

raw magnitude 原始规模

raw number 原始数

raw response duration 原反应时间

real effect 实际效应

recency effect 近因效应

reference level 参照水平

refit 重新拟合

regression 回归

regression analysis 回归分析

regression coefficient 回归系数

regression line 回归线

regression model 回归模型

regression modeling 回归建模

regression plane 回归平面

regression table 回归表

regression tree 回归树

repeated measures design 重复测量设计

reproducible research 可重复性研究

residual 残差

residual plot 残差图

response duration 反应时间

response variable 响应变量

round 四舍五入

sample 样本

sample estimate 样本估计值

sampling variation 样本差异

scale 比例

scatterplot 散点图

script 脚本

script file 脚本文件

seed value 种子值

semantic neighbour density 语义邻域密度

sensory content 感官刺激

sensory experience（SER）感官经验

sensory modality 感官模态

SER (sensory experience) 感官经验

Shapiro-Wilk test 夏皮罗-威尔克检验

shrinkage 收缩

significance test 显著性检验

significance threshold 显著性阈值

significant degree 显著程度

similarity-is-proximity study "相似即相邻"研究

simple bivariate regression model 简单二元回归模型

simple effect 简单效应

simple linear model 简单线性模型

simple linear regression 简单线性回归

simple linear regression model 简单线性回归模型

single variable 单个变量

single trial 单次试验

slope 斜率

slope adjustment term 斜率调整项

slope model 斜率模型

speech error 言语失误

speech production research 言语生成研究, 言语产生研究

spread 离散性; 离散程度; 离散

分布

spurious association 虚假关联

spuriously significant result 虚假的
显著结果

SSE (sum of squared errors) 残差
平方和

standard deviation 标准差

standard error 标准误差

standard unit 标准单位

standardized measure of effect size
测算效应量的标准化方法

standardizing 标准化

statistical inference 统计推断

statistical model 统计模型

statistical power 统计效力, 统计
功效

statistical testing 统计检验

statistics 统计

stepwise regression 逐步回归

stopping rule 停止规则

subindex 分指数

sub-plot 子图

subtraction 减法

sum coding 总和编码

sum of squared errors (SSE) 残差
平方和

summary statistics 汇总统计数据

superscript 上标

syntactic construction 句法结构

systematicity 系统性

term 项

theoretical distribution 理论分布

theoretical reasoning 理论推理

theoretically unmotivated
hypothesis test 无理论驱动的假

设检验

tidyverse package tidyverse 包

trial order effect 顺序效应

true effect 真实效应

t-test t-检验

two-tailed test 双尾检验

Type Ⅰ error Ⅰ类错误

Type Ⅱ error Ⅱ类错误

Type M error M类错误

Type S error S类错误

typological study 类型学研究

uncentered 未中心化的

underdispersion 欠离散

univariate dataset 一元数据集

univariate statistics 一元统计

unpaired t-test 非配对 t 检验

unstandardized 未标准化的

valence measure 效价测量值

variability 变异性

variance 方差

variance inflation factor（VIF）方差
膨胀因子

variation 差异

varying intercept 变截距

varying slope 变斜率

vector 向量

vertical bar 竖线

VIF (variance inflation factor) 方差
膨胀因子

visual dominance 视觉优势

vowel duration 元音音长

Wald test 瓦尔德检验

whisker 须

Wilcoxon test 威尔科克森检验

within-items design 项目内设计

word frequency 词频

word frequency effect 词频效应

working directory 工作目录

working environment 工作环境

x predictor 预测变量 x

x-axis x 轴

y-axis y 轴

z-scoring z 分数